D1717878

Robert Scheinfeld

Raus aus dem Geld-Spiel!

Ihr Wegweiser für den täglichen Kampf ums liebe Geld. Ändern Sie die Regeln – dann gewinnen Sie!

Die Originalausgabe erschien unter dem Titel
„Busting Loose from the Money Game"
bei John Wiley & Sons, Inc.
ISBN: 978-0-470-04749-1

© Copyright der deutschen Ausgabe 2007:
BÖRSENMEDIEN AG; KULMBACH

Aus dem Amerikanischen von Dr. Tilmann Kleinau

Gestaltung und Satz: Johanna Wack, Werbefritz! GmbH
Druck: Ebner & Spiegel, Ulm

Robert Scheinfeld – Raus aus dem Geld-Spiel!
ISBN 978-3-938350-42-3

Bibliografische Information der Deutschen Bibliothek
Die Deutsche Bibliothek verzeichnet diese Publikation in der
Deutschen Nationalbibliografie; detaillierte bibliografische
Daten sind im Internet über <http://dnb.ddb.de> abrufbar.

Postfach 1449 • 95305 Kulmbach
Tel. 09221-9051-304 • Fax 09221-9051-4444

Inhalt

Raus aus dem Geld-Spiel!

Vorwort

In der gesamten Geschichte der Menschheit, über alle Zeitalter und Generationen hinweg, gab es Annahmen und Überzeugungen, die die Menschen als unumstößlich ansahen und deren Wahrheitsgehalt und Stimmigkeit sie nicht hinterfragten.

Später stellte sich dann nicht selten heraus, dass viele dieser Annahmen und Überzeugungen gar nicht stimmten. Die Menschen waren gezwungen, ihre Weltsicht zu ändern und neue Annahmen und Überzeugungen zu entwickeln.

So dachte man einst, die Welt wäre eine Scheibe. Später fand man heraus, dass das nicht stimmte.

Man nahm an, die Erde sei der Mittelpunkt des Universums, alles würde sich um sie drehen. Später fanden wir heraus, dass auch *das* nicht stimmte.

Wer die Geschichte der Medizin studiert, kann hier alle möglichen Auffassungen darüber finden, wie der menschliche Körper funktioniert, was eine Krankheit ist und wie man sie am besten heilt. Auch von diesen Hypothesen stellte sich so manche später als falsch heraus.

Dasselbe gilt für die Naturwissenschaften. Ob Physik, Chemie, Biologie, Astronomie und so weiter – hier wiederholt sich im Grunde genommen das gleiche Schema. Wir sehen ein ganzes

Bündel von Überzeugungen, Annahmen und Modellen, von deren Richtigkeit und Genauigkeit die Wissenschaftler seinerzeit absolut überzeugt waren, die sich aber später als falsch herausstellten. Aus diesem Grund überdenken und überarbeiten richtige Wissenschaftler ihre Theorien und Modelle ständig.

Wenn wir uns die Geschichte zum Vorbild nehmen, erkennen wir, dass das Meiste, was wir über die Welt zu wissen glauben, letztlich doch nicht stimmt. Aber da wir in einer bestimmten Epoche leben, übernehmen wir deren Annahmen und Überzeugungen (oft ohne es zu wissen) so hartnäckig, dass wir uns den tatsächlichen Wahrheiten verschließen.

Eines der Systeme, die wir alle als wahr annehmen und nie hinterfragen, ist das, was Bob Scheinfeld das *Geld-Spiel* nennt. Die Annahmen und Überzeugungen über dieses Spiel existieren, seit es Geld gibt. Sie haben in der Tat so gut wie alle anderen Annahmen und Überzeugungen der Menschheitsgeschichte überlebt und sind bis heute intakt. Das Geld-Spiel ist sozusagen unsere heilige Kuh.

Im ersten Kapitel dieses Buches diskutiert Bob die Annahmen, Überzeugungen, Regeln und Vorschriften des Geld-Spiels. Als Leser dieser Diskussion werden Sie vielleicht denken: „Ja, genauso ist es. So funktioniert die Sache."

Dabei werden Sie bald feststellen, dass keine einzige der Regeln und Vorschriften, die Sie über das Geld-Spiel gelernt haben, und keine der dahinter stehenden Annahmen und Überzeugungen wahr ist – gleichgültig, wie natürlich, logisch, plausibel oder vernünftig sie Ihnen zuerst erscheinen mögen.

Ich selbst habe den größten Teil meines bisherigen Lebens dem Geld-Spiel gewidmet. Im Alter von zehn Jahren habe ich damit angefangen, indem ich in der Nachbarschaft Zeitungen austrug. Ein halbes Jahr später füllte ich Quellwasser aus einem nahe gelegenen Park in Krüge und lieferte es mit einem Leiterwagen an die Nachbarschaft aus.

Später wurde ich ein Meister im Spiel ums große Geld. Aber, wie Bob so schön sagt: „Egal, wie gut man es spielt und wie viel Geld man aufhäuft, man muss für seine Erfolge immer einen hohen Preis zahlen – in Form von Stress, Angst, Schmerzen, dem Verlust lieb gewordener Dinge oder Personen, oder Enttäuschung – wenn man es nach den Regeln spielt, die man im Laufe des Erwachsenwerdens von seiner Umgebung übernommen hat."

So musste auch ich – trotz aller zahllosen Erfolge, auf die ich sehr stolz bin, zum Beispiel der Buchreihe *Chicken Soup for the Soul*, die sich in 41 Sprachen der Welt 100 Millionen Mal verkauft hat (ein Guinness-Buch-Weltrekord), trotz vieler Ehrungen und Millionen – immer einen hohen Preis dafür zahlen. So war ich oft sechs Monate und länger von meiner Familie und meinen Freunden getrennt, um eine neue Buchreihe oder ein anderes Projekt zu vermarkten.

Es ging mir wie Bob und vielen anderen Erfolgreichen: Je besser ich im Geld-Spiel wurde, umso größer wurde mein Verlangen nach einem anderen Spiel mit neuen Spielregeln. Ich wollte immer noch ein erfülltes Leben in Wohlstand genießen, es aber anders gestalten und *nicht mehr dafür bezahlen!*

Wenn der Zeitpunkt gekommen ist, wo alte Annahmen und Überzeugungen neuen weichen müssen, beginnt dieses Umdenken zunächst bei einem einzigen Menschen, der sich sagt: „Nein, das stimmt nicht. Sondern *das.*" Dieser Mensch hat es nicht leicht; er stößt überall auf Widerspruch und Kritik, er wird verbal und manchmal auch körperlich angegriffen. Aber ein paar Menschen hören ihm zu und erkennen, was wahr ist, dann ein paar mehr, und noch mehr, so lange, bis die kritische Masse erreicht ist. Dann bricht das alte Denkgebäude in sich zusammen, und das neue gelangt als allgemeine Auffassung ins Bewusstsein der Massen.

Ich sage voraus, dass die Einsichten dieses Buches und der Verhaltensänderungsprozess, den es einleitet, der zaghafte Beginn einer Revolution sein werden, an deren Ende die Trennung vom

Geld-Spiel und von den alten Meinungen über Geld stehen und weltweit neue, ungeahnte Chancen und Möglichkeiten entstehen werden.

Interessanterweise widerspricht Bob niemand, obwohl er noch so etwas wie ein einsamer Rufer in der Wüste ist, der von der Wahrheit spricht. Er wird nicht kritisiert oder angegriffen. Ganz im Gegenteil. Überall auf der Welt hallt seine Botschaft von einer Alternative zum traditionellen Geld-Spiel wider. Überall probieren die Leute einen neuen Weg zu eigenem Wohlstand und Wohlgefühl aus.

Haben Sie sich nicht auch schon einmal gesagt: „Ich wünschte, jemand hätte mir das schon früher erzählt." Wenn dem so ist, dann wissen Sie, wie es sich anfühlt, wenn man etwas entdeckt, das das eigene Leben von heute auf morgen radikal verändert. Bevor Sie weiterlesen, holen Sie noch einmal tief Luft, schnallen Sie sich an und machen Sie sich auf einiges Erstaunliches gefasst!

> Jack Canfield, Vorstandsvorsitzender der Chicken Soup for the Soul Enterprises, Mitbegründer der Buchreihe *Chicken Soup for the Soul*, Co-Autor des Buches *Prinzipien des Erfolgs: So kommen Sie dahin, wo Sie hin wollen.*

Danksagung

Dieses Buch wäre nie geschrieben worden ohne die Hilfe, den Einfluss und die Inspiration vieler Menschen. Leider kann ich nicht jedem einzelnen Menschen danken, der zu diesem so umfangreichen Buch beigetragen hat. Aber die wichtigsten möchte ich hier erwähnen.

Zuerst gilt mein Dank meinem guten Freund und Mentor, nennen wir ihn B.W., einem Meister des „Menschen-Spiels", der mich unter seine Fittiche nahm und mich auf meinem immer tieferen Weg in Phase 2 hervorragend unterstützt hat. Er führt ein sehr zurückgezogenes Leben und möchte nicht, dass ich seine Identität preisgebe. Allerdings möchte ich ihn erwähnen, denn ohne ihn hätte dieses Buch nicht entstehen können.

Dann ist da Arnold Patent, dem ich gar nicht genug danken kann für seine Erinnerung an so manches wichtige Teilchen im Puzzle und dafür, dass er mir so einfühlsam gezeigt hat, wer ich wirklich bin. Arnold, ich werde Dir ewig dankbar sein!

Außerdem danke ich meinem Freund Dr. John Martini, der mir die Augen geöffnet hat für viele naturwissenschaftliche Einsichten, die ich in diesem Buch an Sie weitergebe.

Vielen Dank auch an Amit Goswami, Lynn McTaggart und Michael Talbot für die Puzzle-Teile, die sie mir durch ihre Bücher gaben und die Klarheit, die ich dadurch für mein Buch gewonnen habe.

Besonderer Dank gebührt auch meinem guten Freund Dale Novak für die zahlreichen schönen Abbildungen in diesem Buch, sowie Vaughan Davidson, dem tollen Designer, für das mutige, plakative Design der Titelseite und meiner Website, in denen die Botschaft des Ausbrechens aus dem Spiel ums große Geld so richtig gut zur Geltung kommt. Wenn Sie seinen Stil mögen und Titelseiten oder Websites in diesem Stil brauchen, wenden Sie sich direkt an Vaughan, Email-Adresse vaughan@killercovers.com.

Mein herzlicher Dank gilt darüber hinaus meinem Lektor Richard Narramore vom Verlag Wiley – dafür, dass er an mich und an dieses Buch geglaubt und für seine Veröffentlichung gekämpft hat. So hat er dazu beigetragen, dass ich Ihnen heute zu einem neuen Leben verhelfen kann.

Wenn ich von Inspiration spreche, meine ich damit auch meine Frau Cecily und unsere zwei Kinder Ali und Aidan, die mich von Tag zu Tag inspirieren und innere Fülle, Freude und Zufriedenheit in mein Leben bringen.

Einleitung

„Welches Kind, das in einer lauen Sommernacht nicht einschlafen konnte, hat nicht irgendwann gedacht, es würde Peter Pans Segelschiff am Himmel sehen? Ich möchte Ihnen dieses Schiff zeigen."[1]

– Roberto Cotroneo,
When a Child on a Summer Morning –

„Die Wahrheit erreicht den, der nach ihr sucht, auch wenn der äußere Schein manchmal den Blick trübt."[2]

– Joseph Whitfield –

Was ich in diesem Buch mit Ihnen teilen möchte, widerspricht allem, was Sie seit der Kindheit gelernt haben, und vermutlich auch allem, was Sie Ihr ganzes Leben lang für wahr gehalten haben.

Wenn Sie die ersten sieben Kapitel dieses Buches lesen, werden Sie sich vielleicht fühlen wie jemand, der plötzlich im Dämmerlicht steht oder mitten in einem Science-Fiction-Film. Vielleicht denken Sie auch:

- „Was hat das alles mit Geld zu tun?"
- „Zur Sache, bitte!"
- „Ist der Autor verrückt?"
- „Das kann doch nicht sein Ernst sein!"
- „Das habe ich nicht erwartet, als ich das Buch gekauft habe!"
- „So ein Quatsch!"
- Oder, mein Lieblingswort: „Bullshit!"

Vielleicht grinsen Sie jetzt, aber bitte nehmen Sie meine Worte ernst, denn in wenigen Minuten werden, sofern Sie jetzt weiterlesen, diese und ähnliche Gedanken in Ihnen aufkommen, und ich möchte nicht, dass Sie sich durch sie vom Weg abbringen lassen, von Ihrem Weg raus aus dem Spiel ums große Geld.

Sie werden sich beim Lesen manchmal überfordert, orientierungslos, skeptisch, verärgert oder unwohl fühlen. Das ist keineswegs ungewöhnlich. Sie können nicht so einfach aus dem Spiel ums große Geld ausbrechen, ohne sich selbst, Ihre Umgebung, die ganze Welt und Ihr Verhalten im Alltag radikal zu ändern. Dieser radikale Veränderungsprozess löst vielfältige Reaktionen aus. Deswegen habe ich für dieses Buch den Untertitel gewählt: „Ihr Wegweiser für den täglichen Kampf ums liebe Geld. Ändern Sie die Regeln – dann gewinnen Sie!"

Wenn Sie aber so sind wie die Meisten, mit denen ich über den Prozess des Ausbrechens aus dem Geld-Spiel rede, spüren Sie zwar einerseits einen gewissen inneren Widerstand, aber andererseits gibt es da eine Stimme, die Ihnen zuflüstert: „Stimmt, irgendwie habe ich es schon immer geahnt." Egal, wie seltsam Ihnen meine

Aussagen zunächst erscheinen mögen, die Reise, auf die ich Sie mitnehme, und das Ziel dieser Reise sind sehr real. Mein Freund Mentor, den ich hier B.W. nenne, weil er anonym bleiben möchte, brach wirklich aus dem Geld-Spiel aus. Auch ich selbst bin ausgebrochen und lebe jetzt so, wie in Kapitel 13 beschrieben. Ich habe in aller Stille vielen anderen Menschen auf der Welt gezeigt, dass sie es auch tun können, wenn sie wollen. Das Ausbrechen ist sehr real – auch Sie können es tun!

Wenn Sie Schritt für Schritt den Anweisungen folgen, die ich Ihnen am Ende des Buches gebe, und Sie dann immer noch Beweise für die Machbarkeit brauchen sollten, können Sie alles, was die Gültigkeit und Vertrauenswürdigkeit meiner Aussagen belegt, in Ihrem eigenen Leben erfahren! Das ist ein wesentlicher Punkt, auf den ich in den späteren Kapiteln zurückkommen werde.

Dieses Buch ist in sechs Abschnitte unterteilt:

1. Der Hintergrund: Wie ich zu der Entdeckung kam, und der Durchbruch, der dazu führte.
2. Die Regeln des Geld-Spiels.
3. Die Philosophie, die man braucht, um von dem Spiel loszukommen.
4. Die wissenschaftlichen Erkenntnisse, die diese Philosophie stützen und untermauern.
5. Die spezifischen, einfachen und leicht umsetzbaren, dabei aber ungemein wirkungsvollen Schritte, die sich aus dieser Philosophie und diesen wissenschaftlichen Erkenntnissen ergeben und Ihr Leben und Ihre Finanzen so verändern werden, wie Sie es sich derzeit gar nicht vorstellen können. In diesem Abschnitt erzähle ich auch viele Geschichten aus dem wirklichen Leben, um die Umsetzung der Philosophie und der wissenschaftlichen Erkenntnisse konkret vorstellbar zu machen.

6. Eine Einladung an Sie, Ihr Herz in die Hand zu nehmen, das hier Gelernte anzuwenden, seine Gültigkeit an sich selbst zu erproben und so ein neuartiges, völlig anderes Leben zu führen.

Mit dem Hintergrund fangen wir gleich in dieser Einleitung an. Bitte gehen Sie zurück und lesen Sie noch einmal Punkt 5, bevor Sie weiter lesen. Warum? Weil ich eine Weile brauchen werde für die Darstellung der Philosophie und der wissenschaftlichen Erkenntnisse, die die praktischen Handlungsanweisungen erst möglich machen. Vermutlich werden Sie sonst leicht ungeduldig und denken: „Wann kommt er denn endlich zur Sache?" Ich möchte, dass Sie nie aus den Augen verlieren, dass es uns letztlich immer um die praktische Anwendung auf Ihr eigenes Leben geht. Ich verspreche Ihnen schon jetzt, dass Sie später, wenn es um die praktischen Aspekte des Loslösungsprozesses geht, verstehen werden, dass und warum ich mich so eingehend mit den dafür notwendigen Grundlagen befasst habe.

Viele Menschen, die meine Ideen kennen lernen und das entdecken, was auch Sie bald entdecken werden, fragen verblüfft: „Wo nehmen Sie das alles nur her?" Meine Antwort darauf ist die: „Ich kann es nur mit einem Puzzlespiel vergleichen. Man nimmt hier ein Teil, da ein Teil, hier ein anderes, da ein anderes. Für sich genommen sehen die einzelnen Teile nach nichts aus. Aber wenn man mehr und mehr von ihnen zusammenfügt, wird das große Ganze allmählich sichtbar. Irgendwann springt einem das gesamte Bild klar ins Auge. Die ganzen Puzzle-Teile habe ich nicht von einer Person oder einer einzigen Quelle erhalten, sondern ich habe sie Stück für Stück gesucht, gefunden, gesammelt und zusammengefügt. Dann, eines Tages, sprang mir das Gesamtbild, das Sie auch noch sehen werden, ins Auge – und es warf mich einfach um, so wie es auch Sie umwerfen wird, wenn Sie es zulassen."

Die ersten Puzzle-Teile erhielt ich von meinem wunderbaren Großvater. Er hieß Aaron Scheinfeld. Er nahm eine simple Idee und machte daraus Manpower Inc., eine der Top-500-Firmen des Fortune-Index, die weltgrößte Zeitarbeitsfirma. Als junger Mann begriff ich allmählich, dass etwas sehr Ungewöhnliches hinter seinem riesigen Erfolg und Vermögen stand – irgendein Geheimnis, das niemand aus unserer Familie kannte oder über das wir nie sprachen.

Als ich zwölf Jahre alt war, nutzte ich jede Gelegenheit, um ihn danach zu fragen. Ich wollte unbedingt wissen, worin das große Geheimnis bestand. Fast ein Jahr lang wich er mir aus. Dann, als die meisten aus unserer großen Familie im schweizerischen Crans im Urlaub waren, um den 70. Geburtstag meines Großvaters zu feiern, lud er mich eines Tages zu einer Tasse Kakao ein und erzählte mir seine Geschichte.

An jenem denkwürdigen Tag begann ich zwei wesentliche Wahrheiten zu verstehen, die mein Leben für immer verändern sollten:

1. Es gibt verborgene Kräfte, die beeinflussen, was auf der Welt geschieht, die aber nur wenige Menschen zu durchschauen vermögen.
2. Wenn man diese verborgenen Kräfte versteht und sie richtig nutzt, kann man gewaltige Kräfte freisetzen und damit in seinem Leben wahre Wunder bewirken.

Ähnliches wird auch in Tausenden Büchern, Kassetten und Vorträgen behauptet. Aber so, wie mein Großvater die besagten verborgenen Kräfte definierte und wie er sie speziell für seine Zwecke nutzte, war das etwas ganz anderes. Bleiben Sie also bitte mein Leser, auch wenn Ihnen das alles vertraut vorkommt. Sie werden sehen, es geht in eine ganz andere Richtung, als Sie jetzt denken.

Jenes erste Treffen mit meinem Großvater in dem kleinen Café im schweizerischen Crans hatte für mich zweierlei Folgen – gute und schlechte. Gut für mich war, dass er von da an begann, mich über die wahre Natur der verborgenen Kräfte aufzuklären und mir zu zeigen, wie ich sie nutzen konnte. Schade war nur, dass er nur sieben Monate danach starb, ohne mich in alles einweihen zu können. So brachte ich 35 Jahre damit zu, das von ihm Gelernte anzuwenden und seinen vielen Tipps zu folgen. Ich versuchte eifrig, die fehlenden Puzzle-Teile zu finden und das Ganze in ein System zu bringen, wie er es mir wahrscheinlich vermittelt hätte, wenn er nur lange genug gelebt hätte.

In diesen 35 Jahren fand ich tatsächlich viele der fehlenden Puzzle-Teile. Ich ordnete sie zu einem System und wandte es an, um ein Meister im Geld-Spiel zu werden. In den frühen Tagen meiner beruflichen Laufbahn wandte ich das System an, um im Vertrieb einer Computer-Großhandlung aufzusteigen. Ich war außerordentlich erfolgreich und wurde nacheinander Vertriebsleiter, Leiter der Abteilung Öffentlichkeitsarbeit, Regionalchef, Marketing-Abteilungsleiter, Vizepräsident für Marketing, Unternehmensberater und schließlich selbst Unternehmer.

Danach wandte ich das System an, indem ich ein Marketing-Konzept erfand und umsetzte, das die Räume von Tony Robbins' Multimedia-Seminaren füllte und die Verkaufszahlen einer Franchise-Computerhandelsfirma namens Connecting Point of America von 90 auf 350 Millionen Dollar Umsatz anwachsen ließ – und das in weniger als drei Jahren.

Ich baute mein System weiter aus und brachte es zu einem respektablen Vermögen. Aber dann stürzte ich ab, verlor alles und saß mit 153.000 Dollar Schulden da. Anschließend gelang es mir, mich zu sanieren und mehr Vermögen anzusammeln, als ich früher gehabt hatte. In nur vier Jahren verhalf ich dem Unternehmen Blue Ocean Software von 1,27 Millionen zu 44,3 Millionen Umsatz, was dazu führte, dass die Firma dreimal unter den

„Top 500" des Wirtschaftsmagazins *Inc. Magazine* genannt wurde. Dieses enorme Umsatzwachstum bei schwankender Rentabilität hatte zur Folge, dass Blue Ocean für 177 Millionen Dollar vom Software-Giganten Intuit übernommen wurde; ein ordentlicher Teil dieser Summe landete als Belohnung für meine Bemühungen in meiner Tasche.

Während all der Jahre schrieb ich zwei Bestseller, die die von mir bis dahin gesammelten Puzzle-Teile erklärten. Mein erstes Buch war *Der unsichtbare Weg zum Erfolg*, das zweite war *Das elfte Element*.

Ein Jahr nach dem Verkauf von Blue Ocean Software, und nachdem ich dank verschiedener weiterer geschäftlicher Erfolge noch mehr Geld angehäuft hatte, musste ich abermals mit ansehen, wie große Brocken meines Vermögens verschwanden. Ich hielt inne und sagte mir: „Das gibt's doch nicht, das ist gegen jede Vernunft. Irgendwo muss ich etwas falsch gemacht haben." Um ein beliebtes geflügeltes Wort aus *Alice im Wunderland* und aus dem Film *Die Matrix* zu gebrauchen: Ich begriff, dass ich noch tiefer ins „Kaninchenloch" steigen musste.

Als ich zum ersten Mal einen finanziellen Einbruch hatte, war lediglich ich selbst betroffen. Ich hatte keine Frau, keine Kinder. Alles zu verlieren war eine sehr schmerzliche Erfahrung, aber ich konnte Schmerzen schon immer ganz gut wegstecken. Nun jedoch hatte ich eine Frau und zwei Kinder zu versorgen, und wir hatten uns einen Lebensstandard erarbeitet, der uns alle glücklich machte. Ich wusste, wenn das alles in Gefahr geriet, würde der Schmerz unerträglich sein und auch meine Familie mit voller Wucht treffen. Ich bekam Angst und suchte wie besessen nach dem Detail, das ich noch nicht verstand. Ich begab mich erneut auf die Suche und fahndete nach den fehlenden Puzzle-Teilen, von denen ich annahm, dass mein Großvater sie gekannt hatte, sie mir aber nicht mehr vermitteln konnte. Acht Monate danach fand ich sie, und ich werde sie Ihnen in diesem Buch mitteilen.

Aus eigener Erfahrung sowie durch meine Bekanntschaft mit Hunderten extrem reicher Menschen (darunter einige der reichsten Leute der Welt) fand ich heraus, dass das Spiel ums große Geld ein Spiel ist, das niemand gewinnen kann. Auch Sie werden es bald verstehen: Egal, wie gut man spielt und wie viel Geld man dabei anhäuft, wird man das Geld-Spiel früher oder später immer „verlieren", in Form von Stress, Angst, Schmerzen, Verlusten irgendwelcher Art und Enttäuschung – wenn man es nach den Regeln, Vorschriften und Strukturen spielt, die wir als junge Menschen gelernt haben.

Es reicht eben nicht, das Geld-Spiel besser zu spielen als andere und mehr und mehr Geld zu „machen", wie die meisten selbst ernannten Experten behaupten. Man muss tatsächlich *total* aus dem ganzen Spiel *ausbrechen* und ein neues Spiel beginnen, mit neuen Regeln und Vorgaben, die man sich *selbst* gibt. Dann erst ändern sich die Dinge wirklich, *bleiben auf Dauer anders*, und das Leben wird richtig interessant!

Bevor wir fortfahren, möchte ich noch auf einen wichtigen Punkt hinweisen. Manche Leute lesen ein Buch von Anfang bis Ende durch. Andere überspringen ein paar Seiten, springen hin und her oder lesen nur einzelne Abschnitte. Meine Absicht ist, Sie davon zu überzeugen, aus dem Geld-Spiel auszubrechen. Das gelingt aber nur, wenn ich Ihnen einzelne Puzzle-Teile in einer bestimmten Reihenfolge vorlege und Sie dabei anleiten kann, sie auf eine bestimmte Art und Weise zusammenzusetzen.

Nur wenn Sie sich meiner Führung anvertrauen, springt Ihnen das „große Ganze" als vollständiges Bild in die Augen. Nur dann verstehen Sie, warum Sie aus dem Geld-Spiel ausbrechen müssen. Wenn Sie die Reihenfolge nicht einhalten, sehen Sie nur ein paar zusammenhanglose Pappstücke auf dem Tisch liegen. Dann schaffen Sie es nicht, Ihre Energie zu bündeln und aus dem Geld-Spiel wirklich auszusteigen. Kurz gesagt: Bitte haben Sie Geduld. Lesen Sie die Kapitel der Reihe nach in dem Tempo, das Ihnen behagt, vertrauen Sie mir und folgen Sie meiner Führung. Ich weiß, wie man aus dem Geld-Spiel ausbricht und kann Ihnen dabei helfen, es zu schaffen, aber nur, wenn Sie dem Weg folgen, den nur ich Ihnen zeigen kann.

Sie sollten auch von Vornherein wissen, dass ich Sie mit diesem Buch nicht vom Geld-Spiel „befreien" kann. Ich kann Ihnen lediglich den Weg zeigen, Ihnen die Tür zu einer neuen Welt öffnen. Ich kann Ihnen dabei helfen, durch diese Tür zu springen und Ihnen zeigen, was Sie in der neuen Welt auf der anderen Seite der Tür zu tun haben. Denn das Sich-Losreißen vom Geld-Spiel ist mit Arbeit verbunden. Ich zeige Ihnen genau, was Sie tun müssen, wann und wie Sie es tun müssen. Ich gebe Ihnen auf dem Weg dahin eine Menge Unterstützung. Aber es ist ein beschwerlicher Weg, und es wird eine Zeitlang dauern, bis Sie Ihr Ziel erreicht haben. Sie müssen eine Menge Engagement, Geduld, Durchhaltevermögen und Disziplin mitbringen, um dahin zu gelangen.

Wenn Sie all das aufbringen und Ihre Aufgaben gewissenhaft erledigen, wird Ihre Mühe in einem Maße belohnt werden, wie Sie es sich jetzt noch nicht vorstellen können. Ich kann ohne den geringsten Zweifel sagen: Wenn Sie den Durchbruch geschafft haben, wird Geld in Ihrem Leben keine Rolle mehr spielen. Sie brauchen sich diesbezüglich keine Sorgen mehr zu machen – weder um Rechnungen, noch um verfügbares Geld oder Ihr Scheckheft.

Sie brauchen sich nicht mehr zu fragen: „Kann ich mir das leisten?", oder: „Soll ich mir das kaufen?" Sie brauchen sich keine Gedanken mehr zu machen über Einnahmen und Ausgaben, Vermögen und Verbindlichkeiten, Ihr Einkommen, Ihre Ersparnisse, Schulden, Gewinne und Steuern.

Vorbei sind Ärger, Stress und Komplikationen, die mit dem Verwalten, Sichern und Vermehren Ihres angehäuften Vermögens verbunden waren. Vorbei ist das „Schuften" für den bloßen Lebensunterhalt oder für die kleinen Freuden des Lebens.

Wenn Sie erst vom Geld-Spiel los gekommen sind, gibt es in puncto Geld keinerlei Grenzen oder Einschränkungen mehr für Sie. Das klingt vermutlich jetzt schon sehr attraktiv. Aber es ist nichts gegen das, was geschehen und wie sich Ihr Leben verändern wird, wenn Sie sich erst vom Spiel losgesagt haben. Dieser Prozess der Ablösung ist etwas, was nur der versteht, der ihn wirklich durchläuft.

Warum ich hier immer vom „Money Game", vom Geld-Spiel rede, hat einen besonderen Grund. Um diesen Grund und die Spielregeln des Geld-Spiels zu verstehen, lesen Sie bitte Kapitel 1.

Die Spielregeln

> „Wer die Grundlinie verlässt, wer Fehler
> begeht, ist nach drei Würfen draußen –
> so sind die Baseball-Regeln. Sie gelten
> für Baseball, aber nicht für jedes andere
> Spiel."[1]
>
> – J.C. –

Wenn Sie so denken wie die meisten Menschen, die ich kenne, sind Sie wahrscheinlich nie auf den Gedanken gekommen, Geld und den Aufbau eines Vermögens als ein Spiel zu betrachten. Wenn ich mit Leuten rede und sie darüber befrage, sagen sie im Allgemeinen: „Geld ist kein Spiel. Es ist eine ernste Angelegenheit."

Der erste Schritt im Prozess des Ausbrechens ist, es so zu sehen, dass alles, was mit den eigenen Finanzen zusammenhängt – also Einkommen, Nettowert, Investitionen, Ersparnisse, Steuern, Ausgaben, Rechnungen, Außenstände, Forderungen an Dritte,

Gewinne und so weiter – Teil eines faszinierenden, ausgeklügelten, gigantischen, einmaligen und komplexen Spiels ist. In diesem Kapitel erkläre ich die Grundregeln des Spiels, bevor ich in den folgenden Kapiteln näher ins Detail gehe.

Bei näherem Hinsehen haben die meisten Spiele Regeln, Vorschriften und einen klaren Aufbau. Darüber hinaus sind Anfang und Ende und das Ziel des Spiels klar festgelegt. Jeder, der mitspielen möchte, stimmt den Regeln und Vorschriften zu und hält sich an den vorgegebenen Spielablauf. Nur unter diesen Voraussetzungen funktioniert das Spiel überhaupt. Zwar stellen einige Spiele auf professionellem Niveau bestimmte Anforderungen an Karriere und Einkommen der Spieler. Aber die meisten Menschen spielen aus reinem Vergnügen, so wie Zuschauer (Fans), die sich ein Spiel ansehen.

Football, zum Beispiel, wird mit einem Lederball gespielt, der in Form, Größe und Material ganz bestimmte Anforderungen erfüllt. Das Spielfeld ist 100 Yards lang. Man spielt in vier Zeiteinheiten (Quarters) mit je 15 Minuten Spieldauer. Ein Touchdown bringt sechs Punkte, wer den Ball nach einem Touchdown durch die Pfosten kickt, erhält einen Punkt, ein Feldtor zählt drei und ein Safety zwei Punkte. Ein erstes Down gibt es bei zehn Yards. Zu jeder Zeit darf nur eine gewisse Anzahl von Spielern auf dem Feld sein, und jeder Spieler muss eine bestimmte Spielposition einnehmen. Es gibt Regeln, die besagen, was die Spieler auf dem Feld tun dürfen und was nicht, und wenn diese Regeln verletzt werden, wird das Team, das gegen sie verstößt, bestraft. Das Team, das am Ende der vier Quarters (oder, bei Gleichstand, am Ende der Nachspielzeit) die meisten Punkte hat, hat gewonnen.

Oder nehmen wir Baseball: Das Spiel wird auf einem Spielfeld bestimmter Größe und Form gespielt – einem trichterförmigen Karo. Nur neun Spieler je Team dürfen während des Spiels auf dem Karo sein, und wie bei Football nimmt jeder Spieler eine bestimmte Spielposition ein. Zum Spiel gehören Schläger, Bälle und Handschuhe, die alle speziell für das Spiel gemacht sind. Es gibt neun Innings, während deren jede Mannschaft drei Outs machen darf. Die Schlagmänner (Batter) erhalten je vier Bälle und drei Versuche. Der Werfer (Pitcher) steht auf einem leicht erhabenen Hügel in einer genau definierten Entfernung vom Batter. Auch die Entfernung der Bases zueinander ist genau festgelegt. Wenn ein Spieler das Schlagmal berührt, nachdem er jede der anderen Bases berührt hat, erhält er einen Run oder einen Punkt. Die Mannschaft mit den meisten Runs am Ende der neun Innings (oder, bei Gleichstand, nach eventuellen Extra-Innings) ist Sieger.

Unser letztes Beispiel ist das Golfspiel: Der Golfspieler steht auf einem Golfplatz. Es gibt eine festgelegte Anzahl von Löchern, Grünflächen, Fairways, Roughs, Bunkern (Sandflächen) und Wasserhindernissen auf dem Golfplatz. Der Spieler schlägt die präzise gebauten Bälle mithilfe von Golfschlägern mit L-förmigen Metallenden in kleine Löcher. Es gibt auch hier besondere Regeln, die festlegen, was die Spieler tun dürfen und was nicht, und wer die Regeln verletzt, wird bestraft. Am Ende des Parcours gewinnt derjenige Spieler, der am wenigsten Schläge gebraucht hat, um überall einzulochen.

Wenn man sich die Regeln der Sportarten Football, Baseball und Golf genau und objektiv ansieht, gewinnt man den Eindruck, dass sie völlig willkürlich gemacht sind und nicht viel Sinn haben. Überlegen Sie sich zum Beispiel Folgendes:

- *Football:* Laufen Sie, während Sie ein aufgepumptes Stück Leder in der Hand halten, oder werfen Sie ein aufgepumptes Stück Leder von einer Person zur anderen, während Sie versuchen, eine weiße Linie zu überqueren und Punkte zu machen. Oder versuchen Sie, das Stück Leder durch zwei Metallpfosten zu kicken, um Punkte zu erlangen.
- *Baseball:* Versuchen Sie, ein rundes Stück aus Gummi und Leder, das auf Sie zugeflogen kommt, mit einem Holzstock zu

treffen. Wenn Sie es getroffen haben und kein anderer Spieler es mit einem ums Handgelenk gewickelten Leder fangen konnte, laufen Sie herum und versuchen Sie, drei quadratische Stofffetzen auf dem Boden zu berühren, bevor Sie durch Berühren eines weiteren Stoffstückes einen oder mehrere Runs bekommen.

- *Golf:* Versuchen Sie, kleine runde Stücke aus Gummi und Titanium mit L-förmigen Metallschlägern zu treffen und diese runden Stücke mit möglichst wenig Schlägen in kleine, Hunderte von Yards voneinander entfernte Löcher zu bekommen.

Derselbe Eindruck unvernünftiger Willkür stellt sich ein, wenn man Regeln, Vorschriften und Ablauf anderer beliebter Spiele ansieht – ob Bridge oder Monopoly, Billard oder Schach, Dame, Black Jack oder sonst was. Da kann man leicht auf den Gedanken kommen, zu sagen: „Wie hat sich jemand nur so komische Spiele, Regeln und Strukturen ausdenken können?" Obwohl Spielregeln, Vorschriften und Aufbau auf den ersten Blick willkürlich erscheinen, bleibt das, was sie ausmacht, nämlich die Intelligenz, Logik und Absicht, mit der sie erfunden wurden, für den Spieler unsichtbar.

Spieler hinterfragen selten die Ursprünge ihrer Spiele und die oft seltsamen Regeln, Vorschriften und Strukturen. Sie spielen so, wie man es schon immer gemacht hat und tun, was „unbekannte Mächte" ihnen befehlen.

Dasselbe trifft auch auf das Geld-Spiel zu. Aus der Nähe und objektiv betrachtet, erscheinen Regeln, Vorschriften und Struktur dieses Spiels willkürlich und genauso wenig sinnvoll wie die vieler anderer Spiele, wie Sie gleich sehen werden. Aber später beweise ich Ihnen, dass hinter dem Geld-Spiel eine verblüffende Intelligenz und Raffinesse stecken, und ich verspreche Ihnen, wenn Sie das erst herausgefunden haben, wird es Sie umhauen! Und es wird Ihnen helfen, aus diesem Spiel aussteigen zu können.

Wenn wir ein gewisses Lebensalter erreicht haben, werden wir alle Mitspieler beim Geld-Spiel, einem Spiel, das längst vor unserem Einstieg begonnen hat. Wie Sportler und andere Spielernaturen hinterfragen wir nie, was man uns diesbezüglich beigebracht hat. Wir akzeptieren die Regeln, Vorschriften und Abläufe und spielen mit, als wäre alles in Stein gemeißelt und keinerlei Änderung möglich.

Hier sind drei der wichtigsten Regeln, Vorschriften und Strukturen des Geld-Spiels, die wir allgemein als wahr anerkennen und akzeptieren. Es gibt noch Dutzende anderer (darunter viele, die Steuern, Regierungen, Geldanlagen etc. betreffen), aber die nachfolgend genannten sind uns besonders vertraut, und wie Sie sehen werden, sind es zugleich die, die den größten Schaden anrichten:

1. *Begrenzter Geldvorrat.* Sie und/oder die ganze Welt verfügen nur über eine begrenzte Menge Geld, und jedes Mal, wenn das Geld „ausgegeben wird", nimmt dieser begrenzte Vorrat ab. Deswegen muss jeder Wege finden, seinen Vorrat ständig aufzufüllen, oder das Geld „geht aus". Man muss vorsichtig und verantwortungsvoll mit seinem Geld umgehen und es aufbewahren, damit es einem nicht plötzlich ausgeht. Weil der Kernvorrat an Geld begrenzt ist, muss man langfristig und planvoll sparen, klug investieren und sich über die Jahre hinweg ein Polster zulegen, damit man im Alter etwas hat, wovon man leben kann.

2. *Geld ist in Bewegung.* Ständig gibt es Geldzu- und –abflüsse. Das Geld ist „da draußen", irgendwie weit weg von einem selbst, und man muss hinausgehen, um es zu verdienen und es für sein eigenes Leben zu besitzen. Hinzu kommt, dass das Geld, sobald man es ausgibt, von einem selbst weg und zu den anderen geht, und dann hat man selbst weniger davon. Man hat Einnahmen und Ausgaben und muss alles dafür tun, dass

die Einnahmen die Ausgaben übersteigen und man Gewinn macht. Um mehr Lebensqualität zu erlangen, muss man seine Gewinne steigern.

3. *Man muss härter oder erfolgreicher arbeiten, um mehr zu verdienen.* Man kann nicht einfach haben, was man haben möchte. Alles „kostet" etwas. Für alles, was man haben möchte, muss man „bezahlen". Man muss sein Geld „verdienen". Es gibt nichts umsonst. Von nichts kommt nichts. Wenn man mehr Geld haben möchte, muss man einen Weg finden, um mehr Wertschöpfung zu betreiben oder härter oder schlauer arbeiten, um es zu bekommen. Man muss geschäftstüchtig sein und sich voll und ganz aufs Geldverdienen konzentrieren, oder man wird es eben nie „zu etwas bringen".

Das traditionell anerkannte Geld-Spiel kennt noch viele weitere allgemein vertretene Ansichten, die ebenfalls als wahr gelten, nämlich:

- Geld ist die Wurzel allen Übels.
- Geld hat etwas Dreckiges, Schlechtes an sich – wie die Leute, die viel davon haben.
- Die Reichen werden immer reicher, die Armen immer ärmer.
- Es gibt nie genug Geld.
- Man muss über sein Geld bestimmen, oder es wird über einen bestimmen.
- Je mehr Geld, umso besser.
- Geld wächst nicht einfach auf dem Baum.
- Manche Leute sind geschäftstüchtig, manche nicht.
- Man kann nicht gleichzeitig viel Geld verdienen *und* religiös sein.
- Der Nettogewinn ist das wahre Maß für Reichtum und Erfolg.
- Man muss für schlechte Zeiten sparen.

Es wird ein Schock für Sie sein, zu erfahren, dass keine einzige der soeben erwähnten Spielregeln und Ansichten, keine einzige der von ihnen abgeleiteten Regeln, Vorschriften und Überzeugungen wahr ist. Nicht eine. Sie alle sind erfunden, wie alle Spielregeln. Wir haben sie bloß immer für wahr gehalten.

Hier sind zwei wichtige Thesen, die ich jetzt aufstelle und später, in Kapitel 3, beweisen möchte:

1. Man kann das Geld-Spiel nicht gewinnen.
2. Das Geld-Spiel wurde extra erfunden, damit man es verliert.

Man kann das Geld-Spiel nicht gewinnen, denn:

- *Es gibt keine klare Definition von „Gewinnen".* Woher weiß man, ob man das Geld-Spiel gewonnen hat? Haben Sie sich das jemals gefragt? Wann hat man gewonnen? Wenn man komfortabel leben kann? Wenn man Millionär, Multimillionär oder Milliardär geworden ist? Wenn man ein selbst gesetztes Ziel (gemessen am Einkommen oder Nettogewinn) erreicht und übertroffen hat? Meine Erfahrung ist, dass viele Leute sich klare finanzielle Ziele setzen, aber keine klare Vorstellung davon haben, was es bedeutet, das Geld-Spiel zu gewinnen. Aber: Wenn man ein Ziel nicht kennt, wie kann man es dann erreichen beziehungsweise wissen, wann man es erreicht hat?
- *Ihr Geld ist immer in Gefahr.* Egal, wie viel Geld Sie anhäufen, es ist immer mit Risiken verbunden. Man kann all sein Geld – oder zumindest einen Großteil davon – durch schlechtes Management, zu hohe Ausgaben, einen Börsencrash, schlechte Anlagepolitik, Unterschlagung, Diebstahl, Scheidung, Prozesse, Bankrott, Bank-Pleiten, tragische Unfälle und so weiter verlieren. Außerdem: Die Null auf dem Konto ist nicht das Ende der Fahnenstange. Man kann sich hoch verschulden. Je mehr Geld Sie besitzen und je intelligenter Sie es verwalten,

umso größer ist Ihre Illusion, Sie wären sicher. Die Wahrheit jedoch ist, dass Geld niemals sicher ist oder macht, egal wie viel Sie haben oder was Sie damit tun. Die Geschichte ist voll von Karrieren von Leuten, die enorme Vermögen angehäuft haben und dann alles wieder verloren haben (ob in einer Generation oder über mehrere Generationen hinweg).

- *Es gibt kein offizielles Spielende.* Wann hört das Spiel ums große Geld auf? Wenn man einen Meilenstein erreicht hat, den man sich selbst gesetzt hat? Das funktioniert nicht. Denn auch wenn man so einen Meilenstein erreicht oder hinter sich lässt, ist das eigene Geld immer in Gefahr. Stets kann man zurückfallen und alle Ersparnisse verlieren. Ist es zu Ende, wenn man in Rente geht? Auch das funktioniert nicht. Ihr Geld ist immer noch gefährdet. Sie sind immer noch den anderen Regeln, Vorschriften und Abläufen des Spiels ausgeliefert, auch wenn Sie nicht mehr berufstätig sind. Ist es vorbei, wenn Sie sterben? Nun, für *Sie* schon, aber nicht für Ihre Familie und die Erben. Wenn es kein offizielles Spielende gibt, wie können Sie dann wissen, ob Sie gewonnen haben? Können Sie das bei einem Football-Spiel sagen, wenn Sie am Ende des dritten Viertels vorn liegen? Beim Baseball-Spiel, wenn Sie am Ende des siebten Innings gerade vorn liegen? Können Sie sagen, dass Sie ein Golfspiel mit 18 Löchern gewonnen haben, wenn Sie nach 12 mal Einlochen die wenigsten Schläge gebraucht haben? Nein!
- *Man muss immer einen Preis bezahlen.* Man kann das Geld-Spiel nicht gewinnen. Selbst wenn man es schafft, viel zu verdienen, viel zu behalten, viel auszugeben, es gut zu verwalten und klug anzulegen, sein Nettovermögen zu mehren, wie eine Königin oder ein König zu leben und sich eine komfortable oder gar luxuriöse Altersversorgung anzusparen, führt das Geld-Spiel, wenn man es gemäß den üblichen Spielregeln spielt, zwangsläufig zu irgendeiner Form von Stress, Zeitdruck,

Unzufriedenheit, Schmerz oder Verlust. Das gilt besonders im Bereich Freizeit, Gesundheit und persönliche Kontakte. Sie kennen das bestimmt, oder Sie kennen jemand anderen, der eine Menge Geld verdient hat, aber entweder krank oder einsam wurde, jung starb oder ständig Migräne oder andere gesundheitliche Beschwerden hatte. Er verkümmerte in emotionaler Hinsicht oder fühlte sich leer und ausgebrannt. Oder er saß inmitten seines ihn umgebenden Luxus und dachte dabei: „Und das soll alles sein?"

- *Es gibt immer Leute, die erfolgreicher sind als man selbst.* Mit Ausnahme einiger weniger Menschen, die finanziell höchst erfolgreich sind, gilt das für alle. Das Geld-Spiel hat eingebaute Fallen, in die früher oder später so gut wie jeder tappt. Die Falle schnappt zu, sobald jemand, der ein bestimmtes Niveau an Wohlstand erreicht, sich mit anderen, reicheren Leuten vergleicht und neue, noch höhere Ansprüche stellt, die erreichbar erscheinen, aber noch in weiter Ferne liegen. Zum Beispiel, wenn jemand, der 250.000 Dollar im Jahr verdient und eigentlich zufrieden ist, sieht, welchen Lebensstil jemand mit einer Million Dollar Jahreseinkommen hat und sich plötzlich irgendwie unterlegen fühlt. Oder wenn jemand, der für gewöhnlich First Class mit einer normalen Fluglinie fliegt, zusehen muss, wie andere im eigenen Privatjet fliegen. Oder wenn jemand mit einem schönen Haus bemerkt, dass ein anderer zwei schöne Häuser hat. Jede dieser Erfahrungen mündet letztlich in Unzufriedenheit. Und dieses Schema hört nie auf, sondern setzt sich fort, je erfolgreicher wir in finanzieller Hinsicht werden.

Stellen Sie sich vor, Sie würden irgendein anderes, Ihnen bekanntes Spiel spielen, mit Regeln, Vorschriften und Ablauf wie beschrieben. Stellen Sie sich vor, Sie spielen oder betrachten ein Spiel, von dem niemand weiß, ob und wann er es gewinnt, wer überhaupt gewinnt, wann es zu Ende ist. Stellen Sie sich ein Spiel vor, in dem es immer einen Spieler oder ein Team gibt, der beziehungsweise das besser ist als man selbst. Stellen Sie sich ein Spiel vor, das man – je nachdem, wie viele Opfer man erbringen muss – immer verliert, auch wenn man denkt, man gewinnt. Würde irgendjemand so ein Spiel mitspielen oder auch nur als Zuschauer dabei sein wollen? Niemals!

Für die Spieler wäre es ein absoluter Albtraum. Kein Mensch würde bei so etwas mitmachen, und zusehen würde dabei auch keiner! Welchen Sinn hätte das alles?

Aber es ist so. Milliarden von Menschen spielen das Geld-Spiel Tag für Tag oder sehen dabei zu, und sie wissen gar nicht, dass es eigentlich völlig sinnlos ist. Viele von ihnen glauben, sie würden gerade gewinnen oder hätten schon gewonnen, oder sie glauben, andere Leute, die sie aus den Medien kennen, hätten gewonnen – aber es ist alles eine einzige große Täuschung.

In Kapitel 7 nenne ich Ihnen einen noch stärkeren Grund, warum Sie das Geld-Spiel nicht gewinnen können. Aber erst einmal muss ich Ihnen ein paar weitere zentrale Puzzle-Teile für Ihr Verständnis liefern.

Sicher hat man Ihnen nie gesagt, dass das Geld-Spiel sich von den anderen Spielen, die wir spielen, stark unterscheidet. Denn beim Geld-Spiel ist nichts starr festgelegt. *Alles ist verhandelbar.* Sie brauchen die traditionellen Regeln und Strukturen dieses Spiels nicht zu übernehmen! Sie haben durchaus eine Alternative!

Da Sie nicht gewinnen können, haben Sie nur zwei Möglichkeiten:

1. Weiter nach den bisher gültigen Regeln, Vorschriften und Strukturen zu spielen. Sie wissen, dass Sie dann verlieren und einen hohen Preis bezahlen müssen – egal, was Sie machen.
2. Völlig aus dem Geld-Spiel auszubrechen, ein neues Spiel für sich selbst zu erfinden, nach Ihren eigenen Spielregeln, und Ihre Beziehung zu Geld *für immer* zu ändern.

Wie verrückt oder illusorisch es Ihnen auch erscheinen mag – ich garantiere Ihnen, dass Sie, wenn Sie dieses Buch zu Ende gelesen haben, genügend Durchblick und innere Kraft haben werden, um ganz aus dem Geld-Spiel auszubrechen.

Die drei quälenden Fragen

„Leben ist mein Beruf und meine Kunst."[1]

– Michel de Montaigne, Essayist, 1533-1592) –

„Wenn ich mich nur daran erinnern könnte, dass die Tage keine Ziegelsteine sind, die man Zeile für Zeile aufeinander schichtet, bis sie ein solides Haus ergeben, in dem man sicher und in Frieden lebt, sondern lediglich Nahrung für das Feuer im Herzen."[2]

–Edmund Wilson, Kritiker und Autor (1895-1972) –

Seit es Menschen gibt, bewegen sie drei Fragen:
1. Wer bin ich?
2. Warum bin ich hier?
3. Was ist der Sinn meines Lebens?

Wie Sie gleich sehen werden (auch wenn es nicht sofort klar wird), ist es nicht möglich, aus dem Geld-Spiel auszubrechen, wenn man auf diese drei Fragen keine vernünftige Antwort weiß. Vielleicht interessiert es Sie auch, zu erfahren, dass die Puzzle-Teile, die ich Ihnen in diesem Kapitel und in den nächsten beiden Kapiteln zeigen werde, zu denen gehören, die mir mein Großvater damals bei jener besagten Tasse Kakao im schweizerischen Crans offenbarte. Weil ich meinen Großvater und seine Leistungen so sehr respektierte, ja bewunderte, akzeptierte ich die im Folgenden dargelegten Konzepte, ohne sie zu hinterfragen. Aber es dauerte Jahrzehnte, bis ich sie verwirklichen, ihre ganze Bedeutung voll erfassen und in praktisches Handeln umsetzen konnte. Das gelang erst, als ich mehr Puzzle-Teile gesammelt hatte und mehr von all dem erfahren hatte, was ich Ihnen jetzt mitteilen möchte.

Ich glaube, dass es keine absolut wahre Antwort auf die drei genannten Fragen gibt. Warum? Weil es Geheimnisse gibt, die so groß und so vielschichtig sind, dass sie uns, zumindest in unserem gegenwärtigen Bewusstseins- und Entwicklungsstadium, nicht zugänglich sind. Da wir keine absolut sicheren Antworten auf die drei Fragen geben können, können wir nur Modelle entwickeln, die nahe genug an die Wahrheit herankommen, um uns in unserem Alltag nützlich zu sein.

Was ich in den nächsten Kapiteln mit Ihnen teilen möchte, ist eine Art Arbeitsmodell, das Sie befähigt, aus dem Geld-Spiel auszubrechen. Dieses Modell ist nicht perfekt, es ist noch unvollständig und im Detail durchaus anfechtbar. Aber trotz dieser kleinen Schwächen funktioniert es *sehr gut*. In diesem und dem nächsten Kapitel lege ich die philosophischen Grundlagen. Wenn Ihnen das ein bisschen zu theoretisch oder zu schwammig erscheinen sollte, berücksichtigen Sie bitte Folgendes:

1. Diese Puzzle-Teile sind von zentraler Bedeutung, auch wenn sie das auf den ersten Blick nicht zu sein scheinen. Bis Sie bei

Kapitel 6 sind, werden Sie ihre wahre Bedeutung verstehen – und wenn Sie das Buch ganz gelesen haben, werden Sie sie noch weitaus besser verstehen.

2. In Kapitel 4 und 5 erkläre ich Ihnen die wissenschaftlichen Erkenntnisse, die die philosophischen Komponenten des Modells belegen und untermauern. Das wird wertvoll für Sie sein, falls Sie Probleme damit haben, meine Aussagen aus diesem und dem nächsten Kapitel zu glauben.

Schauen wir uns die erste der drei quälenden Fragen an.

Wer bin ich?

Wenn Sie Bücher, Kassetten oder Seminare über „New Age", metaphysisches oder spirituelles Denken kennen gelernt haben, kennen Sie bestimmt auch Sätze wie diesen: „Wir sind spirituelle Wesen mit einer körperlichen Erfahrungswelt." Diesem Satz stimme ich zu, er passt perfekt zu meinem Modell.

In Wirklichkeit sind Sie ein unendlich großartiges und mächtiges Wesen. Sie brauchen nur mit den Fingern zu schnippen, und alles, was Sie wollen, wird möglich. Keine Macht, die Sie kennen, kommt Ihrer grenzenlosen Energie und Willenskraft gleich. Ihre Willenskraft ist millionenfach größer als alle Natur- und Menschenkräfte zusammen genommen. Je nachdem, wie Sie erzogen wurden und welche Überzeugungen Sie entwickelt haben, wird Ihnen das mehr oder weniger fremd vorkommen. Aber es ist eine Tatsache, die Sie *sich selbst beweisen und wirklich erleben* können, wenn Sie meinen Ausführungen folgen.

Da Sie in sich das Potenzial tragen, alles zu erschaffen, was Sie wollen, ist Überfluss Ihr Naturzustand. Im natürlichen Zustand „mangelt" es Ihnen an nichts. Es fehlt Ihnen nichts.

Kein Wunsch bleibt unerfüllt. Als Wesen mit unendlichen Möglichkeiten leben Sie ständig in einem Zustand von Glück und Frieden.

Als unendlich energiereiches, weises und wohlhabendes Wesen haben Sie den grenzenlosen Wunsch, sich kreativ auszudrücken und sich an Ihrer eigenen Kreativität zu erfreuen. Wie Sie bald sehen werden, geht es im menschlichen Dasein im Wesentlichen nur um kreativen Ausdruck, egal in welcher Form.

Sehen wir uns nun die zweite quälende Frage an.

Warum bin ich hier?

Sie sind hierher gekommen, um ein Spiel zu spielen! In Ihrem Alltagsleben widmen Sie sich der täglichen Routine. Aber von Zeit zu Zeit unterbrechen Sie diese Routine, um unterschiedliche Arten von Spielen zu spielen. Wenn ich von Spielen rede, meine ich Sport, Brettspiele, Kartenspiele, aber auch Klettern, Fahrradfahren, Bungee-Jumping, Autorennen, Fernsehen, Kino, Theater, Romane lesen, Malen, Singen, Musik hören oder was Sie wirklich von Herzen gern tun. Man spielt zum Spaß, zum Vergnügen, zur Unterhaltung, um sich selbst herauszufordern, an seine Grenzen zu gehen, zur spirituellen Bereicherung.

Dasselbe gilt für die Frage, warum Sie hier sind. Sie sind als Grenzenloses Wesen aus einer anderen Bewusstseinsebene her gekommen und haben sich dafür entschieden, eine Zeitlang aus Ihrer Alltagsroutine auszusteigen und ein Spiel zu spielen. Das Spiel heißt *Das Menschen-Spiel*, und das *Geld-Spiel* ist nur ein wichtiger Teil davon.

Überrascht Sie das? Erscheint es Ihnen zu trivial, nur zum Spielen hier zu sein und dafür all das in Kauf zu nehmen, was wir Mühsal, Schmerz und die Problematik der menschlichen Existenz nennen? Wenn Sie das denken, bleiben Sie bei mir und warten Sie noch ein bisschen, bis Sie mehr Teile des Puzzles kennen.

Nun zur dritten quälenden Frage:

Was ist der Sinn meines Lebens?

Es gibt einen allgemeinen und einen spezifischen Sinn. Der allgemeine Sinn besteht darin, das Menschen-Spiel zu spielen und das zu bekommen, was alle Spiele Menschen geben können: Spaß, Vergnügen, Unterhaltung, Herausforderung, Spannung, Bereicherung, Entdeckungen, Grenzerfahrungen usw.

Ihr spezifischer Sinn ist es, das Menschen-Spiel so wunderbar und einzigartig zu spielen, wie man es nur als Grenzenloses Wesen tun kann. Wir alle spielen das Menschen-Spiel, aber jeder auf seine eigene Weise. Auch wenn es so aussieht, als würden wir dasselbe tun, auf dieselbe Art oder aus demselben Grund, ist es nicht dasselbe. Alles ist speziell für jeden einzelnen Menschen gemacht, weil er ein Grenzenloses Wesen ist. Keine Angst, Sie werden das nach der Lektüre von Kapitel 4 und 5 verstehen.

Barbara Dewey schrieb in ihrem Buch *Der kreative Kosmos* (anstelle des Ausdrucks „Der kreative Kosmos" sage ich „Das Menschen-Spiel"):

„Wenn man alles zusammenfasst, glaube ich nicht, dass der kreative Kosmos einen tieferen Sinn hat als den freudigen Ausdruck kreativer Möglichkeiten. Er steht ausschließlich im Dienst dieses Zweckes, und sein Design ist grandios. Seine Einfachheit und sein Potenzial sind atemberaubend. Er gewährt völlige Freizügigkeit innerhalb eines Rahmens von Kooperation und Partnerschaft. Im Konzept des kreativen Kosmos gibt es weder Gewinner noch Verlierer. Denn jedes Wesen spielt sein Spiel für sich und entscheidet, dass es nur Gewinner gibt."[3]

Wie wir in Kapitel 1 gesehen haben, beginnt jedes Spiel mit einem Konzept. Dann wird ein Spielplan entworfen, dann die notwendigen Figuren oder Instrumente und das Zubehör (wie Golfschläger, Bälle, Tennisschläger und so weiter). Später werden die Regeln, Vorschriften und Strukturen entwickelt, an die sich alle Spieler strikt halten müssen, wenn sie mitspielen wollen. Genauso funktioniert es beim Menschen-Spiel.

Sehen wir uns das Konzept des Menschen-Spiels an. Ich bin ein großer Fan der Serie „Raumschiff Enterprise", im Fernsehen und als Filmreihe. In dieser Serie gibt es ein Konzept namens „oberste Direktive". Die oberste Direktive legt die Handlungsprinzipien fest, nach denen die Raumschiff-Enterprise-Crew bei der Erforschung des Weltraums vorgeht. Auch für das Menschen-Spiel gibt es eine solche oberste Direktive. Sie besteht darin, zu erforschen, was geschieht, wenn man grenzenlose Macht begrenzt, wenn man der unbegrenzten Fähigkeit zum kreativen Ausdruck Grenzen setzt oder der unendlichen Weisheit, Fülle, Glück und Frieden, die unseren natürlichen Zustand ausmachen. Ich führe dieses Konzept in diesem Kapitel erst einmal aus philosophischer Sicht ein und setze die Diskussion später in Kapitel 7 aus praktischer, alltäglicher Sicht fort, sobald ich Ihnen weitere wichtige Puzzle-Teile geliefert habe.

Alle Spiele, die wir kennen, wurden irgendwann einmal von jemandem erfunden, der einen bestimmten Grund, ein bestimmtes Motiv dafür hatte. Das Menschen-Spiel macht da keine Ausnahme. Stellen Sie sich vor, dass ein Grenzenloses Wesen sich gesagt hat: „Wäre doch interessant, zu sehen, was passiert, wenn ich mich einschränke, wenn ich all meine Macht, Weisheit, meine innere Fülle und meine Freude verberge. Würde ich wirklich zu dem Ergebnis kommen, das alles sei weg? Würde ich mich wirklich für das Gegenteil dessen halten, der ich bin? Was dann? Wie wäre die ganze Reise, die ganze Erfahrung, wenn ich das wirklich schaffe?"

Wenn man ein Grenzenloses Wesen ist, aber ein endliches, einschränkendes Spiel spielen möchte, muss man dafür ein Alter Ego oder ein zweites Selbst als Haupt-Spieler erschaffen. Dann muss man das Bewusstsein, wer man wirklich ist, verbergen und das Wissen um Kraft, Weisheit, Fülle, Glück und Frieden, die einem eigentlich zu Gebote stehen. Dann muss man andere Spieler erfinden, die das Spiel mit einem zusammen spielen, ferner einen Spielplan und einen Helfer, der einem heimlich, während man dafür blind ist, zeigen kann, wer man wirklich ist und was wirklich vor sich geht.

Die Person, die das Menschen-Spiel spielt, ist der Teil von Ihnen, der jetzt gerade dieses Buch liest – der Teil, den Sie immer für „sich selbst" gehalten haben. Die anderen Spieler sind, wie wir im Detail in Kapitel 6 sehen werden, die Menschen um Sie herum, mit denen Sie interagieren. Das Spielfeld ist das, was wir das Weltall nennen, die physikalische, dreidimensionale Wirklichkeit. Der Helfer, der Sie heimlich führt, ist Ihr Wirkliches Ich, Ihr Unendliches Selbst. Ich nenne ihn in diesem Buch *Ihr Erweitertes Selbst.*

Es ist mit Worten nur schwer zu beschreiben, aber es ist wichtig zu verstehen, dass Ihre Person und Ihr Erweitertes Selbst Aspekte sind, die Ihrem Gefühl nach voneinander getrennt zu sein scheinen, während sie in Wirklichkeit zu ein und demselben Unendlichen Wesen gehören, das auf eine sehr tiefe Art eins ist. Die gefühlte Trennung ist ein notwendiger Teil der Illusion, die ein Kunstgriff des Bewusstseins ist, über den wir in den folgenden drei Kapiteln mehr erfahren werden.

Von dem Moment an, in dem Sie (Person) geboren sind, beginnen Sie bereits, Ihre beeindruckende Energie, Weisheit und Fülle vor sich selbst zu verbergen und bauen sich eine alternative Wirklichkeit (Ihr Spielfeld), auf der Sie das Menschen-Spiel spielen. Bevor wir unsere Diskussion um Begrenzungen, Einschränkungen und das Menschen-Spiel fortsetzen, lassen Sie mich mit diesem Zitat, das auch von Barbara Dewey stammt, ein weiteres Saatkorn in Ihr erwachendes Bewusstsein pflanzen:

„Wir glauben daher zu Unrecht, wir seien eher dem Leben ausgeliefert, als die Erfinder des Lebens. Aufgrund dieser Überzeugung fühlen wir uns machtlos und beeilen uns, die wahrgenommenen Schwächen mit technologischen Hilfswerkzeugen auszugleichen. Wir werden nicht dazu ermutigt, unsere vorhandenen telepathischen Fähigkeiten zu nutzen. Wir haben Telefone. Wir brauchen keinen kosmischen Rückruf. Wir haben Computer. Wir brauchen unsere natürlichen Instinkte nicht. Wir haben Landkarten. Wir kümmern uns nicht um unsere Gesundheit. Wir haben ja Ärzte.“ [4]

Wir verbergen also unsere Macht vor uns selbst und erfinden eine alternative Wirklichkeit, in der wir das Menschen-Spiel spielen. Außerdem sind wir davon überzeugt, dass die Verstecke so schmerzhaft, gefährlich, Furcht erregend und tödlich sind, dass sie auf jeden Fall zu meiden sind. Wir werden darüber später näher diskutieren.

Wie zu einem Baseball-Spiel neun Innings gehören, zu einem Football-Spiel vier Quarters und zum Golfspiel 18 Löcher, so ist das Menschen-Spiel in zwei Phasen unterteilt.

Phase 1

In der Phase 1 des Menschen-Spiels verwendet Ihr Erweitertes Selbst all seine Energie, Kreativität und Raffinesse darauf, vor Ihnen zu verbergen, wer Sie wirklich sind und was Ihr natürlicher Zustand ist. Sie dürfen es nicht mehr wissen, und Sie sollen es nicht herausfinden. Stattdessen wird alles Mögliche getan, um Sie davon zu überzeugen, dass Ihre Persona und Ihr dreidimensionales Spielfeld wirklich sind. Ihr Denken wird so lange eingeschränkt, bis Sie selbst absolut davon überzeugt sind, das genaue Gegenteil dessen zu sein, der Sie eigentlich sind. Die beliebten Lebens- und Erfolgsratgeber definieren diesen Prozess anders und nennen ihn Programmierung oder Konditionierung. Denken Sie darüber nach. Fragen Sie sich, ob es ein Zufall ist, dass das Menschen-Spiel damit beginnt, dass wir als hilf-, wehr- und machtlose Säuglinge ohne eigenes Wissen die Bühne der Welt betreten ...

Phase 2

Nachdem Sie in Phase 1 vergessen haben, wer Sie wirklich sind und sich selbst als eingeschränkt und hilflos erfahren haben, stößt Sie Ihr Erweitertes Selbst in die Phase 2. An diesem Punkt des Übergangs fühlen Sie sich unfertig, so als würden Sie etwas vermissen, als ob nichts mehr einen Sinn ergibt, als müsse es irgendwo etwas geben, was Sie noch nicht kennen. Sie machen sich auf die Suche nach Antworten, nach einem höheren Lebenssinn.

In diesem Stadium wissen Sie immer noch nicht, wer Sie eigentlich sind. Sie wissen auch nicht, über wie viel Kraft, Weisheit und innere Fülle Sie eigentlich verfügen. Trotzdem machen Sie sich auf die Suche nach der Wahrheit. Ihr Erweitertes Selbst übernimmt die Führung, schickt Sie auf Schatzsuche und verleitet Sie, all die Macht, die Weisheit und die innere Fülle anzustreben, die Ihnen in Phase 1 verborgen blieben. Erst jetzt, das heißt, wenn Sie nach Kraft, Weisheit und innerer Fülle streben, können Sie das Menschen-Spiel ohne irgendwelche Grenzen spielen. Das Erreichen dieses Stadiums nenne ich den *Zeitpunkt des Ausbrechens*. Sie werden darüber später mehr erfahren.

Übrigens: Auch wenn es so scheint, ist es kein Zufall, dass Sie auf dieses Buch gestoßen sind. Sie würden es nicht lesen, wenn

Sie nicht beim Übergang in Phase 2 Hilfe bräuchten, bzw. nicht dazu bereit wären, in Phase 2 zu wechseln und dieses Buch als Anleitung oder Vorbereitung dafür anzusehen.

Wenn Sie mir bis hierher gefolgt sind, fragen Sie sich bestimmt: „Warum soll jemand so ein Spiel spielen wollen? Zuerst verfügt man über so viel Weisheit, Energie und innere Fülle, dann verbirgt man das alles vor sich selbst, um es anschließend wieder zu finden. Was soll das?"

Wenn Sie das gedacht haben, möchte ich Ihnen zwei Gegenfragen stellen:

1. Warum spielt man überhaupt?
2. Wenn Sie es ernsthaft und objektiv betrachten: Sind die Regeln, Vorschriften und Strukturen des Menschen-Spiels wirklich seltsamer und verrückter als die von Golf, Baseball, Basketball, Fußball, Football, Schach, Dame oder Monopoly?

Menschen spielen, weil es ihnen ganz einfach Spaß macht und sie herausfordert, egal wie plausibel diese Spiele ihnen auf den ersten Blick erscheinen oder wie schwierig sie manchmal sind. Die Menschen verwenden enorm viel Zeit, Energie und Geld darauf, alle möglichen Spiele zu spielen, zu üben und zu betrachten, und sie finden es absolut legitim, das zu tun. Warum soll das bei einem Unendlichen Wesen mit viel mehr Energie, Weisheit und innerer Fülle anders sein?

Überlegen Sie mal: Warum verlässt jemand sein warmes, gemütliches Zuhause und stürzt sich kopfüber in extrem unangenehme, schmerzhafte und gefährliche Situationen wie die Besteigung des Mount Everest oder ein Formel-1-Rennen?

Die Antwort auf diese und ähnliche Fragen lautet ganz einfach: Der Mensch ist in Wirklichkeit wie geschaffen für Abenteuer. Er ist ständig darauf aus, seinen Horizont und seine Erfahrungen zu erweitern. Das begrenzte Menschen-Spiel ist für

Ihr wahres Ich nicht besonders reizvoll. Die wahre Herausforderung des Menschen-Spiels liegt darin, zu vergessen, wer man wirklich ist und all seine Energie zu verstecken, damit man an erster Stelle spielen kann!

Hier ist ein weiteres Argument: Stellen Sie sich vor, Sie sind Architekt und sollen für einen Kunden ein tolles Gebäude entwerfen. Sie entwerfen im Geist ein Bild von dem Gebäude, dann zeichnen Sie die Pläne dazu. Das ist interessant und macht viel Spaß. Noch schöner ist es aber, wenn das Gebäude in der dreidimensionalen Wirklichkeit vor Ihren Augen entsteht. So ist es auch mit dem Menschen-Spiel: Es macht unbeschreiblich viel Spaß, sich von der Idee inspirieren zu lassen, sein Spiel zu planen und anschließend zu beobachten, wie es im echten Leben funktioniert. Lassen Sie diesen Gedanken eine Zeitlang in sich reifen, während ich Ihnen einige weitere Puzzle-Teile erkläre.

Vielleicht denken Sie jetzt: „Kann sein, dass das Leben tatsächlich nur ein Spiel ist. Aber warum nimmt dann auch nur ein Mensch so etwas wie Misshandlung, Krankheit, Armut, Kämpfe, Hungersnot, Vergewaltigung, Mord und Tod auf sich? Das ist doch alles andere als unterhaltsam."

Wir werden uns später dieser Frage eingehender widmen, einstweilen nur so viel: Ihr wirkliches Ich hat keine Angst vor diesen Erfahrungen, stattdessen jede Menge Spaß am Menschen-Spiel. Ihr Wirkliches Ich weiß nämlich, dass keine von diesen Erfahrungen wirklich ist und dass alles nur ein Spiel ist. Es ist, wie wenn man einen Film betrachtet und mitfiebert, aber weiß, dass alles letztlich nicht wahr ist. Ein Film kann einen ängstlich oder fröhlich stimmen, aber man weiß, dass alles nur ausgedacht und gestellt ist und dass niemand wirklich krank oder verletzt wird, stirbt oder eine Million erbt.

Ihr Wirkliches Ich weiß, dass alle Erlebnisse des Menschen-Spiels nur Fiktion sind, um ein Spiel und ein Spielfeld für unsere

Imagination zu erschaffen. Ihr Wirkliches Ich weiß, dass all Ihre Erlebnisse nur *wirklich erscheinen* und nur für die Personen schlimm sind, die „drin stecken" und von der Echtheit des Ganzen überzeugt sind. Denn das ist der Sinn des Menschen-Spiels: Alles echt wirken zu lassen, auch wenn es gar nicht echt ist.

Die perfekte Täuschung ist die größte Herausforderung beim Entwurf des Menschen-Spiels. Aber das Menschen-Spiel muss nicht nur authentisch wirken, es muss auch unser Interesse wecken und spannend sein. Sol Stein, Verleger und Lektor vieler der erfolgreichsten Autoren unseres Jahrhunderts, schreibt über die Kunst, wirklich spannende Geschichten zu schreiben:

„Wenn die Baseball-, Football- oder Basketball-Saison ihren Höhepunkt erreicht, verbringt ein Großteil der männlichen Bevölkerung der USA und ein nicht geringer Anteil der weiblichen ihre Freizeit damit, sich die Spiele live oder im Fernsehen anzuschauen. Der Baseball-Fan zum Beispiel hofft, bewusst oder unbewusst, auf die Momente äußerster Spannung, wenn ein Ball auf sein Ziel zufliegt, aber noch nicht drin ist oder wenn ein Läufer zum Schlagmal rennt, aber noch nicht angekommen ist. Ähnliches gilt auch für die anderen Sportarten. Der Zuschauer, der mit seinem Helden mitfiebert, verspürt ein Gemisch von Neugier, Spannung, Angst und Freude – dasselbe, was sich der Leser von einem guten Roman verspricht. Auch der Leser genießt die freudige Erwartung und die Aufregung, die im wahren Leben oft nicht leicht zu ertragen sind, aber ein Sportereignis oder ein Buch zum Erlebnis machen." [5]

Dasselbe gilt für uns als Unbegrenzte Wesen, wenn wir den „Film" des Menschen-Spiels betrachten. Auch wir wollen Neugier, Spannung, Angst und Freude erleben. Stein sagt dazu:

„Wenn eine Mannschaft – auch ‚unsere' Mannschaft – zu leicht gewinnt, ist das Spiel weniger spannend. Was beide, der Sportfan und der Leser, am meisten mögen, ist der Wettkampf zweier gleich starker Teams, ein Spiel, dessen Ausgang bis zuletzt offen ist."[6]

Steins kluge Feststellung erklärt auch, warum das Leben in Phase 1 des Menschen-Spiels nicht perfekt ist und warum wir Auf und Ab, Herausforderungen und Konflikte in unseren Erlebnissen brauchen.

Um das zu erklären, möchte ich Ihnen die Metaphorik von Sonne und Wolken näher bringen. In Ihrem Wirklichen Ich sind Sie ein unendlich energiereiches, weises und innerlich reiches Wesen. Das Bild dafür ist die Sonne. Wenn man sich die Sonne vorstellt, denkt man an eine geballte Menge Kraft und Energie, nicht wahr? Ein passendes Bild.

Wenn man jedoch das Menschen-Spiel spielen möchte, muss man so tun, als sei man das genaue Gegenteil dessen, was man eigentlich ist. Sie machen sich vor, Sie sind eine stark eingeschränkte, verletzliche, zerbrechliche, arme und schwache Kreatur. Ständig werden Sie von irgendwelchen Leuten, Terminen und Sachzwängen bestimmt, über die Sie keinen Einfluss haben. Es ist, als hätte sich eine Wolkenwand vor Ihre Sonne geschoben. Sie sehen die Sonne gar nicht mehr. Alles, was Sie sehen, ist die Wolkenwand.

Aber scheint die Sonne auch, wenn man sie nicht mehr sieht? Ja. Und wenn ein Hurrikane aufzieht? Ja. Und wenn es in Strömen regnet? Ja. Egal, welches Wetter wir haben, die Sonne scheint immer, auch wenn man sie gerade nicht sieht.

Das gilt auch für Sie. Egal, was das Leben Ihnen bringt und wie die Situation für Sie gerade aussieht, Ihr *Wirkliches* Ich ändert sich nicht. Sie bleiben ein Grenzenloses Wesen mit einem unbegrenzten Vorrat an Energie, Überfluss, Weisheit, Lebensfreude und Frieden. Nur haben Sie sich leider das Gegenteil eingeredet – und wie es dazu kam, erkläre ich Ihnen in Kapitel 4 und 5.

Wenn man als Grenzenloses Wesen in Phase 1 in das Menschen-Spiel einsteigt, setzt man sich ungewollt selbst Grenzen und meint, man wäre ein anderer als der, der man ist. Das kann nicht gut gehen. Es muss zwangsläufig zu Problemen führen. Wenn man genau und objektiv hinsieht, hat das Leben keinen Sinn. Man fühlt sich die meiste Zeit über unbehaglich. Es kommt zu keinem echten finanziellen Wohlstand, und wenn, dann, wie oben beschrieben, nur zu einem *hohen* Preis. Sie können auf diese Weise nicht dauerhaft Frieden, Erfüllung und Glück finden. Es ist einfach nicht möglich.

Hindernisse und Schwierigkeiten auf Ihrem Weg werden Sie in Phase 1 immer haben. Das Gefühl, dass etwas fehlt oder etwas nicht stimmt, nagt an Ihnen – laut oder leise, je nachdem. Warum das so ist? Weil es der Sinn der Phase 1 ist, Sie davon zu überzeugen, Sie seien nicht der, der Sie sind. Wenn man eingeengt wird, kann man nicht wachsen. Wenn die Parole lautet, sich klein zu machen, kann man sich nicht öffnen. So ist das nun mal.

Damit Phase 1 des Menschen-Spiels gelingt, muss die Wahrheit verdreht und verzerrt werden, damit Sie sich nicht mehr erkennen und Ihre Kraft nicht mehr nützen können.

Wie gesagt, besteht das Ziel in Phase 1 des Menschen-Spiels darin, Sie davon zu überzeugen, Sie seien nicht der, der Sie wirklich sind. Deshalb muss jeder, der Ihnen erzählt, worum es beim Menschen-Spiel geht und wie man es in Phase 1 spielt, die Wahrheit verdrehen und verzerren oder irgendetwas Wichtiges verschweigen.

Damit Sie die Wahrheit nicht durchschauen und Ihre eigene Energie nicht nutzen können, müssen die Methoden, mit denen Ihnen die verzerrte Wahrheit vermittelt wird, so beschaffen sein, dass sie nicht „richtig funktionieren" – entweder gar nicht oder nur im Detail. Wenn Sie in Kapitel 12 meine Aufforderung annehmen und durch das Tor in die Phase 2 gehen, werden Sie das auf Schritt und Tritt feststellen – bei der Selbsthilfe-Ratgeberliteratur, in Philosophie, Metaphysik, Mystik, Naturwissenschaften und Religion. Prüfen Sie die Thesen und Argumente und sehen Sie selbst, was daran nicht stimmt beziehungsweise was nicht gesagt wird. Es ist faszinierend, das zu verfolgen.

Sehen wir uns beispielsweise die beliebte Selbsthilfe-Methode der Visualisierung an. Da wird gelehrt, der Mensch habe unbegrenzte Macht und könne jedes gewünschte Ergebnis erzielen, wenn er es sich nur konkret genug vorstelle. Es stimmt, dass Sie in Ihrem Naturzustand unbegrenzte Kräfte haben. Aber Sie haben diese elementare Wahrheit in Phase 1 des Menschen-Spiels ausgeblendet, sodass Ihnen Ihre eigenen Kräfte nicht mehr zur Verfügung stehen. Es ist richtig, dass Sie (gemeint ist Ihr Erweitertes Selbst) alles erschaffen können, was Sie wirklich benötigen. Aber dieser Prozess findet nicht in Ihrem ‚Film' statt, dessen Hauptdarsteller Ihre Persona ist. Er findet woanders statt, wie wir in Kapitel 4 und 5 sehen werden.

Die ganzen Methoden der Visualisierung, Selbstbestätigung und Manifestation, das Gesetz der Anziehung und andere populäre Selbsthilfe-Techniken sind nichts anderes als brillante Phase-1-Kreationen. Warum? Weil wir sie uns ausdenken, uns einreden, sie seien wahr und sie anwenden. Sie funktionieren zuweilen, aber längst nicht immer, und das schafft Verwirrung, Frustrationen und Einschränkungen, die perfekt zu den Zielen der Phase 1 passen.

Wie ich in der Einleitung zu diesem Buch erklärt habe, habe ich selbst in meinen beiden Büchern *Der unsichtbare Weg zum Erfolg* und *Das elfte Element* eine ähnliche Dynamik hervorgerufen. Ich war der Wahrheit schon sehr nahe, aber um in Phase 1 des Menschen-Spiels mitzuspielen, musste ich diese Wahrheit unbewusst ein kleines bisschen verdrehen, sodass mein System letztlich versagte und mich auf meine imaginäre Begrenztheit zurückwarf – so lange, bis ich bereit war für Phase 2.

Phase 1 des Menschen-Spiels ist so gemacht, dass man irgendwann an den Punkt kommt, an dem man enormen Frust und Schmerzen spürt. Man fühlt sich unvollkommen, hat den Eindruck, alles läuft falsch und es müsse mehr geben im Leben oder etwas anderes, das man nicht kennt. Wenn man dieses Gefühl sehr intensiv spürt, ist das ein Zeichen dafür, dass man reif ist für Phase 2 (oder zumindest für eine neue Sicht auf die eigenen Möglichkeiten).

Teil der Phase-1-Strategie ist es, Ihnen einzureden, Sie könnten die Dinge reparieren, verbessern, besser zum Laufen bringen und alles erreichen, was Sie wollen, auch Wohlstand und Glück. Aber das geht nicht, solange Sie Phase 1 des Menschen-Spiels spielen – allen Behauptungen der Ratgeber-Literatur und allen spirituellen Gurus zum Trotz. Diese Erkenntnis ist subtil, aber sie ist grundlegend.

Wenn Sie ein Spiel spielen, egal welches, ob Schach, Dame, Football, Basketball, Autorennen, Bergsteigen oder was auch immer, müssen Sie sich immer an die vorgegebenen Regeln und Strukturen halten – sonst funktioniert es nicht.

Wenn Sie das Menschen-Spiel spielen, erreichen Sie wahres Glück, innere Fülle, Freude und Frieden erst, wenn Sie eine Zeitlang in Phase 2 gespielt haben. Ich werde Ihnen zeigen, wie das geht. Erst in Phase 2 geht das Tor auf, das Ihnen erlaubt, aus dem Geld-Spiel auszubrechen. Ich nenne dieses Tor den *Zeitpunkt des Ausbrechens*. Wir sehen ihn uns später im Detail an, aber zuvor muss ich solide Grundlagen für Sie legen.

Wenn Sie mehr Wahrheiten über das Menschen-Spiel und über die Eigenschaften des Spielfeldes erfahren wollen, dann lesen Sie Kapitel 3.

Tausendmal intensiver als Hollywood

„Die ganze Welt ist Bühne, und alle
Frauen und Männer bloße Spieler.
Sie treten auf und gehen wieder ab,
sein Leben lang spielt einer manche
Rollen ..."[1]

– William Shakespeare,
„Wie es euch gefällt" (II, 7) –

Ich will nun zwei weitere Bilder einführen, die Ihnen dabei helfen sollen, die wahre Natur des Menschen-Spiels und des Geld-Spiels zu verstehen und die des Spielfeldes, auf dem beide stattfinden – als Vorbereitung zur wissenschaftlichen Dokumentation im nächsten Kapitel. Die Metaphern dafür stammen aus dem Bereich der Freizeitparks und des Kinos.

Ein Freizeitpark ist ein Ort, der speziell zu dem Zweck geschaffen wurde, Sie als Besucher mit Fahrgeschäften und anderen Attraktionen zu unterhalten. Niemand drängt Sie oder zwingt Sie zu etwas. Sie gehen mit Ihren Freunden oder Bekannten hin. Sie genießen die Fahrgeschäfte und Attraktionen, die Sie mögen und lassen die aus, die Sie nicht mögen. Sie kommen an und gehen, wann Sie wollen. Je nach Lust und Laune kommen Sie entweder einmal oder mehrmals. Ich lade Sie ein: Sehen Sie die dreidimensionale Welt doch mal als gigantischen Freizeitpark an ...

Wenn Sie als Grenzenloses Wesen ein Spiel spielen wollen, darf es nicht *irgendein* Spiel sein. Das wäre Ihnen viel zu langweilig. Es wäre so, wie wenn ein Profi-Basketball-Team gegen eine Schülermannschaft spielt. Es wäre kein Reiz dabei, keinerlei Herausforderung, kein packendes Spiel. Wenn Sie als Grenzenloses Wesen spielen und sich dabei gut unterhalten wollen, muss es das ultimative Spiel sein. Es muss extrem vielschichtig und ausgeklügelt sein, damit Sie die ganze Zeit über fasziniert und herausgefordert sind und dran bleiben. Das ist keine einfache Aufgabe!

Um beim Bild zu bleiben: Für das Menschen-Spiel musste ein gigantischer Freizeitpark geschaffen werden mit einer riesengroßen Palette raffinierter Fahrgeschäfte und Attraktionen. Eine der Hauptattraktionen in diesem Park ist das Geld-Spiel. Allerdings ist der Freizeitpark, in dem das Menschen-Spiel und das Geld-Spiel stattfinden, anders als die üblichen Parks wie Disney World extra für ganz besonders seltene Attraktionen entworfen worden, die ich *Filme für alle Sinne* nennen möchte.

Schauen wir uns einmal einen typischen Hollywood-Film an: In einem Hollywood-Film ist nichts, wie es zu sein scheint. Jede Szene ist sorgfältig geschrieben und geplant, bevor sie gedreht wird. Nichts kommt in die Endfassung, was nicht genau dem Plan der Filmemacher entspricht. Nichts an dem, was man im Kino sieht, ist zufällig oder willkürlich. Jeder Aspekt ist sorgfältig ausgewählt, um eine bestimmte Zuschauerwirkung zu erzielen – Gefühle wie Weinen, Lachen, Rührung, Verärgerung und Freude und viele andere.

Alles an einem Hollywood-Film wirkt echt und authentisch, ist es aber nicht. Es ist alles eine Täuschung, die mithilfe von Spezialeffekten erzeugt und verstärkt wird. Wenn Sie im Kino sitzen, wissen Sie, dass alles eine Täuschung ist, aber Sie vergessen eine Zeit lang Ihre Zweifel und lassen sich unterhalten. Wenn Sie hinter die Kulissen schauen könnten und sehen könnten, wie der Film wirklich gemacht wird, wie die Kulissen tatsächlich aussehen, wie die Spezialeffekte gemacht und angewandt werden und was im Schneideraum abläuft und erst dann den fertigen Film sehen würden, wären Sie sicher erstaunt über die Sorgfalt, die Zeit und Energie, die auf den Film verwendet wurden. Wie Sie wissen, wirkt die Täuschung aus Hollywood absolut überzeugend, und sie muss es sein, denn sonst würden wir das Kino bald wieder verlassen und nie wieder unser sauer verdientes Geld hineintragen.

All das gilt auch für Ihr Leben – und für das Menschen-Spiel. In Ihrem Film ist nichts, wie es scheint. Jede Szene ist sorgfältig aufgeschrieben und geplant, bevor Sie sie erleben. Nichts kommt in Ihren Film, außer es dient dem Menschen-Spiel-Erlebnis, das Sie haben wollen. Auch in Ihrem persönlichen Film ist nichts willkürlich oder zufällig. Alles wurde, *genau wie es ist*, geplant, damit Sie das Menschen-Spiel so spielen können, wie Sie es wollen, egal, wie Sie es zum Zeitpunkt des Erlebens nennen oder beurteilen. Alles (und ganz besonders auch das Geld-Spiel) ist sorgfältig auf eine bestimmte Wirkung hin angelegt – nämlich die, Ihnen Grenzen zu setzen und Ihnen einzureden, Sie seien das genaue Gegenteil dessen, der Sie eigentlich sind.

Wie in einem Hollywood-Film wirkt alles in Ihrer Welt wahr und authentisch, ist es aber nicht. Es ist alles erfunden. Alles, was Sie mit Ihren fünf Sinnen wahrnehmen, ist eine Täuschung. Alles sind Kulissen und Spezialeffekte für eine virtuelle Wirklichkeit, die es Ihnen erlaubt, das Menschen-Spiel zu spielen – und Ihre eigenen Spezialeffekte erhöhen den Illusionscharakter noch.

Wenn ich Sie einen Blick hinter die Kulissen werfen lasse und Ihnen zeige, wie im Freizeitpark des Menschen-Spiels ‚Filme für alle Sinne' gemacht werden, werden Sie staunen, wie viel Kunstfertigkeit, Zeit, Energie, Sorgfalt und Mühe da am Werk sind. So muss es auch sein. Denn die Illusionswirkung, die das Menschen-Spiel benötigt, muss absolut überzeugend sein. Sonst würde das Menschen-Spiel abrupt enden, ähnlich wie Sie nach einem langweiligen oder schlecht gemachten Film das Kino verlassen.

Je mehr Seiten dieses Buches Sie lesen, desto klarer werden Sie erkennen, dass die Spezialeffekte, die das Menschen-Spiel so echt aussehen lassen, alles Vorstellbare und Machbare der Hollywood-Filmemacher in den Schatten stellen.

Die großen Hollywood-Filme haben Millionen-Etats. Tausende von Leuten, die neuesten Computer und technischen Geräte kommen zum Einsatz. Von der ersten Idee bis zum fertigen Film vergehen Monate, oft Jahre. Warum betreibt man diesen ganzen immensen Aufwand? „Um Geld zu verdienen", werden Sie sagen. Das stimmt. Aber was muss passieren, bevor Hollywood damit Geld verdienen kann? Sie müssen das Bedürfnis haben, unterhalten zu werden. Und was ist notwendig, damit Sie sich gut unterhalten fühlen? Sie müssen etwas *fühlen*.

Fast jeder Mensch, den ich kenne, liebt Filme. Bitte folgen Sie mir, auch wenn Sie keine Filme mögen. Selbst dann werden Sie verstehen, was ich meine.

Warum mögen so viele Menschen Filme? Wenn ich sie danach frage, sagen die meisten von ihnen:

- Filme machen Spaß und sind unterhaltsam.
- Filme sind eine willkommene Ablenkung von der Alltags-Routine.
- Man kann aus Filmen lernen und daran innerlich wachsen.
- Filme befähigen einen dazu, unterschiedliche Standpunkte wahrzunehmen und einmalige Erfahrungen zu machen.

Das klingt einleuchtend, besonders wenn man bedenkt, was wir in diesem Kapitel diskutiert haben. Nicht wahr? Aber hinter diesen Einsichten steckt ein Geheimnis, das nur wenige Menschen entdecken und ganz verstehen. Es lautet: *Gefühle*. Wir lieben Filme wegen der Gefühle, die sie in uns wecken. In Wahrheit interessiert uns an Filmen nicht so sehr die Handlung, sondern das, was die Handlung an Gefühlen in uns auslöst.

Aus demselben Grund lesen Menschen Bücher, treiben oder gucken sie Sport, hören sie Musik, gehen sie ins Theater oder ins Kino, spielen sie Videospiele, fahren Achterbahn oder Ski, steigen auf Berge oder machen Bungee-Jumping usw. Es geht immer um Gefühle. Erfahrungen in der äußeren Welt zählen nur insoweit, wie sie innere Regungen auslösen.

Denken Sie an etwas, das Sie von Herzen gerne tun – ein Spiel, das Sie gerne spielen oder bei dem Sie gerne zuschauen, eine Aufgabe, der Sie sich gerne widmen, etwas, was Ihnen extrem viel Spaß macht. Fragen Sie sich mal: „Warum tue ich das so gern? Was reizt mich daran?" Sie merken schnell, dass es das ist, was während dieser Aktivität in Ihnen vorgeht. Die Aktivität selbst ist nur der Auslöser.

So ist es auch beim Menschen-Spiel. Im Kern dreht es sich nur um Gefühle. Alles, was auf Ihrer Film-Leinwand für alle Sinne abläuft, ist nur Auslöser Ihrer Gefühle, die es Ihnen erlauben, das Menschen-Spiel so zu spielen, wie Sie möchten.

Ob Filme, Menschen-Spiel oder Geld-Spiel – im Prinzip geht es nur um Gefühle, nicht um Denken, Logik oder Intellekt.

Damit Sie diesen wichtigen Punkt besser verstehen, gebe ich Ihnen noch ein Beispiel: Ich selbst war nie ein Baseball-Fan, aber ich habe einmal mit einem Freund gesprochen, der einer ist. Ich sagte zu ihm: „Mir ist Football lieber. Da gibt es mehr Action und mehr Tempo. Für mich ist Baseball langsam und deshalb langweilig. Was magst du daran so gern?"

„Baseball ist in erster Linie ein Spiel für den Geist", antwortete er. „Der Spaß kommt daher, zu sehen, wie viele Möglichkeiten es gibt. Wenn etwas passiert – egal, ob ein Wurf, ein Ball, ein Aus, ein Bunt, ein einfacher, doppelter, dreifacher Run oder ein Home Run – entstehen daraus jede Menge neue Möglichkeiten. Der Spaß kommt bei mir daher, dass ich die Möglichkeiten und das ‚was wäre, wenn' im Geist durchspiele."

Das Menschen-Spiel wurde mit einer ähnlichen Absicht erfunden. Auch hier geht es um ‚Was wäre, wenn'-Szenarios. Immer wenn sich etwas ereignet, ändert sich alles und es bieten sich jede Menge neuer Möglichkeiten, mit denen man spielen oder die man prüfen kann. Das muss so sein, damit wir weiterspielen und nicht das Interesse verlieren.

Jetzt kommt das Interessante: Wenn Sie in einem Kino sitzen, schauen Sie sich lediglich einen Film an. Vielleicht fiebern Sie mit der Handlung mit und identifizieren sich mit einzelnen Figuren, aber Sie wissen trotzdem noch, wer Sie sind. Sie wissen, dass Sie jetzt gerade im Kino sitzen und einen Film sehen. Und Sie wissen, dass die Handlung nicht in Wirklichkeit stattfindet. Sie läuft von Ihrer Person getrennt ab. Kurz: Es gibt eine Distanz zwischen Ihnen und den Ereignissen im Film.

Wenn Sie jedoch Phase 1 des Menschen-Spiels spielen, sehen Sie nicht bloß zu, sondern Sie *versinken mit allen Sinnen in der Handlung.* Stellen Sie sich vor, Sie sitzen in einem Kino, sehen eine Filmszene auf der Leinwand, stehen auf und gehen durch die Leinwand hindurch mitten in die Filmszene hinein. Sie vergessen eine Zeitlang, wer Sie wirklich sind und verschmelzen mit einem der Charaktere. Sie glauben wirklich, Sie wären der Typ und alles und alle Personen im Film wären real. Das meine ich mit dem Begriff ‚Film für alle Sinne'. So geht es Ihnen, wenn Sie das Menschen-Spiel spielen.

Nun sehen wir uns einmal an, wie ein Hollywood-Film gemacht wird. Dann werden wir besser verstehen, wie der Film des Menschen-Spiels gemacht wird. Bevor ein Hollywood-Film entsteht, muss zuerst ein interessantes Thema gewählt werden. Der Film muss schließlich eine Handlung haben – einen Stoff, der einen beschäftigt. Dann entsteht ein Drehbuch, aus dem hervorgeht, wie die Story sich nach und nach entwickelt. Anschließend werden ein Regisseur, Schauspieler und Helfer beschäftigt und der Film gedreht. Wenn die Story endet, enden auch die Dreharbeiten.

Ähnlich verhält es sich beim Menschen-Spiel. Sie suchen sich bestimmte Fahrgeschäfte oder Attraktionen im Freizeitpark des Menschen-Spiels aus und schreiben sozusagen eine Geschichte, Ihre Geschichte, darüber. Ich würde das als Ihre Mission oder Ihr Lebensziel bezeichnen. Was ich mit Fahrgeschäften und Attraktionen meine? Nun, alles, was Sie im physischen Universum auf unserem Planeten sehen, ist ein Fahrgeschäft oder eine Attraktion. Wenn Sie eine Elternrolle innehaben, ist das sozusagen Ihr Fahrgeschäft. Wenn Sie in einer Firma beschäftigt sind, sind Ihr Job und Ihre Firma die Attraktionen. Wenn Sie beispielsweise Physik in der High School unterrichten, sind die Physik und die Schule Ihre Attraktionen. Wie schon erwähnt, ist auch das Geld-Spiel mit all seiner Vielschichtigkeit und Faszination eine solche Attraktion. Alles, was sich „auf der Welt" abspielt, sind Fahrgeschäfte und Attraktionen für Sie.

Nachdem Sie sich, um im Bild zu bleiben, bestimmte Fahrgeschäfte und Attraktionen ausgesucht haben, die Sie besonders reizen, wird ein Drehbuch geschrieben, in dem steht, wie Ihr persönlicher Film im „Freizeitpark Menschen-Spiel" aussehen soll. Genau wie im Hollywood-Film wird ein Regisseur (Ihr Erweitertes Selbst) angestellt, der über die Qualität Ihres Filmerlebens wacht und Sie auf Ihrer Reise schützt und begleitet. Dann werden die Schauspieler angeheuert, also andere Menschen, die in Ihrem Film, in Ihrem Menschen-Spiel eine Haupt- oder eine Nebenrolle spielen. Nun beginnen die Dreharbeiten

– das heißt, Sie werden geboren. Die Dreharbeiten enden dann, wenn Sie sterben.

Alles, was Sie auf der Leinwand Ihres Lebens sehen, ist eine Kombination der Absichten des Autors, der Entscheidungen des Produzenten, der Sensibilität und zweckdienlichen Arbeit des Regisseurs und der spielerischen Fähigkeiten Ihrer Mitmenschen. Mit anderen Worten: Was Sie auf der Leinwand sehen, ist lediglich das Endergebnis einer großen kreativen Anstrengung, von der Sie das Meiste *nicht* sehen. Dabei ist gerade das, was Sie nicht sehen, die wahre Ursache und Quelle der Story, die sich um Sie herum entfaltet. Auf diese unsichtbare Kreativität hat mich mein Großvater, als ich zwölf Jahre alt war, aufmerksam gemacht; sie ist es, die ich seit Jahrzehnten zu verstehen versuche und über die ich Ihnen in diesem Buch einiges erzählen möchte.

Wenn Sie bereit sind, mit mir zusammen die Wahrheit über die unsichtbare Aktivität zu entdecken, die das erschafft, was Sie erleben, die Sie zurzeit noch an die Grenzen des Geld-Spiels bindet, Sie aber dazu bewegen kann, sich vom Geld-Spiel zu lösen, dann blättern Sie weiter und lesen Sie Kapitel 4.

Der weiße Ritter reitet herbei

„Es gibt kein ‚da draußen'
da draußen."[1]

– John A. Wheeler, Physiker –

In den letzten beiden Kapiteln habe ich Ihnen viel Philoso-
phisches zugemutet. Vielleicht hat Ihnen alles eingeleuchtet,
vielleicht aber auch nicht. Vielleicht haben Sie sich gefragt, was
das alles mit Geld, beziehungsweise mit dem Ausbrechen aus
dem Geld-Spiel zu tun hat. Aber wie Sie bald erkennen werden,
ist die Philosophie eine wichtige Grundlage für den Prozess des
Ausbrechens. Jetzt sind wir dafür gerüstet, die wissenschaftlichen Theorien kennen zu lernen, die die philosophischen Thesen untermauern, auswerten und ergänzen, damit sie in Ihrem
Leben praktische Früchte tragen können.

Es gibt eine reichhaltige Literatur zu den wissenschaftlichen
Erkenntnissen, die ich Ihnen jetzt erklären möchte. Daher
möchte ich hier nur die wichtigsten Konzepte erläutern und Sie

für den Fall, dass Sie mehr darüber wissen wollen, auf den Anhang dieses Buches verweisen.

Wenn wir spielen wollen – das gilt auch für das Menschen-Spiel und das Geld-Spiel –, benötigen wir Spielgeräte, Zubehör und ein Spielfeld. Nehmen wir zum Beispiel Baseball. Nachdem der Erfinder sich das Spiel ausgedacht hatte, musste er ein Spielfeld, Bälle, Schläger und Handschuhe anfertigen (lassen), bevor die Leute das Spiel ausprobieren konnten.

Dasselbe trifft für das Menschen-Spiel zu. Man kann einen gigantischen Freizeitpark erfinden oder darüber sprechen, einen zu erfinden, in dem man Filme für alle Sinne kreieren und erleben kann. Etwas ganz anderes ist es, so einen Freizeitpark zu bauen und in die Wirklichkeit umzusetzen. Wir sprechen darüber, wie unser Freizeitpark in der dreidimensionalen Wirklichkeit beschaffen sein muss, um dem Zweck des Menschen-Spiels gerecht zu werden.

Schon immer wollten Menschen herausfinden, wie unser physikalisches Universum aufgebaut ist, wie es wirklich funktioniert und welche Gesetze dabei vermutlich gelten. Um diese Geheimnisse zu lüften, haben Naturwissenschaftler das physikalische Universum in immer kleinere Einheiten zerlegt. Sie wollten sehen, was die wichtigsten Elemente sind und wie diese miteinander interagieren.

Die Naturwissenschaftler forschten tiefer und tiefer und fanden immer kleinere Partikel, die sie Zellen, Moleküle, Atome, Protonen und Elektronen nannten. Als sie schließlich unterhalb der Ebene der Atome eindrangen, fanden sie noch kleinere Teilchen und mussten feststellen, dass diese Teilchen sich nicht mehr nach physikalischen Gesetzmäßigkeiten verhalten. Diese Entdeckungen führten zu einer Serie von Durchbrüchen, deren Fachgebiet heute *Quantenphysik* genannt wird.

Als ich zum ersten Mal etwas von Quantenphysik hörte, verstand ich gar nichts mehr. Die Quantenphysik überstieg die Vorstellungskraft meines Gehirns und war ein schwer verdaulicher

Lernstoff. Aber mein Gefühl sagte mir, ich würde hier wichtige Puzzle-Teile finden, also blieb ich dran. Schließlich wurde es Licht. Ich erkannte die Puzzle-Teile, die mir fehlten und fügte sie meiner Sammlung hinzu. Ich werde sie Ihnen im Folgenden zeigen.

David Bohm war einer der Wissenschaftler, die den Durchbruch auf dem schwierigen Gebiet der Quantenphysik erzielten. Bohm schloss aus dem seltsamen Verhalten der Quantenteilchen eine Ebene unterhalb der des Atoms, dass unsere mit Händen greifbare, sinnlich erfahrbare Alltagswirklichkeit eine Täuschung ist. Bohm behauptete, es gebe unterhalb dessen, was wir Wirklichkeit nennen, eine tiefere Ebene der Existenz, eine gigantische, bereits vorher vorhandene Wirklichkeitsebene, die alle Gegenstände und Erscheinungen unseres physikalischen Universums hervorbringt.

Michael Talbot fasst dies in seinem Buch *Das holographische Universum* wie folgt zusammen:

„Anders gesagt, gibt es Beweise, die darauf hindeuten, dass unsere Welt und alles in ihr – von den Schneeflocken über Ahornbäume bis hin zu Sternschnuppen und sich drehenden Elektronen – nur gespensterhafte Bilder sind, Projektionen einer Realitätsebene, die der unseren so fern ist, dass sie buchstäblich außerhalb von Ort und Zeit liegt.“[2]

Von Bohm inspiriert machten sich zahllose Wissenschaftler auf die Suche nach der tieferen Ebene, von der er sprach. Sie fanden diese Ebene schließlich in Gestalt eines gigantischen intelligenten Energiefeldes. Es trägt viele Namen, wird aber unter Naturwissenschaftlern meistens *Zero Point Field (Nullpunkt-Feld)* genannt.

Das Nullpunkt-Feld existiert in Gestalt eines unendlichen Energiepotenzials, das noch keinerlei Form angenommen hat. Aus diesem unbegrenzten Potenzial jedoch kann man alles Mögliche kreieren. Diejenigen Wissenschaftler, die sich der Erforschung dieses Feldes widmeten, entwickelten eine Theorie, die erklären soll, wie das physikalische Universum aus dem Nullpunkt-Feld entstanden sein könnte. Die Theorie hat vier Komponenten:

1. Das Feld
2. Die Partikel
3. Das physikalische Universum
4. Das Bewusstsein

Das Feld und die Partikel habe ich vorhin bereits beschrieben, und das physikalische Universum kennen Sie ja. Das Bewusstsein ist das, was die Physiker *Energie* nennen; andere nannten beziehungsweise nennen es Geist, Quelle, Brahma, Gott oder sonst wie, je nach Epoche und Kulturkreis. Es ist nichts körperlich Greifbares, sondern es ist die treibende kreative Energie, die hinter allem steht, was wir die konkrete Wirklichkeit nennen.

Für unsere Zwecke definiere ich das Bewusstsein als Ihr Wirkliches Ich, d.h. Ihr Grenzenloses Wesen – das, was ich bisher Ihr Erweitertes Selbst genannt habe. Mit anderen Worten: *Das Bewusstsein sind Sie.*

Vielleicht fällt es Ihnen schwer, das zu begreifen. Es kommt darauf an, woran Sie glauben. Wenn Sie an Gott oder ein anderes höheres Wesen glauben, können Sie Ihren Glauben dem Konzept anpassen und sagen, dass Gott oder ein anderes höheres Wesen *Sie* mit Bewusstsein und der nötigen Energie ausgestattet hat, damit Sie das Menschen-Spiel spielen können. Es gibt da keine größeren Probleme, das so zu sehen. Es hängt nur davon ab, wie Sie die Sache betrachten wollen. Jedenfalls kommen Sie erst dann vom Geld-Spiel los, wenn Sie wirklich verstanden haben, dass *alles, was Sie erleben, in Ihrem Bewusstsein erschaffen wurde.*

So lautet die wissenschaftliche Theorie dazu: Das Nullpunkt-Feld existiert in einem Zustand grenzenloser Möglichkeiten, das heißt alles ist möglich und kann aus dem Feld geschaffen werden. Wenn das Bewusstsein in der Absicht, etwas zu kreieren, auf das Nullpunkt-Feld konzentriert wird, wird aus den unendlich vielen Möglichkeiten eine einzige, beabsichtigte Möglichkeit. In der Terminologie der Quantenphysik nennt man das „das Kollabieren von Wellen".

Sobald dieses Kollabieren stattfindet, wird die Illusion eines physikalischen Universums erschaffen. Physikalisch messbare Teilchen erscheinen, kombinieren sich miteinander und formen sich zu denjenigen Gegenständen und Erscheinungen, die wir unsere Alltagswirklichkeit nennen, und zu den Gesetzmäßigkeiten, denen sie gehorcht. Der gesamte Prozess wird in jedem einzelnen Schritt von der ursprünglichen Absicht des Bewusstseins geformt und bestimmt, welche sich auf das Nullpunkt-Feld fokussierte.

Alles, was die Welt der körperlichen Erscheinungen ausmacht, ist, wenn man nur tief genug forscht, ein Teil des Nullpunkt-Feldes.

Barbara Dewey sagt in ihrem Buch *Bewusstsein und Verhalten der Quantenteilchen*:

„Es ist, als hätte Gott gesagt: ‚Wenn ich mich in Materie verwandeln möchte, muss ich alle Gesetzmäßigkeiten bei mir haben, die die materielle Welt ausmachen. Am besten, ich erfinde ein Teilchen, das so gemacht ist, dass es das ganze Universum erschaffen und noch dazu alle Naturgesetze, wie die Schwerkraft, den Magnetismus, die Beschleunigungskräfte und so weiter, umsetzen kann. Gleichzeitig will ich – damit ich es leichter habe – Sinne erfinden, die ihre Besitzer glauben machen, sie könnten sehen, hören, riechen, schmecken und tasten und hätten ein authentisches Raum- und Zeitgefühl.'"[3]

Kurz gesagt: Die Naturwissenschaften haben den Beweis dafür erbracht, dass Sie nichts sehen können (auch kein Geld), nichts hören, fühlen und erleben können (auch nicht das Auf und Ab

Ihrer Finanzen), es sei denn, Ihr Bewusstsein hat es durch Fokussieren auf das Nullpunkt-Feld erschaffen. Sie können beispielsweise die Worte auf dieser Seite nur sehen, wenn Ihr Bewusstsein auf das Nullpunkt-Feld fokussiert mit der Absicht, diese Worte zu kreieren, und sie Stück für Stück für Sie zusammensetzt. Dieses Buch existiert nicht unabhängig von Ihnen, es hat keine eigene Existenz. Sie selbst sind die einzige wirkliche Existenz.

Auch Ihre Bilanz oder Ihren Kontostand können Sie nur sehen, weil Ihr Bewusstsein auf das Nullpunkt-Feld fokussiert in der Absicht, sie zu kreieren, und sie dann Teichen für Teilchen für Sie zusammensetzt. Ihr Kontostand und die Ziffern, die ihn bilden, haben keine eigenständige Existenz oder Energie. Sie sind die einzige eigenständige Existenzform, die es gibt. Es fällt Ihnen schwer, das zu glauben, nicht wahr? Das kann ich mir gut vorstellen. „Stimmt das denn auch wirklich?", werden Sie sich jetzt fragen. Ja, es stimmt. Lesen Sie weiter, und Sie werden es verstehen.

In dem Film *What the Bleep Do We Know* sagt Dr. Amid Goswami, ein brillanter Wissenschaftler an der Schnittstelle von Quantenphysik und Bewusstseinsforschung:

„Wir alle sind es gewohnt, zu denken, dass alles um uns herum schon vor uns existiert hat – ohne unsere Beteiligung, ohne dass wir es beeinflussen können. Trennen Sie sich von dieser Vorstellung. Erkennen Sie lieber an, dass die materielle Welt um uns herum, die Stühle und Tische, die Räume und der Teppich, sogar die Zeit, nichts als mögliche Regungen unseres Bewusstseins sind. Wenn ich etwas erlebe, wählt mein Bewusstsein einfach nur eine der Möglichkeiten, die es gibt, aus.

Das ist der einzige radikale Gedanke, an den wir uns gewöhnen müssen. Er ist für uns deshalb so ungewöhnlich und so schwierig, weil wir immer gelernt haben, dass die Welt schon vor uns existierte, unabhängig von unserem Bewusstsein. Aber das stimmt nicht. Die Quantenphysik hat es klar bewiesen.

Heisenberg selbst, einer der Entdecker der Quantenphysik, sagte: ,Atome sind keine Objekte, sie sind nur Tendenzen.' Anstatt über die konkreten Dinge nachzudenken, sollten wir besser über Möglichkeiten nachdenken. Alle diese Möglichkeiten kann unser Bewusstsein uns schenken."[4]

Dieses Konzept, dass der Beobachter das Beobachtete erfindet und beides miteinander verbunden ist, ist der Grund dafür, dass die Wissenschaft auf Doppel-Blind-Studien besteht. Denn die Forscher wissen, dass sie mit vorgefertigten Vorstellungen und Ergebnissen das Resultat ihrer Versuche verfälschen können. Sie wissen, dass ein Beobachter den Gegenstand seiner Beobachtung durch den bloßen Akt des Beobachtens verändert.

Barbara Dewey sagt weiter:

„Das Gesetz von Ursache und Wirkung wird im Bewusstsein umgedreht. Wir setzen die Ursache vor die Wirkung. Wir sehen, wie sich die Ergebnisse der Reihe nach entwickeln. Zuerst haben wir das Ei und das Sperma, dann die Zellteilung, dann eventuell einen Fötus, und so weiter. Wir sehen das Ei und das Sperma als Ursachen aller Auswirkungen an, die eventuell zur Geburt eines Babys führen. Für das Bewusstsein jedoch ist die Idee der Geburt eines menschlichen Wesens die Ursache des ganzen Verfahrens. Die Zwischenschritte sind die Auswirkung dieser Idee. Mit anderen Worten: Das Bewusstsein vertauscht Ursache und Wirkung. Für das Bewusstsein ist die Ursache das Endergebnis. Das Ergebnis dieser Ursache ist die physische Existenz."[5]

Sehen wir zum Beispiel den menschlichen Körper an. Er ist aus Sicht der Naturwissenschaft aus lauter subatomaren Teilchen zusammengesetzt. Diese bilden miteinander Atome, die Atome bilden miteinander Moleküle, die Moleküle formen sich zu Zellen, die Zellen zu Organen, die Organe zu Systemen, und alles miteinander bildet den menschlichen Körper. Jedes dieser Teile und

Teilchen hat spezifische und sehr komplexe Aufgaben zu erfüllen, damit der menschliche Körper als Ganzes funktionieren kann. Aber die eigentliche Ursache, auf die alles zurückgeht, ist das Nullpunkt-Feld beziehungsweise das Bewusstsein.

Denken Sie einmal in Ruhe darüber nach: Eine Menge Einzelteile müssen

- auf eine ganz bestimmte Art und Weise kombiniert werden,
- „zusammengehalten" werden, damit sie an der für sie festgelegten Stelle im Körper bleiben,
- Anweisungen erhalten, wie sie die für sie vorgesehenen Aufgaben erfüllen können,
- und miteinander kommunizieren können, damit die Erfüllung ihrer spezifischen Aufgaben reibungslos vonstatten geht.

Das Bewusstsein kreiert diese Teilchen aus dem Nullpunkt-Feld, „sagt" ihnen, wie sie kombiniert werden sollen, hält sie zusammen, erklärt ihnen ihre Aufgaben und lässt sie miteinander kommunizieren, damit sie ihre Aufgaben erfüllen können.

Wenn man Baseball, Football, Fußball, Volleyball, Softball oder Golf spielt, geht man dazu auf den Platz oder das Spielfeld. Beim Menschen-Spiel „gehen Sie nirgendwo hin". Sie erschaffen das gesamte Spiel und den dazu gehörigen Freizeitpark in Ihrem Bewusstsein – und nur hier, in Ihrem Bewusstsein, spielt sich das Menschen-Spiel ab. Wir werden in den nächsten Kapiteln genauer betrachten, wie das geht. Für jetzt ist mir wichtig, Sie an diesen Gedanken zu gewöhnen, denn er ist wahr, und er ist der Schlüssel zum Ausbrechen aus dem Geld-Spiel. Das Tolle daran ist: Wenn Sie meine Einladung am Ende des Buches annehmen, bekommen Sie sehr reale, direkte und absolut erstaunliche Erfahrungen vermittelt. Sie entdecken Ihr eigenes Ich als das Bewusstsein, das alle Ihre Erlebnisse kreiert – einschließlich des Geldes und Ihrer bisherigen Erfahrungen damit.

Kehren wir nun zu den philosophischen Gedanken aus Kapitel 2 und 3 zurück und betrachten wir sie noch einmal unter dem Blickwinkel unserer soeben gewonnenen Erkenntnisse. In Kapitel 3 habe ich Ihnen erklärt, Sie seien in Wirklichkeit ein Grenzenloses Wesen mit nicht enden wollender Energie und Kreativität. Sehen Sie jetzt, wie gut das zu den naturwissenschaftlichen Ideen von Bewusstsein und Nullpunkt-Feld passt?

Ich sagte, im Menschen-Spiel geht es darum, „was wäre, wenn" man die unbegrenzte Macht und Energie des Menschen einschränkt. Sehen Sie, wie gut das zur Idee des Fokussierens des Bewusstseins auf das Feld und des Kollabierens der Möglichkeiten zu einer einzigen Möglichkeit, dem Universum, passt?

Ich sagte, um das Menschen-Spiel zu spielen, müssen wir ein Spielfeld entwerfen und absolut davon überzeugt sein, dass dieses Spielfeld real ist. Sehen Sie, wie gut das zu der Theorie passt, wie das physikalische Universum vom Bewusstsein geschaffen wird und wie wirklich es tatsächlich ist?

Im nächsten Kapitel gehe ich noch einen Schritt weiter und zeige Ihnen, wie das Spielfeld und alles auf ihm (inklusive uns Spielern) wirklich gemacht wird. Aber vorher möchte ich das Gelernte in drei wesentlichen Punkten zusammenfassen, die Sie sich einprägen sollten:

- **Ihr Bewusstsein denkt sich alles aus, was Sie erleben, bis hin zum kleinsten Detail (auch Geld und das Geld-Spiel).**
- **Sie und Ihr Erweitertes Selbst sind das Bewusstsein. Daher entwerfen Sie alles, was Sie erleben (auch Geld und das Geld-Spiel).**
- **Das Menschen-Spiel ist ein Spiel, das ganz im Bewusstsein stattfindet. Jedes Detail dieses Spiels wird von Ihrem Erweiterten Selbst „maßgeschneidert" entworfen, damit Sie das Menschen-Spiel genauso spielen können, wie Sie es wollen.**

Finden Sie es schwer, sich vorzustellen, dass *Sie* es sind, der all Ihre Erlebnisse erfindet? Denken Sie an Ihre Fähigkeit zu träumen. Sie legen sich hin, schließen die Augen, schlafen ein und haben Erlebnisse. Im Traum erfindet Ihr Bewusstsein ganze Welten – Menschen, Orte und Gegenstände. Sie wirken alle absolut real und greifbar, aber sie sind es nicht. Sie sind alle Fiktion, Erfindungen Ihres Bewusstseins. Dasselbe gilt für Ihre Tagträume und im Geist durchgespielte Situationen.

Denken Sie einmal darüber nach. Wenn Sie träumen, sehen Sie alles mit den Augen der Person, die Sie im Traum sind. Aber wo sind diese Augen? Es gibt sie nicht. Wo sind *Sie selbst*, während all das geschieht? Sie sind *nicht wirklich* Teil der Person, die Sie zu sein scheinen. *Sie selbst* stecken hinter allem, was Sie träumen – hinter allen Menschen, Gegenständen und Lebewesen, mit denen Sie zu tun haben. *Sie selbst* stecken hinter dem Ort und der Umgebung Ihres Traumes, hinter jedem Haus, Wald, jeder Straße, Stadt et cetera. Das alles sind Sie – *Ihr* Bewusstsein.

Denken Sie einmal intensiv darüber nach. Wenn Sie heute Nacht einen lebhaften Traum haben, auch wenn er nur wenige Minuten dauert, sehen Sie ihn sich in der Erinnerung an. Sie sehen im Traum Menschen und Gegenstände, Tiere, Pflanzen und Bäume, die es gar nicht gibt. Alles ist nur Ausfluss *Ihres* Bewusstseins.

„Schön, aber was hat das alles mit Geld zu tun?", werden Sie sich fragen. Bitte gedulden Sie sich noch einen Moment. Ich verspreche Ihnen, es wird Ihnen bald klar werden – nach ein paar weiteren Puzzle-Teilen.

Wenn Sie die Grundlagen kennen lernen und wissen wollen, wie das Bewusstsein das Spielfeld für das Menschen-Spiel bereitet, wie Geld wirklich gemacht wird und wie Sie, mit diesem Wissen ausgestattet, aus dem Geld-Spiel ausbrechen können, dann folgen Sie mir zu Kapitel 5.

Wie man wirklich zu Geld kommt

„Toto, ich habe das Gefühl,
wir sind nicht mehr in Kansas."[1]

– Dorothy in Der Zauberer von Oz –

Damit Sie aus dem Geld-Spiel ausbrechen können, ist es wichtig, dass Sie besser verstehen, wie das Spielfeld des Menschen-Spiels gemacht wird und wie Ihr Erweitertes Selbst (Ihr Bewusstsein) alle die Erfahrungen, die Sie als Spieler erleben, kreiert. Dazu gehören auch Ihre Bilanzen und der Geldstrom in Ihrem Leben (zu Ihnen hin, beziehungsweise von Ihnen weg). Um Ihnen das zu vermitteln, benötige ich ein anderes Bild – das Hologramm.

Als ich dabei war, die Quantenphysik zu begreifen und zu überlegen, wie ich die aus ihr gewonnenen Puzzle-Teile in mein expandierendes Konzept integrieren könnte, stieß ich immer wieder auf Verweise auf Hologramme. Als ich tiefer nachforschte und herausfand, was Hologramme eigentlich sind, wurde mir klar, dass dieses Puzzle-Teil perfekt in mein Modell hineinpasst.

Ein Hologramm ist ein Abbild eines dreidimensionalen Gegenstands oder einer dreidimensionalen Szene, das real zu sein scheint, es aber nicht ist. Viele Forscher, die sich mit Quantenphysik und den angrenzenden Wissenschaften beschäftigen, halten das Hologramm für die perfekte Metapher für die Illusion des physikalischen Universums. Auch ich bin dieser Meinung. Die Forscher dringen, wenn sie das Bild des Hologramms verwenden, tief in alle möglichen Facetten von Hologrammen ein und entdecken immer neue Parallelen zu ihrer Arbeit, aber ich konzentriere mich in diesem Kapitel auf zwei besonders wichtige Aspekte. Für weitere, tiefer gehende Informationen verweise ich Sie auf den Anhang dieses Buches.

Wenn Sie in den *Star Wars*-Filmen, auf einer Kreditkarte oder woanders ein Hologramm gesehen haben, war es kein richtiges Hologramm. Es hatte ein dreidimensionales Aussehen und fühlte sich auch so an, aber es sah nicht *wirklich* aus. Diese Beispiele sind nur Nachahmungen der wirklichen Hologramme. Wenn Sie aber schon mal den Film *Matrix* oder eine Film- oder Fernsehversion von *Raumschiff Enterprise* mit einem so genannten Holodeck gesehen haben, wissen Sie, was man mit Hologrammen wirklich machen kann. In meinen Live-Vorführungen über das Ausbrechen aus dem Geld-Spiel zeige ich Ausschnitte aus *Matrix, Raumschiff Enterprise* und anderen Filmen und Fernsehshows, um den Teilnehmern ein überzeugendes, anschauliches Bild von den Möglichkeiten der Hologramme zu vermitteln. Im Anhang habe ich eine Liste solcher Ausschnitte abgedruckt.

Michael Talbot schreibt in seinem Buch *Das holografische Universum:*

„Der Physiker William Tiller, Leiter der Abteilung für Materialforschung der Stanford University und ein weiterer Befürworter der holografischen Idee, bestätigt dies. Tiller hält die Realität für etwas Ähnliches wie das ‚Holodeck' aus der Fernsehserie Raumschiff Enterprise: Das nächste Jahrhundert. Bei diesem ‚Holodeck' aus der

Serie handelt es sich um eine Umgebung, in der die Bewohner eine holografische Simulation buchstäblich jeder von ihnen gewünschten Wirklichkeit hervorrufen können, zum Beispiel einen üppigen Wald oder eine geschäftige Stadt. Sie können auch jede Simulation ändern, wie sie es wollen, etwa eine Lampe in Materie verwandeln oder einen nicht gewollten Tisch zum Verschwinden bringen. Tiller hält unser Universum für eine Art ‚Holodeck', das durch die Integration aller Lebewesen geschaffen wird. ‚Wir haben es als Vehikel für unsere Erfahrungen kreiert', sagt Tiller, ‚und wir haben die Gesetze geschaffen, die das Ganze steuern. Und wenn wir an die Grenzen unseres Verständnisses gelangen, können wir auch die physikalischen Gesetze so verändern, dass wir auch die Physik neu entwerfen können.'[2]

Um zu verstehen, wie ergiebig die Metapher Hologramm für unsere Zwecke ist, muss ich zunächst etwas technisch werden, damit ich es anschließend auf einen Punkt bringen kann. Ein Hologramm wird durch einen ganz spezifischen Prozess erzeugt. Nehmen wir mal an, Sie wollen das Hologramm eines Apfels erzeugen. Um das zu tun, tauchen Sie den Apfel in einen Laserstrahl. Dann wird ein zweiter Laserstrahl vom reflektierten Licht des ersten Laserstrahls abgelenkt, und das sich daraus ergebende Interferenzbild (die Überschneidung der zwei Laserstrahlen) wird, wie in Abb. 5-1 gezeigt, auf einem Film oder einer holografischen Platte festgehalten.

In diesem Fall beinhaltet die Vorlage auf dem Film sehr spezielle Informationen über den Apfel – seine roten Farbtöne und andere Details seiner Schale, seine Höhe, Breite und Tiefe, die Größe, Länge, Ort und Farbe des Stiels, vielleicht sogar Ort und Größe einer Delle, falls man ihn zuvor fallen gelassen hatte, und so weiter.

Wenn der Film entwickelt ist, sieht er aus wie ein bedeutungsloses Durcheinander von hellen und dunklen Linien. Aber sobald der Film von einem weiteren Laserstrahl erleuchtet (energetisch aufgeladen) wird, erscheint ein dreidimensionales Abbild

Abbildung 5.1: Wie eine holografische Vorlage erstellt wird.

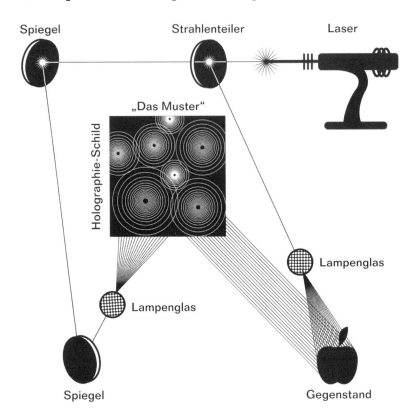

des Apfels im Raum, das absolut realistisch aussieht und sämtliche Details des Vorbilds wiedergibt (siehe Abb. 5-2).

Sehr komplizierte Hologramme, wie die in *Matrix* oder im ‚Holodeck' von *Raumschiff Enterprise* oder wie die, mit denen Ingenieure und Forscher oder die Animationsstudios von Hollywood heute experimentieren, werden mittels Computern, spezieller Software und komplexen mathematischen Algorithmen erstellt.

Die zwei Hauptaspekte, auf die es mir bei dem Bild vom Hologramm ankommt, sind:

Abbildung 5.2: Wie ein richtiges Hologramm gemacht wird.

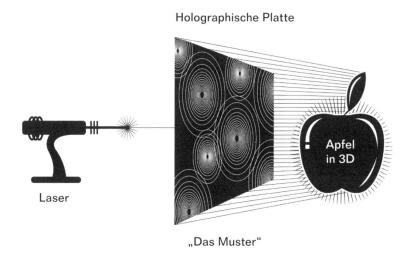

1. Um ein Hologramm zu kreieren, das die *Illusion* von etwas Physikalischem wiedergibt, muss man zuerst eine Vorlage erstellen, welche alle Details der erwünschten Illusion beinhaltet.
2. Um das Hologramm auch wirklich sehen zu können, muss man anschließend die Vorlage mit einer enormen Energiemenge aufladen. Erst dann erscheint das Bild wirklich realistisch.

Auf eine Formel gebracht, kann man sagen:
Vorlage + Energie = Illusion

Damit habe ich die Komponenten meines Modells, das beschreibt, wie *Ihr Bewusstsein* die Illusion des physikalischen Universums und all dessen, was sich darin befindet, erzeugt und alles so real erscheinen lässt, dass Sie der Illusion unterliegen und in Phase 1 des Menschen-Spiels spielen können:

- Ihr Bewusstsein tritt an das Nullpunkt-Feld, das Feld der unbegrenzten Möglichkeiten, heran mit der Absicht, etwas zu erschaffen und es anschaulich und physikalisch greifbar in den Freizeitpark des Menschen-Spiels zu setzen, sei es ein Körper, eine Umgebung, ein Objekt, Tier oder Pflanze, ein Kontoauszug, Bargeld etc. Ihr Bewusstsein kreiert eine Vorlage im Nullpunkt-Feld mit allen nötigen Details, die es anschaulich abbilden möchte – auch mit allen Details über Sie (Ihre Persona) und all Ihre Mitspieler im Menschen-Spiel (ihre Körpergröße, Figur, Haarfarbe, Größe, Persönlichkeit, Beschwerden wie Rückenschmerzen und so weiter). Ein anderer, geläufiger Name für diese detaillierten Vorlagen wäre „Überzeugungen"; wir werden darauf später zurückkommen.
- Anschließend reichert Ihr Bewusstsein die Vorlage mit Energie (aus Ihrem unerschöpflichen Energievorrat) an, und die gewünschte Kreation verwandelt sich in eine holografische Täuschung.
- Weil die Vorlage so detailgetreu ist und mit so viel Energie angereichert wurde, erscheint sie absolut real und überzeugend vor Ihren Augen, wie in Abb. 5-3 dargestellt.

Abbildung 5.3: Wie das Bewusstsein die dreidimensionale Welt erzeugt.

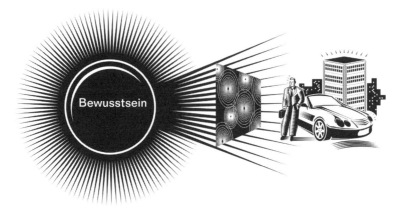

Von der Kindheit bis ins Erwachsenenalter (auch diese Stadien sind holografische Kreationen und Täuschungen) wächst die Anzahl der Vorlagen im Feld (der Überzeugungen) exponentiell an und bildet das komplexe Spielfeld, das wir Realität und Leben nennen. Ihr Erweitertes Selbst kontrolliert, was in die Vorlagen eingespeist wird, das heißt, was in Ihrer holografischen Täuschung erscheint. Alles wird von einem ausgeklügelten Plan bestimmt, der sich aus Ihren Lebenszielen, Ihrer Mission, ergibt und Sie befähigt, das Menschen-Spiel so zu spielen, wie Sie es spielen wollen.

Sie sehen Ihr Menschen-Spiel-Hologramm nicht als Zuschauer – so, wie Sie sich einen Film, ein Spiel oder ein Sportereignis ansehen. Ihr Erweitertes Selbst kreiert das Hologramm und stellt Sie gleichzeitig als Mitspieler mitten ins Menschen-Spiel hinein.

Wie bereits erwähnt, geht es in Phase 1 des Menschen-Spiels darum, dass Sie ganz in die Illusion der dreidimensionalen Welt eintauchen und hundertprozentig davon überzeugt sind, sie sei real. Ihr Bewusstsein und Ihr Erweitertes Selbst sind real. Das Nullpunkt-Feld ist ebenfalls real. Die Vorlagen, die Ihr Erweitertes Ich im Nullpunkt-Feld kreiert, sind real. Auch die Energie, mit der Ihr Erweitertes Selbst die Vorlagen im Nullpunkt-Feld anreichert, ist real. Aber alles andere, was Sie in Phase 1 des Menschen-Spiels in Ihrem Hologramm sehen, ist nichts weiter als eine holografische Täuschung. Ich weiß nicht, ob ich Sie mittlerweile davon überzeugen konnte. Aber wenn Sie tatsächlich irgendwann einmal aus dem Geld-Spiel ausbrechen wollen, sollten Sie irgendwann an den Punkt gelangen, diese Wahrheit als Wahrheit anzunehmen. Ich werde Ihnen in den nächsten Kapiteln dabei helfen.

Einer der Schlüsselfaktoren des beschriebenen Prozesses der Illusionsbildung ist die Menge an Details, die in der Vorlage im

Nullpunkt-Feld gespeichert werden können. Hier wird Ihre wahre Macht als Grenzenloses Wesen deutlich. Erinnern Sie sich daran, dass das Menschen-Spiel so gemacht ist, dass Sie von der Wirklichkeit der Illusion überzeugt sein sollen. Daher kommt es, dass Sie sich die dafür notwendige Fülle der Details und die für Ihr Hologramm notwendige Menge an Energie aus Ihrer jetzigen Sicht schlichtweg nicht vorstellen können.

Wenn auch nur ein Detail der holografischen Täuschung falsch oder nicht stimmig ist, kollabiert die Täuschung und das Menschen-Spiel ist beendet. Das darf nicht passieren. Deshalb wird die perfekte Illusion mit ungeheurem Aufwand aufrecht erhalten.

Ich gebe Ihnen ein schier unglaubliches Beispiel dafür, das man mir kürzlich erzählt hat. In der Film-Trilogie *Der Herr der Ringe* gibt es eine Figur namens Gollum. Während alle übrigen Menschen-Rollen in dem Film von Menschen gespielt wurden, wurde Gollum vom Computer gemacht. Als die Filmemacher den letzten Teil der Trilogie, *Die Rückkehr der Könige*, planten, schufen sie eine Fantasiewelt, die der Zuschauer unbedingt als echt ansehen sollte. Da Gollum in dieser Kunstwelt in vielen Szenen zusammen mit vielen echten Menschen auftreten sollte, die alle absolut echt aussahen, durfte auch er ihnen in nichts nachstehen. Denn hätte er nicht genauso echt ausgesehen wie sie, wäre die Illusion zerstört worden und die ganze Wirkung des Films wäre dahin gewesen.

Was tun? Obwohl Gollum in der Hauptsache aus dem Computer stammte, wurden seine Bewegungen und seine Mimik mittels einer Technik namens *Motion Capture* (dt.: Einfangen von Bewegungen) realisiert – das heißt, die Bewegungen und Gesichtszüge eines lebenden Schauspielers wurden digital dreidimensional aufgenommen und auf den computeranimierten Gollum übertragen.

Die Spezialisten für Effekte und Animation in Hollywood geben sich alle erdenkliche Mühe, die von ihnen animierten Menschen, Tiere, Monster, Geschöpfe, Orte und Gegenstände so wirklich wie irgend möglich erscheinen zu lassen. Interessanterweise sind, wenn es um die Animation von Menschen geht, deren Haare mit am schwierigsten nachzubilden. Sie haben so viele Schichten und Facetten; die Frisur ändert sich, wann immer sich jemand bewegt oder ein Wind aufkommt, wenn die Haare nass werden oder trocknen, und so weiter. Deshalb ist das Simulieren von Haaren eine komplexe Herausforderung, die die Animateure bis heute noch nicht hundertprozentig bewältigen können.

Mit beinahe jedem Hollywood-Film wird die Computer-Animation verbessert, werden neue Investitionen getätigt, um eine Geschichte noch wirkungsvoller zur Geltung zu bringen und den verwöhnten Zuschauern auch technisch Neues zu bieten. Denn das Publikum liebt die optische Perfektion, es will immer neue Spezialeffekte sehen – seien es Frisuren oder realistische Dinosaurier, riesige Affen oder ein Superheld.

Da die Experten für Spezialeffekte und Computer-Animation wollten, dass Gollums Haare absolut wirklich aussehen (auch wenn er nicht viele Haare hat), taten sie sich mit einigen der größten Filmstudios zusammen. Sie ließen die besten Programmierer monatelang für Millionen Dollar daran arbeiten, alles so perfekt wie möglich hinzukriegen. Ist das nicht verrückt – so viel Mühe und Geld an ein paar Haare zu verschwenden? Nein, ist es nicht. Denken Sie daran, was auf dem Spiel stand. Wenn die Illusion kollabiert, geht das ganze Projekt den Bach hinunter – und Millionen an Profit sind verloren.

Dasselbe gilt für das Menschen-Spiel und die holografische Täuschung, die wir Wirklichkeit nennen. Sie können nichts sehen, nichts erleben, wenn nicht Ihr Erweitertes Selbst eine Vorlage im Nullpunkt-Feld schafft und sie mit Energie anreichert. Nur was in der Vorlage ist, können Sie sehen und erleben.

Das trifft auch auf Geld, Bilanzen und Kontoauszüge zu. So wie die Filmindustrie in Hollywood, bemüht sich unser Bewusstsein ständig um noch raffiniertere, noch realistischere Vorlagen.

Sehen Sie auf den Boden vor sich. Sie sehen einen Teppichboden mit einem Fleck darauf oder ein Stück Parkett mit einem Kratzer. All das sind Details aus Ihrem Nullpunkt-Feld. Da ist gar kein Teppichboden, kein Fleck, kein Parkett, kein Kratzer. Es ist alles eine einzige Täuschung. Aber die Illusion muss so vielschichtig, so detailliert und unglaublich raffiniert sein, denn sonst würden Sie nicht daran glauben, und sobald Sie nicht mehr daran glauben, ist das Spiel aus.

Es ist eine verblüffende Leistung unseres Bewusstseins, dass wir das Spielfeld und den Freizeitpark des Menschen-Spiels so realistisch gestalten können. Diese Leistung zeigt uns, wer wir wirklich sind und wie viel Macht wir wirklich besitzen.

Aber das ist noch nicht alles. Wenn Sie in Ihrem Hologramm die Illusion eines menschlichen Körpers erschaffen, muss dieser Körper nicht nur realistisch erscheinen, er muss auch ein erstklassiges Rohmaterial für das Menschen-Spiel abgeben. Zum Beispiel hätte es keinen Sinn, einen menschlichen Körper zu erschaffen, der innen hohl ist. Es muss etwas darin und daran sein, was zu Spiel und Studium (zum Beispiel Biologie und Medizin) anregt. Deshalb wird der Eindruck erweckt, der menschliche Körper bestehe aus subatomaren Partikeln, Atomen, Molekülen, Zellen, Organen und Systemen. Deshalb besteht der Körper (scheinbar) aus Venen, Arterien, Blut und anderen Flüssigkeiten, einem Herzen, einem Gehirn und so weiter.

Ein anderes Beispiel: Wenn Sie einen Ozean in Ihrem Hologramm erfinden, können Sie damit nicht an der Oberfläche haltmachen. Sie müssen auch eine Unterwasserwelt kreieren, sodass Menschen in sie eintauchen, mit ihr spielen, sie studieren können (durch Schwimmen, Schnorcheln, Sporttauchen beziehungsweise Ozeanografie). Wenn Sie in Ihrem Hologramm einen Raum erfinden, muss auch etwas in diesem Raum sein – Sterne, Planeten, Kometen, Galaxien und schwarze Löcher –, damit die Menschen es sich ansehen, darüber staunen, es erforschen und bereisen können (Astronomie, Raumschiffe). Wenn Sie Millionen von Menschen kreieren, so können diese nicht einfach dem Nichts entstiegen sein.

Sie müssen eine plausible Geschichte erfinden, um ihre Anwesenheit zu erklären und glaubhaft zu machen und Ihren Mitspielern etwas zu lernen zu geben (Geschichte, Evolution, Archäologie). Ähnliches gilt für alle Wissenschaften und anderen Kreationen im Freizeitpark Menschen-Spiel.

Wie oben beschrieben, ist das Ziel von Phase 1 des Menschen-Spiels, Vorlagen im Nullpunkt-Feld zu erfinden und Illusionen in Ihr Hologramm zu ‚schreiben', die Sie einschränken – in Ihrer Energie, Weisheit und inneren Fülle – und Sie davon überzeugen, das genaue Gegenteil dessen zu sein, der Sie *wirklich* sind. Deswegen ist es, genau betrachtet, keine Überraschung, dass so viele Ihrer bisherigen Erfahrungen – auch im finanziellen Bereich – frustrierend, ärgerlich und problematisch verlaufen sind, jedenfalls nicht so, wie Sie es wollten. Schon die Vorlagen waren absichtlich schlecht oder falsch geplant, und so konnte auch das Ergebnis Ihres Hologramms nicht besser ausfallen.

Wir alle könnten eine lange Beschwerdeliste schreiben über unser Leben und die Hologramme, in denen wir uns verhaftet fühlen. Wenn Sie darüber nachdenken, finden Sie mit Sicherheit vieles, was Sie gerne aus Ihrem Leben verschwinden lassen würden, anderes, was Sie gerne darin hätten oder wovon Sie gerne mehr hätten (etwa Geld), und wieder Anderes, was Sie gerne ändern oder verbessern würden. Als Phase-1-Spieler sind wir so geplant, dass wir unsere holografischen Kreationen streng kritisieren. Ich werde das in Kapitel 8 und 9 näher beleuchten.

Dabei sind wir alle – wie Sie inzwischen wissen – ausgezeichnete Erfinder, sozusagen Super-Animateure auf der Quantenebene. Nichts von dem, was Sie in Ihrem Hologramm sehen, gibt es wirklich. Es ist alles eine einzige Täuschung, alles nur Schall und Rauch, ob Sie das nun gut finden oder nicht. Die Tatsache, dass wir Schall und Rauch so wirklichkeitsgetreu erscheinen lassen können, ist ein absolutes Wunder. Dass uns dieses Wunder so miserabel und so veränderungsbedürftig vorkommt, dass wir es am liebsten ungeschehen machen oder komplett überarbeiten möchten, ist ein noch größeres Wunder. Und die Tatsache, dass wir uns mit unseren Kreationen so gekonnt davon überzeugen können, wir wären jemand, der wir gar nicht sind, ist ein noch größeres Wunder.

Sie sind ein absolutes Genie, wenn es darum geht, Illusionen zu schaffen – weit über David Copperfield hinaus!

Übrigens, falls Ihnen der Gedanke nicht schon gekommen ist, wird er Ihnen früher oder später sowieso kommen. Deshalb spreche ich ihn gleich jetzt an. Die Naturwissenschaftler haben das Hologramm studiert. Das heißt, obwohl sie es für real hielten, haben sie in Wirklichkeit eine Täuschung studiert. Aber innerhalb der Illusion, und besonders in der Quantenphysik und in verwandten wissenschaftlichen Bereichen, haben wir für uns selbst Schlüssel zur Wahrheit versteckt. Diese Schlüssel sind es, die ich Ihnen in diesem und dem letzten Kapitel gezeigt habe.

- **Sie (Ihre Persona) und Ihr Erweitertes Selbst bilden zusammen Ihr Bewusstsein.**
- **Sie sehen nicht nur ein Hologramm, sondern Sie kreieren alles, was sich darin befindet – inklusive Ihres eigenen Selbst.**
- **Nichts von dem, was Sie erleben, ist wirklich.**
- **Alles ist eine einzige Fiktion.**
- **Alles ist eine Erfindung Ihres Bewusstseins.**
- **Ihr Erweitertes Selbst hat direkten Zugang zum Nullpunkt-Feld.**

- Ihr Erweitertes Selbst kreiert die Vorlagen.
- Ihr Erweitertes Selbst steuert die Anreicherung der Vorlagen mit Energie.
- Ihr Erweitertes Selbst steuert das, was in Ihre holografische Täuschung hineinkommt. Es hängt von Ihrem Lebensziel und Ihrer Mission ab, die Sie gewählt haben, als Sie sich dafür entschieden haben, das Menschen-Spiel zu spielen.

Ich möchte hier kurz auf das Thema Geld zurückkommen, bevor ich in Kapitel 7 mehr darüber sage. Was ist Geld? Geld ist eine holografische Täuschung, wie alles andere im Menschen-Spiel. Wo kommt das Geld her? Aus Ihrem Bewusstsein, wie alles andere im Menschen-Spiel. Geld kommt *nicht* von jemand anderem oder irgendetwas im Hologramm, auch wenn es den Anschein hat und Sie immer davon überzeugt waren, es wäre so. Egal, was Ihre derzeitige oder frühere finanzielle Lage ist beziehungsweise war, welches Vermögen Sie gerade auf Ihren Konten haben, welche Schulden Sie gerade haben, wie hoch Ihr Einkommen und Ihr Netto-Vermögen sind, es wurde alles aus der Kombination von Vorlagen im Nullpunkt-Feld kreiert, die *Sie* dort angelegt haben und mit der Energie angereichert, mit der *Sie* Ihr Hologramm eingespeist haben.

So seltsam sie Ihnen *jetzt noch* erscheinen mag, ist es doch genau diese Erkenntnis, die Ihnen die Tür öffnen wird, damit Sie aus dem Geld-Spiel ausbrechen können. Warum das so ist? Weil Sie, wie Sie bald sehen werden, in Phase 2 des Menschen-Spiels die Gelegenheit bekommen werden, die Energie frei zu bekommen, die in Phase 1 auf das Einschränken der finanziellen Möglichkeiten verwendet werden musste. Jetzt können Sie die einschränkenden Vorlagen kollabieren lassen und wieder die Grenzenlose Fülle genießen, die Ihr eigentlicher Naturzustand ist. All das ist sehr realistisch und absolut machbar. Ich zeige Ihnen, wie es geht, Schritt für Schritt, wenn Sie mir weiterhin folgen.

Noch ein Wort zum Ende dieses Kapitels: Bitte denken Sie an das, was ich in der Einleitung gesagt habe. Sie müssen mir nicht blind vertrauen – egal, ob das von mir Gesagte für Sie Sinn macht oder nicht. Sollten Sie meine Einladung in Kapitel 15 annehmen und in Phase 2 springen, werden Sie bald Erfahrungen machen, die Ihnen zeigen, dass alles, was ich Ihnen erzählt habe, stimmt.

Ich weiß nicht, welche Erfahrungen Sie dann machen werden, denn alles in Ihrem Menschen-Spiel ist speziell für Sie gemacht. Es kann alles Mögliche sein, was immer Sie brauchen, um Sie dahin zu bringen, wo Sie hin wollen – auf die Art und Weise, wie Sie hin wollen. Jedenfalls können diese Erfahrungen ziemlich ‚seltsam' sein – etwa, dass Sie sich ein blaues Hemd kaufen, zusehen, wie der Verkäufer das blaue Hemd in eine Tüte packt, heimkommen, die Einkaufstüte öffnen und feststellen, dass Sie ein rosa Hemd gekauft haben. Da es kein blaues Hemd gibt, da alles nur eine Täuschung ist, die von Ihrem Bewusstsein im Nullpunkt-Feld erzeugt wird, ist es für Ihr Erweitertes Selbst kein Problem, die Vorlage zu ändern und zu sagen, „das Hemd ist rosa". Ich habe viele derartige Erfahrungen gemacht, meine Kunden übrigens auch. Einige der Geschichten, die passieren können, erzähle ich Ihnen in Kapitel 12 dieses Buches.

Wenn Sie wissen wollen, wer all die anderen Personen in Ihrem Hologramm *wirklich* sind und wie sie *wirklich* mit Ihnen interagieren und Sie beim Menschen-Spiel unterstützen, begleiten Sie mich weiter und lesen Sie Kapitel 6.

Spieglein, Spieglein an der Wand

„Wir können nicht Metzger, Bäcker und Kerzengießer in einer Person sein, aber wenn Sie Bäcker sind und ich Metzger, können wir im Spektrum des Möglichen existieren."[1]

– Barbara Dewey –

„Ein menschliches Wesen ist Teil des Ganzen, das wir ‚Universum' nennen, ein in Raum und Zeit begrenzter Teil. Es erfährt sich selbst, seine Gedanken und Gefühle als etwas von den übrigen Wesen Getrenntes ... eine Art optische Vorspiegelung seines Bewusstseins."[2]

– Albert Einstein –

Manche Spiele spielen wir lieber allein, die meisten jedoch lieber zusammen mit anderen Menschen. Letzteres gilt auch für das Menschen-Spiel. Nehmen wir an, Sie wollen ein komplettes Spiel mit dazu gehörigem Spielfeld kreieren und niemand ist da, der es mit Ihnen zusammen spielt. Das würde kaum Spaß machen und Ihnen nicht so viel bringen, nicht wahr? Wenn Sie sich an das erinnern, was wir im letzten Kapitel diskutiert haben, müssen Sie zugeben, dass die Täuschung nicht sehr glaubhaft wäre, wenn Sie das einzige lebende Wesen in Ihrem Freizeitpark wären.

Daher kreieren Sie, als Teil des Menschen-Spiels, andere Spieler in Ihrem Hologramm. Denn mit ihnen wirkt das Spiel realistischer. Sie erhalten die nötige Unterstützung, und das Spiel wird erst durch diese zusätzliche Komplexität so interessant, spannend und vergnüglich, dass es Ihnen auch auf längere Sicht Spaß macht. Ähnlich wie im Traum sind die „anderen Menschen" nicht wirklich von Ihnen getrennte Wesen. Sie sind ein Teil von *Ihnen,* andere Aspekte von *Ihnen,* Kreationen *Ihres* Bewusstseins. Deshalb nenne ich dieses Kapitel „Spieglein, Spieglein an der Wand."

Sie können die Rolle Ihrer Mitspieler im Hologramm mit der von Schauspielern in einem Hollywood-Film vergleichen. Schauspieler wirken in einem Film mit, wenn sie dafür ausgewählt wurden und zugestimmt haben. Sie betreten die Bühne, wenn man es ihnen sagt, und gehen wieder, wenn man es ihnen sagt. Wenn man sie für eine bestimmte Rolle verpflichtet hat, erhalten sie ein Drehbuch mit Dialogtexten und Anweisungen. Sie sprechen und handeln, wie man es ihnen befiehlt.

In Hollywood-Filmen gibt es Schauspieler mit umfangreicheren Rollen; wir nennen das Hauptrollen. Andere spielen kleinere Rollen, die Nebenrollen. Wieder andere treten nur für kurze Zeit auf; sie haben Szenenrollen. Dazu gibt es Statisten, die im Hintergrund bleiben, kein Wort sagen und nicht mit den Hauptfiguren interagieren. Statisten sind nur da, damit die Szenen wirklichkeitsgetreu aussehen.

Dasselbe gilt für Ihr 'echtes', alle Sinne umfassendes Menschen-Spiel-Filmerlebnis. Interessanterweise sind die meisten Menschen, die Sie auf der Welt 'sehen', Statisten oder lediglich Szenenrollen. Auch wenn Sie den Eindruck haben, im Menschen-Spiel-Freizeitpark gäbe es Millionen von Menschen, sind es eigentlich nur wenige, die mit Ihnen interagieren und direkt mit Ihnen zu tun haben.

Auch wenn es Ihnen schwer fällt, das zu glauben – wenn andere Menschen in Ihrem Hologramm erscheinen, sind sie zu 100 Prozent von Ihnen selbst erfunden. Niemand hat in Ihrem Hologramm etwas zu sagen und zu bestimmen, nur Ihr Erweitertes Selbst, das die Drehbücher verteilt, um Sie auf Ihrer Reise durch das Menschen-Spiel optimal zu unterstützen.

Jetzt kommt ein Einwand, den ich oft höre, wenn ich mein Konzept „Raus aus dem Geld-Spiel" erkläre: „Sie wollen doch nicht im Ernst behaupten, dass meine Frau, meine Kinder, meine Eltern und Geschwister, meine Freunde und mein Chef gar nicht wirklich existieren? Dass sie nur holografische Täuschungen sind? Das glaube ich Ihnen nicht, und das akzeptiere ich nicht. Das hieße ja, sie zu bloßen Marionetten zu degradieren. Niemals!"

Lassen Sie mich dazu vorerst Folgendes sagen (wir kommen später auf diesen Einwand zurück): Erstens sind es nicht nur die anderen Menschen, die es nicht wirklich gibt. Nichts in Ihrem Hologramm ist real, wie ich Ihnen bereits erklärt habe – auch Sie nicht, und ich nicht. Wir sind alle nur Teil einer holografischen Täuschung, die das Bewusstsein geschaffen hat, damit wir das Menschen-Spiel spielen können.

Zweitens ist das gesamte Menschen-Spiel, wie ich im vorhergehenden Kapitel erklärt habe und in Kapitel 8 und 9 ausführlicher darlegen werde, ein Wunder, eine wahrhaft staunenswerte Leistung, eine geniale Kreation, vor der man nur den Hut ziehen kann. Mein Modell wertet nichts und niemanden ab – ganz im Gegenteil.

Drittens: Falls Sie sich entschließen sollten, in Phase 2 zu spielen und meinen Handlungsempfehlungen in den letzten Kapiteln dieses Buches zu folgen, kann ich Ihnen absolut und zweifelsfrei garantieren, dass Sie die Gültigkeit meines Konzepts durch Ihre selbst entworfene Spielerfahrung in Phase 2 *zusammen mit den von Ihnen selbst entworfenen anderen Mitspielern* erleben werden.

Es ist auch ganz verständlich, dass Sie sich wundern, wie ich Sie erfinden kann und Sie gleichzeitig mich erfinden können, wie Sie und Ihre Partnerin oder Ihr Partner einander gleichzeitig erfinden können und wie das bei Ihren Kindern, Eltern, Geschwistern, Freunden, Ihrem Chef und so weiter funktionieren soll. Deshalb muss ich noch einen Punkt näher erläutern, bevor wir fortfahren können. Es gibt in der Quantenphysik ein Konzept namens *verwickelte Hierarchie*. So, wie ich es interpretiere, bedeutet es, dass der Versuch, bestimmte uns aufgegebene Rätsel logisch oder analytisch zu lösen, scheitert und in einer Endlosschleife endet.

Nehmen wir an, ich würde behaupten: „Alle Schriftsteller sind Lügner." Sage ich dann die Wahrheit, oder lüge ich? Mit Logik können Sie diese Frage nicht lösen. Wenn ich sage, alle Schriftsteller sind Lügner, und selbst ein Schriftsteller bin, dann lüge ich. Wenn ich lüge, muss das Gegenteil meiner Behauptung wahr sein: „Alle Schriftsteller sagen die Wahrheit." Aber dann hätte ich zuvor schon gelogen. Also können nicht alle Schriftsteller die Wahrheit sagen, denn sie könnten auch lügen – und die Spirale geht endlos weiter. Der einzige Ausweg aus dieser Endlosschleife ist, ganz herauszuspringen.

Dasselbe gilt, wenn man sich vorstellen möchte, was im Hologramm eines anderen Menschen vor sich geht oder welche Rolle man selbst im Hologramm eines anderen Menschen innehat. Es geht nicht. Allein der Versuch kreiert eine Endlosschleife, die einen nicht weiter bringt. Damit Sie die Theorie verstehen, die ich Ihnen hier erkläre und es schaffen, aus dem Geld-Spiel auszubrechen, ist es wichtig, dass Sie sich allein auf sich selbst konzentrieren. Es geht um *Ihr* Hologramm, *Ihr* ganzheitliches Film-Erlebnis, *Ihr* Spiel im dreidimensionalen Freizeitpark, eine Kreation *Ihres* Bewusstseins.

Lassen Sie mich noch einmal auf einen wichtigen Punkt eingehen, um sicher zu gehen, dass wir einander nicht missverstehen: Jeder andere in Ihrem Hologramm ist ein Schauspieler, der sagt und tut, worum Sie ihn bitten. In Ihrem Hologramm haben andere Menschen absolut keinen Einfluss, keine eigene, autonome Existenz und keine eigene Entscheidungsbefugnis. In Ihrem Hologramm sind alle Menschen zu 100 Prozent von *Ihnen* erschaffen. Das ist alles, was Sie wissen müssen. Kümmern Sie sich nicht um die Hologramme Ihrer Mitmenschen. Wenn Sie später dennoch etwas mehr darüber erfahren wollen, habe ich ein besonderes Geschenk für Sie – die Tonbandaufnahme eines kurzen Vortrags, den ich darüber gehalten habe. Sie können ihn auf meiner Website http://www.bustingloose.com/thedream.html hören oder herunterladen.

Eine logische Folge des Gesagten ist, dass Sie in Ihrem Hologramm immer absolut sicher und geschützt sind. Niemand kann in Ihr Hologramm eindringen und Sie (oder andere Menschen, die Ihnen wichtig sind) verletzen oder Ihnen Schaden zufügen. Man kann Ihnen nur *scheinbar* eine Verletzung oder einen Schaden zufügen, wenn Sie eine Vorlage mit solchen Details in Ihrem Nullpunkt-Feld kreieren, sie mit Energie aufladen und in Ihr Hologramm stellen und denken, es wäre alles wirklich. Der einzige Grund, das zu tun, wäre, dass diese Erfahrung Ihnen dabei hilft, das Menschen-Spiel zu spielen – egal, wie Sie das aus Ihrer begrenzten Phase-1-Perspektive als Persona und Star Ihres eigenen Films sehen.

Niemand hat Einfluss auf Ihr Hologramm außer Sie selbst – weder Personen noch Dinge. SIE ALLEIN haben alle Macht in Händen.

Jeder andere, der in Ihrem Hologramm erscheint, wurde von Ihnen aus einer Vorlage im Nullpunkt-Feld kreiert, die Ihr Erweitertes Selbst dort angelegt und energetisch angereichert hat. Noch einmal: Sie können *nichts* sehen oder erfahren, das nicht auf ebendiese Weise *von Ihnen selbst* erfunden wurde. Alle Vorlagen im Nullpunkt-Feld, die sich auf andere Leute beziehen, sind erfunden worden, damit andere Menschen eine oder mehrere der folgenden drei Funktionen in Ihrem Hologramm wahrnehmen:

1. etwas von dem zu reflektieren, was Sie über sich oder Ihre Einstellungen denken oder fühlen,
2. hilfreiches Wissen, Weisheiten und/oder Einsichten mit Ihnen zu teilen,
3. etwas in Bewegung zu setzen, damit Sie auf Ihrer Reise weiterkommen.

Sehen wir uns die drei Möglichkeiten nacheinander an.

Reflektieren

Barbara Dewey schreibt in ihrem Buch *Wie Sie glauben:*

„Die Illusion der Trennung symbolisiert nicht nur unsere Selbstzweifel und Selbstentfremdung, sie gibt uns auch die Chance, das Leiden über unser inneres Gespaltensein zu überwinden, indem wir es nach außen hin ausleben. Wir sehen uns selbst in anderen Menschen, hassen an ihnen, was wir an uns selbst hassen und lieben an ihnen, was wir an uns selbst lieben. Wir streiten mit anderen, weil wir selbst

innerlich zerrissen sind. Wir belohnen und bestrafen andere wie uns selbst. Die Illusion der Trennung bietet uns die Chance, innere Hemmungen vor einer Liebe in völliger Offenheit in Form einer Partnerschaft zu leben. Ohne diese Illusion, ohne unsere Reaktionen auf andere Menschen wüssten wir vielleicht gar nicht, dass es solche Belastungen überhaupt gibt."[3]

Dewey schreibt hier von Selbstzweifeln, Selbstentfremdung, Leiden, Hass, Bestrafung und Hemmungen. Sehen Sie, wie gut das zu Phase 1 passt, in der es darum geht, die Illusion des Eingeschränktseins zu schaffen und uns davon zu überzeugen, wir seien nicht, wer wir wirklich sind?

Wie es Barbara Dewey eben in sehr schönen Worten formuliert hat, holen Sie sich viele andere Menschen in Ihr Hologramm, um rückgemeldet zu bekommen, was Sie über sich selbst denken oder fühlen und so Unterstützung für Ihre Reise zu erhalten (die in Phase 2 des Menschen-Spiels wichtiger wird, wie wir noch sehen werden), oder um eine Meinung zu vertreten, die Sie selbst betreffs Ihrer Illusion hegen. Wenn Sie zum Beispiel der Meinung sind, Sie müssten viele Vitamine zu sich nehmen und viel Sport treiben, um gesund zu bleiben, holen Sie sich Leute in Ihr Hologramm, die viele Vitamine zu sich nehmen und häufig Sport treiben und damit Ihre innere Überzeugung reflektieren.

Wenn Sie glauben, dass Menschen einander anstecken und Krankheiten wie Grippe oder Erkältung aufeinander übertragen können, holen Sie sich Leute in Ihr Hologramm, die krank zu sein scheinen und Sie oder ein Mitglied Ihrer Familie anstecken und verstärken damit Ihre Überzeugung. Übrigens ist diese Ansicht bei Menschen mit schulpflichtigen Kindern besonders weit verbreitet.

Wenn Sie meinen, Sie würden beruflich unterschätzt und wären unterbezahlt, oder Ihre Freunde oder Ihre Familie würden Sie immer ,anpumpen' und das Geld nie zurückzahlen, oder die

Menschen ergriffen jede Gelegenheit, Sie über den Tisch zu ziehen, erschaffen Sie unbewusst Akteure, die Ihnen beweisen sollen, dass Sie recht haben.

Ein weiteres Beispiel: Wenn Sie Leute erfinden, die in Ihr Hologramm kommen, die Sie schäbig behandeln oder ganz ignorieren (so, wie ich es mit anderen getan habe, als ich noch jünger war und in Phase 1 steckte), reflektieren Sie damit die Tatsache, dass Sie sich selbst schäbig behandeln und ignorieren – auf welche Weise auch immer.

Früher, als ich auf die ganze Welt wütend war und gegen jeden um mich herum vom Leder zog, erfand ich in meinem Hologramm einen Hund, der andere Leute so laut anbellte, dass die dachten, sie bekämen einen Herzinfarkt. Als ich bereit war, diese Phase hinter mir zu lassen, starb der Hund.

Es ließen sich noch viele andere Beispiele anführen. Aus meiner eigenen Lebenserfahrung und aus der Arbeit mit meinen Kunden auf der ganzen Welt weiß ich, dass Reflektionen sehr detailliert und komplex sein können, genau wie das Menschen-Spiel selbst. Wir kommen später darauf zurück.

Wissen, Weisheit und Einsichten

Um das Menschen-Spiel zu spielen, braucht man von Zeit zu Zeit eine Portion Wissen, Weisheit und Einsichten. Zu diesem Zweck lassen Sie Lehrer, Experten, Freunde und Berater in Ihrem Hologramm erscheinen, die Sie direkt mit Informationen und Meinungen versorgen – oder Sie holen sich diese indirekt aus Büchern, Zeitschriften, Zeitungen, Ton- und Videobändern, die Sie erfinden.

Als Grenzenloses Wesen haben Sie unmittelbaren Zugang zu Wissen, Weisheit und Einsichten. Aber während Sie das Menschen-Spiel spielen, können Sie diese auch kreieren, sodass es den Anschein hat, als würden sie Ihnen zufällig zugänglich, genau wie dieses Buch.

Die Dinge in Bewegung bringen

Erinnern Sie sich? In Kapitel 2 habe ich Ihnen anhand des Baseball-Spiels erklärt, wie das Menschen-Spiel entworfen wurde, um Ihnen zu gestatten, „was wäre, wenn“-Szenarien zu spielen. Denn es macht einfach Spaß, Möglichkeiten durchzuspielen und zu beobachten, was sich alles tut, wenn man bestimmte Variable verändert.

Das Ergebnis ist, dass Sie häufig Menschen kreieren und in Ihr Hologramm einbringen, um Dinge in Bewegung zu bringen und Sie dabei zu unterstützen, das Menschen-Spiel so zu spielen, wie Sie möchten. So könnten Sie zum Beispiel jemanden erfinden, der in Ihr Hologramm tritt und Ihnen einen Job anbietet, der Ihnen den Job kündigt oder Ihnen einen lukrativen Geschäftsvertrag anbietet, einflussreiche Geschäftskontakte vermittelt, einen Anlagetipp gibt, Ihnen Geld leiht, etwas sagt oder tut, was Sie beleidigt oder aufregt, Ihnen einen Bußgeldbescheid wegen zu schnellen Fahrens gibt oder bei Rot über die Ampel fährt und mit Ihrem Auto zusammenstößt. Jede dieser Kreationen öffnet eine Tür, gibt Ihnen einen Stups und setzt in Ihrem ‚Film für alle Sinne' Erfahrungen in Gang, aus denen Sie lernen und die Sie brauchen, um das Menschen-Spiel so zu spielen, wie Sie es wollen.

Wenn Sie die Einladung am Ende dieses Buches annehmen und sich dafür entscheiden, in Phase 2 zu spielen, werden Sie in Ihrem Hologramm viele Menschen kreieren, die Sie darin unterstützen, Energie aus den begrenzten Vorlagen in Phase 1 freizusetzen, diese Vorlagen kollabieren zu lassen und Ihnen dabei zu helfen, aus dem Geld-Spiel auszubrechen. Zu diesem Zweck haben Sie auch mich erfunden.

Nun haben Sie den von mir so genannten Grundlagen-Teil des Buches abgeschlossen und sind fast schon fertig für den Übergang in den Praxisteil. Zuvor werfen wir aber in Kapitel 7 noch einen Blick aus unserer inzwischen wesentlich erweiterten Sicht auf das Geld-Spiel.

Wie Sie Ihren Röntgenblick einschalten

„Niemand kann sich alle unsichtbaren und unbemerkten Wunder ausdenken, die es auf der Welt gibt."[1]

– Francis P. Church (1839-1906) im Editorial der Zeitschrift *New York Sun* auf die Frage von Virginia O'Hanlon, ob es einen Nikolaus gebe. –

„Nur wer das Unsichtbare sieht, kann das Unmögliche tun."[2]

– Frank Gaines –

Als Junge habe ich gerne Superman-Comics gelesen. Superman hatte den Röntgenblick. Er konnte sehen, was unsichtbar war, was andere nicht sehen konnten. Nun, da Sie verstehen, was es mit dem Menschen-Spiel, dem Nullpunkt-Feld, dem Bewusstsein, den Hologrammen und der Techniken des

‚Erschaffens' auf sich hat, haben auch Sie sich eine Art Röntgenblick angeeignet. Auch Sie sehen jetzt, was man nicht sehen kann, beziehungsweise was andere nicht sehen können. Jetzt ist es an der Zeit, diese neue Gabe anzuwenden und sie sich anzueignen. Wenn Sie bei mir bleiben, meine Einladung annehmen und den Quantensprung in Phase 2 mitmachen, wird auch Ihr Röntgenblick immer stärker und durchdringender werden, je öfter Sie sich seiner bedienen.

Aber ich muss Sie davor warnen, dass das Betrachten des Geld-Spiels mit dem Röntgenblick einiges in Ihrem Kopf durcheinander wirbeln wird. Wir sind jetzt an einem der Punkte, an dem Sie sich, wie in der Einleitung erwähnt, desorientiert, verärgert oder auf den Arm genommen fühlen könnten. Vielleicht werden Sie denken:

- „Ist er jetzt verrückt geworden?"
- „Das kann doch nicht sein Ernst sein!"
- „Das habe ich nicht erwartet, als ich mir das Buch gekauft habe!"
- „Niemals!"
- „So ein Quatsch!"

Das war zu erwarten. Ich muss Ihr gewohntes Denken kaputt machen, bevor ich es durch ein neues ersetzen kann, das Ihnen neue Energie für Ihr Leben mitgibt. Machen Sie sich auf eine völlig neue Herausforderung gefasst. Das ist absolut notwendig, wenn Sie die Tür in eine neue Welt öffnen und aus dem Geld-Spiel ausbrechen wollen.

Von jetzt an werde ich bestimmte Wörter kursiv setzen, um die Anwendung Ihres Röntgenblicks zu fördern und Ihnen zu zeigen, wo Phase-1-Einschränkungen und -Illusionen lauern.

Das Geld-Spiel ist eine brillante, wahrhaft geniale Erfindung. Es ist einer der Eckpfeiler der Phase 1 des Menschen-Spiels. Es wurde speziell dafür geschaffen, Ihnen Grenzen zu setzen. Es ist wichtig, dass Sie ganz erfassen, wie raffiniert diese Erfindung ist. Lassen Sie uns daher die wichtigsten Spielregeln des Geld-Spiels mit Ihrem Röntgenblick prüfen.

In Kapitel 1 haben wir die drei Hauptregeln des Geld-Spiels kennen gelernt, nämlich:

1. Der Geldvorrat, der Ihnen und/oder der Welt zur Verfügung steht, ist begrenzt.
2. Geld will *in Bewegung bleiben.*
3. Man muss härter oder erfolgreicher arbeiten, um mehr zu verdienen.

Sehen wir uns jede dieser drei Grundregeln einmal näher an.

Der Geldvorrat, der Ihnen und/oder der Welt zur Verfügung steht, ist begrenzt.

Ist diese Aussage nach dem, was Sie gelernt haben, richtig? Nein!

Wo kommt das Geld her? Aus einer Vorlage im Nullpunkt-Feld, die bestimmte Details enthält. Wenn die Details eine größere oder kleinere Geldsumme für ein Individuum, eine Firma, einen Bundesstaat oder ein Land vorsehen, kann man das im Hologramm erkennen und erfahren. Wenn die Details sich ändern, ändert sich auch das, was man sieht und erlebt.

Ist die Anzahl an Vorlagen im Nullpunkt-Feld oder die Anzahl der in ihnen enthaltenen Details begrenzt? Nein!

Ist die Energie, mit der man diese Vorlagen in sein Hologramm einspeisen kann, begrenzt? Nein!

Welche logische Schlussfolgerung können wir daraus ziehen?

Die Schlussfolgerung, dass der Geldvorrat, der Ihnen und/oder der Welt zur Verfügung steht, unbegrenzt ist.

Geld will in Bewegung bleiben.

Diese Aussage lässt sich in folgende Einzelaussagen gliedern:

- Geld fließt in Ihrem Leben zu Ihnen hin und von Ihnen weg.
- Geld ist da draußen. Sie müssen versuchen, etwas davon abzubekommen und es zu behalten.
- Wenn Sie Geld ausgeben, fließt es von Ihnen zu anderen; dann haben Sie weniger und die anderen mehr.
- Sie haben Einnahmen und Ausgaben, und Sie müssen stets darauf achten, dass die Einnahmen höher sind als Ihre Ausgaben (Gewinn).
- Wenn Sie Ihre Lebensqualität verbessern wollen, müssen Sie Ihren *Gewinn* steigern.

Schalten Sie nun Ihren Röntgenblick ein und überprüfen Sie diese Aussagen. Wenn Ihr Geld tatsächlich aus Ihrem Bewusstsein und dem Nullpunkt-Feld kommt und nicht aus dem Hologramm, kann es dann fließen, sich bewegen oder irgendwohin wandern? Nein!

Die Illusion, dass sich Ihr Geld bewegt, ist in Ihrem Hologramm, aber sie ist nicht real. Sie haben sich nur eingeredet, die Geldbewegung wäre real.

Gibt es ein ‚da draußen', zu dem Sie gehen und Geld ‚holen' können, um es zu behalten? Nein!

Das Menschen-Spiel wird ausschließlich vom Bewusstsein erfunden und im Bewusstsein gespielt.

Wenn Sie Geld ausgeben, haben Sie dann wirklich weniger und eine andere Person, Organisation oder Firma dafür mehr? Nein! Alles, was wirklich geschehen ist, ist, dass sich ein paar Details in der Vorlage im Nullpunkt-Feld geändert haben.

Gibt es wirklich Einnahmen, Ausgaben, Gewinne? Müssen Sie Ihren Gewinn steigern, um mehr Lebensqualität zu erreichen? Nein!

Alle vier Fragen können wir klar verneinen. Keine der Annahmen, die ich gerade zur Grundregel Nummer 2 des Geld-Spiels genannt habe, stimmt. Alles, was Sie tun können, ist, die Illusion von Geldströmen, Gewinn und Verlust zu kreieren und sich einzureden, sie sei realistisch (wie Sie es bisher ja immer getan haben). Übrigens, „bewegt" sich Geld wirklich im Film? Wenn jemand in einem Film eine Million Dollar gewinnt oder verliert, ein Jahresgehalt von 150.000 Dollar verdient, in der Lotterie gewinnt oder erbt, ist das wirklich passiert? Nein! Alles ist eine Täuschung, so wie die Illusion der Geldströme in Ihrem Hologramm.

Man muss härter oder erfolgreicher arbeiten, um mehr zu verdienen.

Auch diese These lässt sich in einige Aussagen aufgliedern:

- Man kann nicht alles Mögliche im Leben haben.
- Alles kostet etwas.
- Man muss dafür *bezahlen*.
- Man muss dafür *arbeiten*.
- Man muss es sich *verdienen*.
- Geldverdienen ist eine Begabung, die manche Menschen haben und andere nicht; man muss es einfach können, oder man bringt es zu nichts.
- Nichts ist umsonst.
- Man bekommt nichts geschenkt.

Wenn die Illusion des Geldes von einer Vorlage im Nullpunkt-Feld herrührt und wenn Sie die Möglichkeit haben, jede Vorlage zu entwerfen und sie mittels jeder beliebigen Menge Energie in Ihr scheinbar so wirkliches Hologramm zu katapultieren, können Sie dann alles *haben*, was Sie wollen? Ja, sicher! Sie können alles haben, was Sie wollen. Die einzigen Grenzen, die es gibt, sind selbst auferlegte, die Sie selbst kreiert haben, um Ihr Erleben mit Ihrer Mission und Ihrem Lebensziel in Einklang zu bringen.

Wenn alles, was Sie um sich herum sehen, alles, was Sie *kaufen, mieten oder besitzen* könnten, nur eine holografische Täuschung ist, die Sie selbst geschaffen haben, aus einer Vorlage im Nullpunkt-Feld und mittels Ihrer Energie, kostet Sie dann irgendetwas etwas? Müssen Sie dann wirklich dafür *bezahlen, Werte* dafür hergeben, um es zu erhalten, dafür *arbeiten* oder es *verdienen*? Nein! Sie können höchstens die Illusion kreieren, Sie müssten das tun. Das ist alles. Das alles ist Schall und Rauch – eine einzige Täuschung.

Wenn alles Geld aus Ihnen und einer Vorlage im Nullpunkt-Feld kommt, und wenn die Illusion seiner Bewegung oder seines Erscheinens aus den Details Ihres Hologramms herrührt, kann es dann sein, dass manche Menschen die Fähigkeit haben, zu Geld zu kommen, andere nicht? Nein!

Sie können jederzeit die Illusion kreieren, Sie wären gut im *Geldverdienen* – ob mit Immobilien, Aktienhandel oder dem Aufbau von Unternehmen. Sie können sich aussuchen, ob Sie das aus lauter Vergnügen machen wollen. Aber ist es wirklich ein Muss? Nein, keineswegs!

In Kapitel 1 habe ich die folgenden Ansichten über Geld und das Geld-Spiel genannt, die sich aus den soeben untersuchten drei Grundregeln des Geld-Spiels ergeben, nämlich:

- „Geld ist die Wurzel allen Übels."
- „Geld hat etwas Dreckiges, Schlechtes an sich – wie die Leute, die viel davon haben."
- „Die Reichen werden immer reicher, die Armen immer ärmer."
- „Es gibt nie genug Geld."
- „Man muss über sein Geld bestimmen, oder es wird über einen bestimmen."
- „Je mehr Geld, umso besser."

- „Geld wächst nicht einfach auf dem Baum."
- „Man kann nicht gleichzeitig viel Geld verdienen *und* religiös sein."
- „Der Nettogewinn ist das wahre Maß für Reichtum und Erfolg."
- „Man muss für schlechte Zeiten sparen."

Ist nach dem, was Sie jetzt wissen, auch nur eine dieser Aussagen wahr? Kommt auch nur eine einzige Aussage der Wahrheit nahe? Nein, keine einzige!

Ich könnte noch eine Menge darüber schreiben, aber lassen Sie mich stattdessen fragen: Sehen Sie, wie raffiniert die drei Grundthesen und die aus ihnen abgeleiteten Ansichten Sie einschränken, abwerten und klein halten? Begreifen Sie, wie weit sie von der Wahrheit entfernt sind? Von dem, der Sie *wirklich* sind? Von dem, was *wirklich* läuft? Verstehen Sie jetzt, wie raffiniert die Strategie ist, die Ihnen, um die Zielsetzung von Phase 1 des Menschen-Spiels zu erfüllen, weismacht, Sie seien eingeschränkt und das genaue Gegenteil dessen, der Sie wirklich sind?

Alles in Phase 2 läuft genau gegenteilig wie in Phase 1.

Übrigens: Sollten Sie auch jetzt noch nicht so ganz von meiner Philosophie überzeugt sein, die ich Ihnen bisher dargelegt habe, betrachten Sie das Ganze doch einmal ausschließlich vom Blickwinkel der Wissenschaft aus. Auch wenn Sie die Fragen allein aus der Sicht der Quantenphysik beantworten, erkennen Sie, dass die wichtigsten Regeln, Vorschriften und Strukturen des Geld-Spiels der Wahrheit völlig zuwiderlaufen.

Die Wahrheit ist, dass *nichts* etwas kostet. Sie *können* etwas bekommen, ohne dafür zu bezahlen. Sie *müssen nicht* mehr Wert dafür aufwenden oder härter oder besser arbeiten, um Ihren Geldvorrat zu mehren. Sie *müssen* sich für Geld nicht mehr anstrengen.

Denken Sie immer daran: Es gibt keine Kosten. Es gibt keine Einnahmen. Es gibt keine Gewinne. Es gibt keine Rechnungen, Schulden und Außenstände. All das sind nichts als holografische Täuschungen, die Ihr Erweitertes Selbst aus Vorlagen im Nullpunkt-Feld geschaffen hat. Es gibt kein Scheckbuch, keine Buchhaltung, keine Kontoauszüge. Die Ziffern, die Sie da lesen, existieren nicht wirklich. Auch die Geschichte, wie das Geld auf Ihr Konto gekommen ist, ist frei erfunden. Alles ist eine einzige holografische Täuschung.

- **Geld kommt nicht aus dem Hologramm. Es kommt aus Ihnen und aus dem Nullpunkt-Feld.**
- **Es gibt keine Energie im Hologramm. Die Energie kommt aus Ihnen.**
- **Zahlen und Ziffern wurden erfunden, um Ihnen die Erfahrung zu vermitteln, Sie hätten nur beschränkte Möglichkeiten. Das ist ihr eigentlicher Sinn.**

Deswegen ist der Vorrat an Geld, über den Sie verfügen können, unbegrenzt. Es kann nicht „zur Neige gehen". Es kann nicht „verloren gehen". Sie brauchen nichts zu tun, um zu Geld zu kommen oder den Geldstrom auf sich zu lenken. (Natürlich können Sie das tun, wenn es Ihnen Spaß macht). Sie müssen Ihr Geld nicht klug einteilen, verwalten und vermehren. Warum das so ist? Ganz einfach – weil nichts da ist, was Sie einteilen, verwalten und vermehren könnten (es sei denn, Sie tun es, weil es Ihnen so viel Spaß macht).

Es gibt keine Schulden. Der ganze Begriff und das dahinter stehende Konzept sind eine Täuschung – wie die Begriffe Nettovermögen und Eigenkapital. Es gibt kein Vermögen, das Sie verwalten oder schützen müssen. Als Schöpfer aller Dinge in Ihrem Hologramm geben Sie alles Geld letztlich wieder an sich selbst zurück, denn das Geld geht nicht wirklich woanders hin. Ihr Geldvorrat nimmt *nicht* ab, wenn Sie Geld ausgeben. Er nimmt sogar zu, wenn Sie sich in Phase 2 befinden (wie in Kapitel 9 beschrieben). Alles andere, was wahr zu sein scheint, ist nichts weiter als eine holografische Täuschung, die Sie als wahr ansehen.

Überfluss an Geld ist Ihr natürlicher Zustand!

Überfluss gehört untrennbar zu Ihrem wirklichen Ich. Er ist Ihr natürlicher Zustand. Denken Sie an das, was die Quantenphysiker sagen:

Nullpunkt-Feld =
unendliche Energie und unendliche Möglichkeiten

Geld herzustellen ist *leicht* – egal, welche *Summe* und woher es angeblich kommt, Sie brauchen nur eine Vorlage im Nullpunkt-Feld zu erstellen, sie energetisch anzureichern und in Ihr Hologramm zu katapultieren. Reichtum, Armut, der Kampf ums liebe Geld und Wohlstand sind *nichts als holografische Kreationen* unterschiedlicher Vorlagen im Nullpunkt-Feld. Sie alle werden mit derselben Anstrengung und Energie erzeugt.

Mit derselben Energie und demselben Aufwand bringen Sie jede Illusion in Ihrem Hologramm hervor – egal, wie Sie sie nennen, beschreiben oder beurteilen.

Bedenken Sie dabei bitte auch das, was wir in Kapitel 10 ausführlicher besprechen wollen, nämlich:

- Mehr Geld in Ihrem Hologramm ist nicht gut.
- Weniger Geld in Ihrem Hologramm ist nicht schlecht.
- Die Geldsumme, die Sie zur Verfügung haben, wurde zum jeweiligen Zeitpunkt erdacht, um Sie möglichst gut dabei zu unterstützen, das Menschen-Spiel so zu spielen, wie Sie es wollen.

Das ist der Sinn des Ganzen: Sie *haben* bereits alles Geld und alle Dinge, die Sie jemals haben wollten und die Sie benötigen. *Es gehört ja schon alles Ihnen!* In Wirklichkeit haben Sie die Macht und die Fähigkeiten, jede gewünschte Geldsumme in Ihrem Hologramm zu kreieren und so zu tun, als würde sie Ihnen zufließen oder auf irgendeine Art und Weise *zukommen*. Die Einschränkungen, die Sie in Ihrem Leben erfahren haben oder jetzt gerade erleben, wurden von eingeschränkten Vorlagen erzeugt, die Ihr Erweitertes Selbst im Nullpunkt-Feld kreiert hat. Das ist alles. Es sagt nichts darüber aus, wer Sie wirklich sind und was Ihre wahren Fähigkeiten sind, höchstens darüber, wie erfolgreich Sie in Sachen Selbsttäuschung bisher waren.

Das Faszinierende ist, dass Sie Folgendes tun können:

- Sie können Ihre Energie von den Sie einschränkenden Vorlagen zurückfordern und diese Vorlagen kollabieren lassen.
- Sie können Unbegrenzte Fülle beanspruchen und sich ihr öffnen.
- Sie können aus dem Geld-Spiel ausbrechen – ganz und gar und für immer.

Wie das geht, zeige ich Ihnen in den nächsten Kapiteln.

Erinnern Sie sich? In Kapitel 1 habe ich dargelegt, dass Sie das Geld-Spiel nicht ‚gewinnen' können. Bevor wir weitermachen, überprüfen Sie diesen Gedanken bitte einmal mit Ihrem Röntgenblick. Wie Sie mittlerweile wissen, hat Ihr Wirkliches Ich in einem Naturzustand unendlicher Fülle zu existieren begonnen. Das Geldspiel wurde erfunden, um Ihnen gegenteilige Erfahrungen zu vermitteln – das Gefühl, eingeengt und eingeschränkt zu sein, ein Gefühl von Endlichkeit. Solange Sie das Geld-Spiel aus der Sicht der Phase 1 spielen, müssen Sie daher zwangsläufig Druck und Einschränkungen erleben, in welcher Form auch immer.

Egal, wie viel Geld Sie in Ihrem Hologramm anzuhäufen *scheinen*, das Geld existiert nicht wirklich. Es ist eine holografische Täuschung. Es ist immer noch strikt begrenzt verglichen mit dem, was Sie wirklich ‚besitzen' könnten, es ist fragil und anfällig für Diebstahl und Verluste, und Sie müssen trotzdem noch einen Preis dafür bezahlen, dass Sie Mitspieler im Geld-Spiel sind. Was wollen Sie wirklich:

1. einen künstlichen Zustand der Fülle, der anfällig ist und so konzipiert ist, Sie einzuschränken, egal, wie groß die Beträge auch sind, oder
2. Ihren Naturzustand von unbegrenzter Fülle wieder erlangen – und damit einen unbegrenzten Vorrat an Geld und Freiheit?

Ich habe Option 2 gewählt und mich dazu verpflichtet, alles Mögliche zu tun, um offen zu sein für den, der ich wirklich bin, und meinen natürlichen Zustand unbegrenzter Fülle wiederzuerlangen. Auf diesem Weg bin ich letzten Endes dahin gekommen, aus dem Geld-Spiel auszubrechen.

In Kapitel 8 zeige ich Ihnen die praktischen Schritte, wie auch Sie aus dem Geld-Spiel ausbrechen können.

Die Schatzsuche des Jahrhunderts

„In jedem Menschen schlummert ein Riese. Wenn der Riese erwacht, können Wunder geschehen."

– Frederick Faust (1892-1944) –

Vermutlich waren Sie überrascht, als ich Ihnen im letzten Kapitel mitgeteilt habe, dass Sie bereits alles Geld und Gut haben, was Sie jemals brauchen werden, dass Sie Ihre Energie aus den einschränkenden Vorlagen im Nullpunkt-Feld zurückholen und sich Ihrem Naturzustand, der Grenzenlosen Fülle, öffnen können. Aber es stimmt tatsächlich. In diesem und dem folgenden Kapitel zeige ich Ihnen, was Sie dafür tun müssen.

Alles beginnt mit einer einfachen Verlagerung Ihres Augenmerks. In dem Modell, das ich Ihnen vermittelt habe, gibt es drei Komponenten (Abbildung 8.1) für alles, was Sie beim Menschen-Spiel erleben:

Abbildung 8.1: Die drei Sphären der Kreation

1. Der Schöpfer (Ihr Bewusstsein = Ihr Erweitertes Selbst)
2. Der kreative Prozess (Vorlagen und Energie im Nullpunkt-Feld)
3. Die Kreationen (alles, was Sie in Ihrem Hologramm sehen und erleben: Menschen, Orte, Gegenstände, Ihr Körper, et cetera)

Wenn Sie so sind, wie ich früher war und wie die meisten sind, die ich kenne, waren Sie bisher auf Ihre Kreationen fokussiert. Sie waren davon überzeugt, Ihre Kreationen wären wirklich. Sie haben

Ihre Energie auf sie verwendet, und sie haben sich so verhalten, als existierten sie wirklich und steckten voller Energie. Sie haben *Ihr Bewusstsein* nie als den Schöpfer *all* Ihrer Erfahrungen angesehen. Der gesamte kreative Prozess war Ihnen nicht bekannt.

Wenn Sie Manifestationstechniken, das Gesetz der Anziehung oder die metaphysische Idee, dass Sie sich Ihre Wirklichkeit selbst schaffen, studiert haben, reizt es Sie vielleicht, mir zu widersprechen. Aber wie ich Ihnen in Kapitel 2 erklärt habe, entstammen diese Methoden und Techniken der Phase 1, was bedeutet, dass sie notwendigerweise verdreht oder manipuliert werden mussten, um Sie beschränkt und von Ihrer wahren Energie fern zu halten. Das haben Sie jetzt nicht mehr nötig. Sie arbeiten jetzt nach Methoden aus Phase 2, wo es keine derartigen Einschränkungen mehr gibt.

Um aus dem Geld-Spiel auszubrechen, müssen Sie zunächst Ihr Augenmerk, Ihr Hauptinteresse, von Ihren Kreationen weg in Richtung auf den kreativen Prozess und Sie als Schöpfer *nach dem Modell in Abb. 8.1* lenken. Wenn Sie das tun, können Sie Ihre Energie zurückholen und sich voll der Unendlichen Fülle öffnen, die Ihr eigentlicher Naturzustand ist.

Kommen wir zurück zu Ihrer Rolle als Schöpfer all dessen, was Sie erleben, während Sie das Menschen-Spiel spielen. Sie sind ein unendlich energiereiches Wesen. Ihr Naturzustand ist geprägt von unbegrenzter Fülle, unendlicher Freude, bedingungsloser Liebe und grenzenloser Leidenschaft für alles, was Sie erleben und jede Person, die Sie erschaffen.

Sollten Sie etwas anderes erleben, dann wissen Sie,

- dass Ihr Erweitertes Selbst es erschaffen hat, indem es eine Vorlage im Nullpunkt-Feld mit gewaltigen Energiemengen angereichert hat,
- es eine holografische Täuschung ist,
- Sie sich die Energie aus der Täuschung zurückholen und die Täuschung kollabieren (in sich zusammenbrechen) lassen können.

Wie Sie Energie zurückholen können

Um Ihnen zu erklären, wie Sie Ihre Energie zurückholen können, verwende ich als Bild das Ostereiersuchen. Meine Freunde Nicol und Trip Davis veranstalten jedes Jahr eine Ostereiersuchaktion. Sie laden Dutzende von Kindern aus unserer Stadt zu sich ein. Sie verstecken Hunderte von Plastikeiern mit Spielzeug und Schokolade darin auf ihrem Grundstück. Wenn der Startpfiff ertönt, stürmen die Kinder johlend los und suchen. Wenn sie ein Ei gefunden haben, öffnen sie es, nehmen das Spielzeug oder die Schokolade heraus und strahlen vor Freude über ihr Finderglück. Sie legen die gefundenen Eier in ein Körbchen und suchen weiter.

Ähnlich gehen Sie vor, wenn Sie Energie aus den einschränkenden Vorlagen zurückfordern wollen, die Sie in Phase 1 des Menschen-Spiels im Nullpunkt-Feld installiert hatten.

In Phase 2 des Menschen-Spiels nimmt Sie Ihr Erweitertes Selbst mit auf eine Art Ostereiersuche, die ich hier *die Schatzsuche des Jahrhunderts* nennen möchte. Ihre ‚Ostereier' sind Ihre Vorlagen im Nullpunkt-Feld, die Sie einschränken und auf die Sie die größte Menge Ihrer Energie verwendet haben. Sie suchen und finden die Vorlagen, öffnen sie, nehmen die Energie heraus (wie die Kinder Spielzeug und Schokolade herausnehmen), dann kollabieren die Vorlagen in den Eiern. Mit ihnen kollabieren die Einschränkungen und Grenzen, die Sie sich in Ihrem Hologramm gesetzt haben. Dadurch werden Sie Stück für Stück wieder offen für Ihren Naturzustand der Grenzenlosen Fülle, des unendlichen inneren Reichtums.

Sie müssen finanziellen Wohlstand nicht „schaffen". Er ist bereits da. Er war schon lange da. Sie haben ihn nur vor sich selbst ‚versteckt'. In Phase 2 entdecken Sie ihn einfach wieder und öffnen sich ihm.

Erinnern Sie sich? In Kapitel 2 habe ich das Bild von Sonne und Wolkenwand eingeführt. Ich habe Ihr wahres Wesen, ein unendliches weises, gütiges, innerlich reiches Wesen, mit der Sonne verglichen und Ihre Illusionen, Einschränkungen und Überzeugungen mit der Wolkenwand, die Sie vor die Sonne geschoben haben, bis Sie dachten, es gäbe keine Sonne mehr. In Phase 2 schieben wir die Wolkenwand weg, und die Sonne, Ihr wahres Ich, das eigentlich immer da war, auch wenn Sie es nicht gemerkt haben, kommt wieder zum Vorschein.

Wie kann man Energie aus den Vorlagen (Eiern) nehmen und die Wolkenwand wegschieben? Schauen wir uns näher an, wie die Eier im Nullpunkt-Feld kreiert werden. Sie müssen genau verstehen, was darin ist, bevor Sie Ihre Energie daraus zurückholen und aus dem Geld-Spiel ausbrechen können. In diesem Kapitel erkläre ich Ihnen zunächst, was in den Eiern ist. Die volle Bedeutung wird Ihnen allerdings erst in den späteren Kapiteln klar werden, wenn ich Ihnen sage, wie das alltägliche Menschen-Spiel in Phase 2 aussieht.

In Kapitel 5 haben wir über Hollywood-Filme gesprochen, über deren Spezialeffekte und den Ehrgeiz der Filmemacher, ihre Täuschungen so realistisch und überzeugend wie möglich zu gestalten – egal, wie kompliziert ihre Tricks sein müssen. Wir haben auch angesprochen, dass die Vorlagen im Nullpunkt-Feld, aus denen die Illusionswirkung herrührt, außerordentlich kompliziert und trotzdem überzeugend sein müssen, weil sonst das Spiel abrupt aufhört. Die komplexen Vorlagen, die wir im Nullpunkt-Feld kreieren, bauen auf dem auf, was die populäre Ratgeber-Literatur und die Psychologen ‚Überzeugungen' nennen. Eine Überzeugung ist eine Idee oder ein Konzept, das wir erfinden und als wahr ansehen. Das Geld-Spiel ist, wie Sie gesehen haben, ein riesengroßes Sammelsurium von Überzeugungen, die wir uns ausgedacht und mit ungeheurem Energieaufwand als wahr ‚bestätigt' haben.

Aber es reicht nicht, eine Idee oder ein Konzept als wahr anzusehen und als Überzeugung zu festigen, um es realistisch erscheinen zu lassen und auf Dauer ins Hologramm einzuspeisen. Nehmen Sie zum Beispiel an, Sie kreieren eine Vorlage im Nullpunkt-Feld und laden sie mit Energie auf, um die Illusion eines Kontoguthabens in Höhe von 500 Dollar und 750 Dollar an Außenständen zu erzeugen. Sie reden sich also ein: „Ich habe 500 Dollar auf dem Konto und 750 Dollar Schulden." Schön, aber diese Überzeugung allein ist nicht stabil, nicht von Dauer. Sie könnten die Beträge ja schnell wieder vergessen, beziehungsweise vergessen, wie sich diese Beträge mit der Zeit ändern. Daher genügt es nicht, eine Vorlage im Nullpunkt-Feld zu kreieren, sie mit Energie anzureichern und in Ihr Hologramm zu stellen und zu erwarten, dass diese Täuschung ausreicht und ewig anhält. Sie müssen die Vorlage verstärken, um die Energie darin zu halten und dafür zu sorgen, dass die holografische Täuschung sich durch Bestätigung der Überzeugung ‚neu auflädt'. Das geschieht durch Ihr Urteilsvermögen. Ihr Urteilsvermögen ist der ‚Klebstoff', der die Überzeugungen in Ihrem Hologramm festigt.

Zum Beispiel: Sie haben 500 Dollar auf dem Konto und 750 Dollar Schulden. Nehmen wir an, Sie gehen über diese Überzeugung hinaus und sagen sich: „Ich kann meine Rechnungen nicht bezahlen. Das ist schlecht. Das muss ich ändern." Was meinen Sie *wirklich*, wenn Sie so urteilen? Es stimmt.

Wenn Sie an einer Ihrer Kreationen Kritik üben und sagen „das mag ich nicht" oder „das ist schlecht", „weg damit" oder „ich möchte das ändern", sogar wenn Sie etwas positiv beurteilen („das mag ich", „mehr davon" et cetera), verstärken Sie die Illusion, es sei real, halten die darin liegende Energiemenge fest oder verstärken sie sogar noch, und die betreffende Überzeugung bleibt in Ihrem Hologramm stehen. Jetzt haben Sie in Ihrer Vorlage die Details plus Ihr Urteil dazu. Auf Ihrer Reise durch Phase 1 des Menschen-Spiels haben Sie bestimmt gehört, dass jemand gesagt hat, Ihre

Beurteilung stimmt nicht. Das ist richtig, wie Sie jetzt wissen, wenn auch aus anderen Gründen, als man Ihnen sagt.

Aber auch ein Urteil, eine Einschätzung reicht nicht immer aus, damit eine Täuschung in Ihrem Hologramm verwurzelt bleibt. Warum? Weil die Einschätzung in vielen Fällen zu schwach ist und nicht genug ‚Klebstoff' hat. Deshalb müssen Sie ‚Folgen' erfinden, um den Klebstoff zu verstärken und die Vorlage im Nullpunkt-Feld weiter zu festigen.

Zurück zu unserem Beispiel vom Kontostand und den Schulden. Was passiert, wenn Sie eine Rechnung zu spät bezahlen? Ihnen wird ein *Säumniszuschlag* berechnet. Was passiert, wenn Sie eine Rechnung nicht bezahlen? Sie geht an ein *Inkasso-Büro*. Was passiert, wenn Ihr Scheck *nicht gedeckt* ist? Die Bank berechnet Ihnen *Überziehungszinsen,* und wenn Sie das öfter tun, sperrt die Bank Ihr Konto und beendet die Geschäftsbeziehung mit Ihnen. Das wäre dann für Sie richtig *schlecht.*

Sehen wir uns nun die ‚positive' Seite des Szenarios an: Nehmen Sie an, Sie wären der Überzeugung, Sie hätten 50.000 Dollar auf dem Konto. Sie sehen auf Ihren Kontostand und sagen sich: „Prima. So muss es sein." Sie ziehen daraus die Folge, Sie seien wohlhabend und hätten die Freiheit, vieles zu tun und zu kaufen, was Ihnen gefällt.

Was bedeuten diese Folgen, wenn Sie sie mit Ihrem Röntgenblick prüfen? Sie fügen Ihrer Vorlage im Nullpunkt-Feld mehr Details hinzu und nähren Ihre Illusion, dass es Kontostand, Verbindlichkeiten, Gläubiger, Banken, Inkasso-Büros und das Einkaufen wirklich gibt. Es ist wie die Extra-Portion Mühe, die Gollums Haare und Gesten in *Herr der Ringe* absolut realistisch wirken lässt. Erkennen Sie jetzt, wie trickreich, raffiniert und effektiv der ganze Mechanismus ist?

Hier sind einige andere ‚negative' Folgen, die wir in unsere Eier/Vorlagen im Nullpunkt-Feld einbauen, damit die Täuschungen noch realistischer wirken:

- Verhaftung, Inhaftierung,
- „Auszeiten" für Kinder oder „Erziehungsmaßnahmen" für Jugendliche,
- Verweis von der Schule,
- Status- oder Prestigeverlust,
- Verletzung,
- Tod.

Und hier sind einige ‚positive' Folgen, die wir in unsere Eier/ Vorlagen im Nullpunkt-Feld einbauen, damit die Täuschungen noch realistischer wirken:

- Belohnung (Geld),
- Gefühle wie Stolz, Selbstbestätigung,
- Beförderung,
- Beliebtheit,
- Effizienz und Produktivität,
- Ruhm.

Da Sie im Menschen-Spiel Ihr eigenes Spielfeld und Ihre eigenen Spielregeln kreieren, erfinden Sie auch selbst die Folgen – ob Belohnungen oder Bestrafungen – Ihres Verhaltens, mit denen Sie Ihre Täuschungen verstärken. Sie bestrafen und belohnen sich, indem Sie diese Verstärker in die Vorlagen im Nullpunkt-Feld stellen und mit Energie anreichern.

Abbildung 8.2 zeigt, wie Sie ein Ei kreieren, das wiederkehrende, absolut realistisch anmutende Illusionen in Ihrem Hologramm erzeugt.

Überzeugungen erfinden, sie beurteilen, die Folgen hinzufügen und das Ganze mit großer Energie angereichert in Ihr Hologramm katapultieren und absolut wirklichkeitsgetreu erscheinen lassen – das ist der kreative Zyklus, der Sie in Phase 1 des Menschen-Spiels mit Einschränkungen umgibt. Er gilt für so gut wie

Abbildung 8.2: Wie ein Ei kreiert wird.

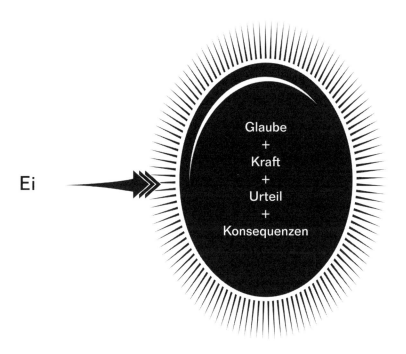

alles, was Sie in Ihrem Hologramm sehen und erleben. Außerdem ist interessant und wichtig, dass Sie, wenn die Vorlage einmal so entworfen und durch wiederkehrende Erfahrungswerte bestätigt wird, sich natürlich jedes Mal sagen: „Siehst du, es stimmt doch!", wodurch sich die scheinbare Wahrheit immer mehr in Ihrem Hologramm festigt.

Es gibt kein „wirklich" beziehungsweise „unwirklich" in Ihrem Hologramm.

Alles in Ihrem Hologramm ist unwirklich. *Alles* beruht nur auf Ihrer Überzeugung.

Das erklärt auch, warum positives Denken, Selbstbestätigungen und andere beliebte Selbsttherapie-Strategien nicht immer funktionieren. Sie können den ganzen Tag über positiv denken, visualisieren oder sich etwas bestätigen; aber wenn Ihr Erweitertes Selbst keine Vorlage im Nullpunkt-Feld kreiert, die zu dem passt, was Sie zu denken, zu visualisieren und zu bestätigen *scheinen*, und wenn es nicht mit hoher Energie angereichert wird, kann es nicht in Ihr Hologramm aufgenommen werden. Dann ist es egal, wie oft Sie daran denken, wie oft Sie sich das Ergebnis vorstellen, wie oft Sie eine Bestätigung für sich selbst wiederholen oder auf Cassette hören, oder wie oft Sie als Persona denken, sie stimmt. Dann fällt Ihr Konzept sozusagen flach, ohne dass eine Vorlage im Nullpunkt-Feld geändert wird. Wenn Sie, andersherum gesagt, all Ihre Energie aus einer Vorlage herausnehmen, kollabiert die Vorlage, und das, was sie in Ihrem Hologramm ändern sollte, verschwindet aus Ihrem Hologramm.

Es gibt keine Energie im Hologramm. Die ganze Energie kommt von Ihnen und wird in einer Vorlage im Nullpunkt-Feld aufbewahrt, dem wahren Ursprung von allem in Ihrem Hologramm – auch von Ihnen als Persona, als Hauptrolle in Ihrem eigenen Film.

Haben Sie schon einmal gesehen, wie ein Gebäude gesprengt wird, sodass die gesamte Struktur innerhalb von Sekunden oder Minuten in sich zusammenfällt? Ein Gebäude muss Stück für Stück, Stein auf Stein, Balken für Balken errichtet werden, und das dauert Monate oder Jahre. Aber es kontrolliert zum Einsturz zu bringen dauert nur ein paar Minuten oder Sekunden. Warum das so ist? Weil explosive Ladungen an bestimmten Stellen ins Gebäude gesteckt werden, die die Kernstrukturen des Gebäudes sprengen. Wenn diese Ladungen detonieren, stürzt das Gebäude rasch ein. Falls Sie das noch nie auf Video oder im Fernsehen gesehen haben, können Sie sich ein Beispiel auf meiner Website ansehen. Es ist ein sehr eindrucksvolles Bild, das Sie im Kopf haben sollten, wenn Sie aus dem Geld-Spiel ausbrechen wollen. Sie finden es unter http://www.bustingloose.com/dynamite.html. Phase 2 des Menschen-Spiels funktioniert nach demselben Prinzip. Ihr Erweitertes Selbst weiß, wo die Eier mit der größten Energiemenge im Nullpunkt-Feld ‚versteckt' sind, was in ihnen steckt, welche davon Sie am meisten einschränken, und so weiter. In Phase 2 bringt Sie Ihr Erweitertes Selbst zu diesen ‚Stützpfeiler-Eiern' und unterstützt Sie dabei, die in ihnen enthaltene Energie zurückzuholen, die Einschätzung und ihre Folgen aufzulösen, die Vorlagen kollabieren zu lassen und die Einschränkungen, die sie enthalten haben, aus Ihrem Hologramm zu nehmen. Ähnlich wie bei der Sprengung eines Gebäudes brauchen Sie nicht alle Vorlagen, die Sie in Phase 1 kreiert haben, kollabieren zu lassen – nur die Stützpfeiler. Wenn Sie aus dem Geld-Spiel ausbrechen wollen, tun Sie genau das mit den Eiern, die Sie erfunden haben, um die natürlichen innere Fülle einzuschränken. Deshalb nenne ich das Verfahren „Die Schatzsuche des Jahrhunderts". Denn was für einen wertvolleren Schatz könnten Sie finden, als die Grenzenlose Fülle und die ganze Energie wiederzuerlangen, die Ihr eigentlicher, ursprünglicher Zustand sind?

Sie brauchen viel weniger Zeit, um Ihre Energie in Phase 2 zurück zu gewinnen, als Sie gebraucht haben, um sie in Phase 1 zu verstecken.

Für eine Schatzsuche, ob auf der Erde oder unter Wasser, benötigt man eine bestimmte Ausrüstung. Auch Sie brauchen bestimmte Werkzeuge, um an der Schatzsuche des Jahrhunderts teilzunehmen und aus dem Geld-Spiel auszubrechen. Wenn Sie wissen wollen, welche Werkzeuge das sind und wie man damit umgeht, lesen Sie Kapitel 9.

Auf dem Fahrer-
sitz Platz nehmen

„Inspiration ist allgegenwärtig.
Wenn Sie dazu bereit sind, sie anzu-
nehmen, kommt Ihnen eine kleine
Ameise wie ein Wunder vor."[1]

– Unbekannter Autor –

„Es ist viel schöner, die Welt gern
zu haben, weil sie so vielgestaltig
ist und so viele unterschiedliche
Kreaturen hervorbringt ... denn jede
Verschiedenartigkeit verdient es,
dass man sie schätzt und bewun-
dert, weil sie die Grenzen des Lebens aufhebt."[2]

– Karel Capek, Autor (1890-1938) –

Ein Auto hat einen Fahrersitz und ein paar weitere Sitze für Mitfahrer. Die Mitfahrer haben keinerlei Kontrolle über das Fahrzeug, die hat ausschließlich der Fahrer. In Phase 1 des Menschen-Spiels saßen Sie (Ihre Persona) auf dem Beifahrersitz. In Phase 2 haben Sie die Möglichkeit, auf den Fahrersitz zu wechseln. Wenn Sie mit Ihrem Auto zu einem bestimmten Zielort fahren wollen, steigen Sie ein, setzen sich auf den Fahrersitz und gurten sich an. Das tun wir jetzt auch. Unser Ziel ist die Phase 2 des Menschen-Spiels.

Um in Phase 2 des Menschen-Spiels zu gelangen und aus dem Geld-Spiel auszubrechen, brauchen wir vier ‚Werkzeuge'. Ich stelle Ihnen in diesem Kapitel alle vier vor. Das erste zeige ich Ihnen im Detail, die übrigen drei in Kapitel 10. Hier sind Ihre vier ‚Werkzeuge' für die Schatzsuche:

1. Wertschätzung ausdrücken
2. Der Prozess
3. Der Mini-Prozess
4. Ermächtigender Wortschatz und Selbstgespräch

Alle diese vier Instrumente sind sehr wirkungsvoll und notwendig für den Prozess des Ausbrechens. Das zweite, der Prozess, den wir im nächsten Kapitel ansehen wollen, ist das wirkungsvollste. Dieses Instrument werden Sie am häufigsten brauchen. Am Anfang Ihrer Reise ist es das mit der größten Umwandlungskraft. Aber bevor Sie den Prozess praktisch anwenden können, brauchen Sie das erste ‚Werkzeug'.

Wertschätzung ausdrücken

Wenn Sie so sind wie die meisten Menschen, hat man Ihnen beigebracht, dass Geld ein wirksames Mittel zum Austausch von

Gütern und Dienstleistungen ist. Man hat Ihnen erzählt, dass Güter und Dienstleistungen früher direkt getauscht wurden, dies aber mit der Zeit immer mehr als ungeschickt und unpraktisch empfunden wurde und deswegen das Tauschmittel Geld erfunden wurde, um den Tausch leichter und bequemer zu gestalten. Außerdem haben Sie wahrscheinlich gehört, dass der Prozess des Geldtauschens erleichtert wurde, indem man von Münzen auf Geldscheine, dann auf Kreditkarten und elektronischen Zahlungsverkehr umstellte. Aber wie alles andere in Phase 1 des Menschen-Spiels war das, was man Ihnen gesagt hat, nur eine Täuschung, gemacht, um Sie auszutricksen und einzuengen.

Wenn Ihnen jemand einen Gefallen tut oder etwas Nettes zu Ihnen sagt oder Ihnen etwas von Wert gibt, wie reagieren Sie darauf? Sie sagen „danke". Sie drücken damit Ihre Wertschätzung aus für das, was Sie bekommen haben. Wenn Sie in einen Laden, ein Restaurant oder ein anderes Geschäft gehen und *bezahlen*, haben Sie dann nicht auch etwas von Wert erhalten? Auch in diesem Fall sagen Sie „danke", wenn Sie ein höflicher Mensch sind.

Wenn es morgen kein Geld mehr auf diesem Planeten gäbe, was würde sich dann ändern? Hieße das, dass die Bücher aus den Regalen der Buchläden verschwinden? Würden die Restaurants und Läden dann zumachen? Würden dann keine Autos mehr vom Band laufen? Müssten Arztpraxen, Tankstellen, Reinigungen, Kopierläden schließen? Wäre auch nur eine Ware oder Dienstleistung, die Sie jetzt bekommen, plötzlich nicht mehr erhältlich? Nein!

Wenn alles Geld verschwinden würde, die Güter und Dienstleistungen aber noch zu haben wären, was bliebe bei dem ganzen Geschäft übrig? Ein Ausdruck von Wertschätzung.

Sie wären den Leuten, die Ihnen die Güter oder Dienstleistungen anbieten, immer noch dankbar. Sie würden etwas von Wert bekommen und sich dafür bedanken. Wenn Sie in ein Restaurant zum Essen gingen und sich dort wohl gefühlt hätten, würden Sie dem

Kellner Dank sagen. Wenn Sie sich in einem Laden einen schönen Anzug oder ein schönes Kleid *kaufen* würden, würden Sie sich beim Verkäufer oder beim Ladeninhaber dafür bedanken. Wenn Sie in einen Elektronik-Fachmarkt gingen, um sich einen Computer oder ein Handy zu *kaufen*, würden Sie sich nach Erhalt dafür bedanken.

Jede *Rechnung*, die Sie *bezahlen müssen*, steht für etwas Wertvolles, was Sie erhalten haben. Vielleicht gefällt es Ihnen nicht, Miete oder eine Hypothek *bezahlen* zu müssen, aber ein Dach über dem Kopf zu haben ist wichtig, nicht wahr? Es ist nicht angenehm, einen Kredit *zurückzahlen* zu müssen, aber für das geliehene Geld konnten Sie sich etwas für Sie Wertvolles, Schönes leisten. Es kann sein, dass Ihnen der Endbetrag auf Ihrem *Kontoauszug* nicht gefällt, aber wenn Ihr Kontoauszug zehn Abbuchungen ausweist, wenn Sie alle zehn aufgeführten Leistungen auch bekommen haben, dann haben Sie doch einen Gegenwert erhalten, nicht wahr? Wenn Sie das alles mit Ihrem Phase-2-Röntgenblick betrachten, sehen Sie, dass Sie mit jeder Zahlung für etwas, das Sie erhalten haben, danke sagen und Ihre Wertschätzung ausdrücken.

Immer wenn Sie die Illusion kreieren und erfahren, dass Sie eine Ware, eine Dienstleistung oder eine Erfahrung in Ihrem Hologramm erhalten haben, sollten Sie für folgende drei Aspekte Ihrer Kreation dankbar sein:

1. für Sie selbst, weil Sie so gut waren, dass die Täuschung richtig echt wirkte,
2. für Ihre Kreation – egal, ob Person, Ort oder Gegenstand –, dafür, dass die Kreation so realistisch aussah und Sie beim Menschen-Spiel so gut unterstützt hat, sowie den ideellen Wert, den Sie von der Kreation hatten (gutes Essen, schöne Kleidung, schöne Reise et cetera),
3. für den kreativen Prozess, der beides erst ermöglicht hat.

Denken Sie daran, was Sie über das Menschen-Spiel wissen. Wenn Sie in ein Restaurant essen gehen und bar, mit Scheck oder Kreditkarte bezahlen, wen bezahlen Sie dann? Eigentlich doch nur sich selbst, nicht wahr? Es gibt doch niemand anderen „da draußen", den Sie bezahlen müssten. Alles und jedermann ist eine Erfindung *Ihres Bewusstseins*. Wer stellt letzten Endes die Werte bereit, und wem müssen Sie Dank sagen? Es ist niemand anderer als Sie selbst! Wie Sie wissen, gibt es das Restaurant aus dem Beispiel eigentlich gar nicht. Ihr Bewusstsein schafft lediglich die Täuschung eines Restaurants – mit Zimmern, Tischen, Stühlen, Bildern an der Wand, Hintergrundmusik, einer Küche, Essen, Tellern, Gläsern, Kellnern, Koch, Chef und anderen Gästen (Statisten Ihres Films) und mit allem anderen, was Sie dort erleben. Nichts von alledem ist wirklich, Sie denken nur, es wäre so. Das ist eine unglaubliche Leistung, die Sie erst einmal anerkennen sollten!

Der wirkliche Zweck des Geldes ist der, Ihre Wertschätzung für Ihre eigene Person als Schöpfer/in Ihrer Erlebnisse und für all Ihre Kreationen auszudrücken.

Vielleicht sind Sie so wie viele Menschen, mit denen ich arbeite, und denken (jetzt oder später): „Ich kann mir doch nicht andauernd selbst auf die Schulter klopfen und mich in den Himmel loben. Das wäre egoistisch und selbstsüchtig." Auch wenn Sie das noch nicht gedacht haben, folgen Sie mir bitte weiterhin, denn früher oder später kommt dieser Einwand. Erinnern Sie sich daran, was das Ziel von Phase 1 des Menschen-Spiels ist? Das Ziel ist, Sie davon zu überzeugen, dass Sie das genaue Gegenteil dessen sind, der Sie sind. Hier haben wir ein perfektes Beispiel dafür. Schauen Sie, wie toll und raffiniert wir als Schöpfer sind. Sie sind eigentlich ein großartiges, Grenzenloses Wesen, aber Sie haben sich in Phase 1 so erfolgreich davon überzeugt, dass Sie sich nicht so fühlen sollten, sodass Sie sich immer noch für egoistisch und selbstsüchtig halten, wenn Sie das Wahre wahr nennen, auf jeden Fall für „schlecht". Jedes Mal, wenn ich meinen Röntgenblick einschalte und das Menschen-Spiel damit betrachte, staune ich, was für ein großartiges Spiel es ist und wie hervorragend wir als Mitspieler sein müssen, damit es funktioniert.

Gehen Ihnen jemals Liebe und Zuneigung aus? Wenn Sie Ihr Kind oder einen anderen Menschen lieb haben und diese Zuneigung mit Worten, einem Kuss, einer Berührung oder einem Geschenk zeigen, haben Sie danach weniger Zuneigung übrig? Nein!

Genau betrachtet, haben Sie einen unerschöpflichen Vorrat an Liebe, und jedes Mal, wenn Sie Ihre Zuneigung zeigen, wird Ihre Fähigkeit, Liebe auszudrücken – und zu empfangen – größer. Was wird also geschehen, wenn Sie Ihre Wertschätzung, Ihre Dankbarkeit öfter ausdrücken? Dann wird auch die Dankbarkeit anderer Menschen *in Form von Geld* größer – genau das passiert, wenn Sie in Phase 2 des Menschen-Spiels spielen!

Ihr Geldvorrat nimmt nicht ab, wenn Sie Geld ausgeben. Stattdessen kommt er zurück und wird anschließend größer.

Jetzt, wo Sie das Konzept der Wertschätzung und die in ihm vorhandene Energie kennen, sehen wir uns seine Anwendung in der Praxis an. Wir werden es im nächsten Kapitel erweitern, wenn ich Ihnen zeige, wie die Wertschätzung mit dem Instrument Prozess zusammenwirkt.

Wie fühlen Sie sich, wenn Sie Rechnungen bezahlen müssen? Wenn ich diese Frage in meinen Seminaren stelle, kommen meist Antworten wie diese:

„Ein bisschen unwohl, denn ich habe nicht immer genug Geld auf dem Konto, und wenn ich nicht bezahlen kann oder mein Scheck ungedeckt ist, bekomme ich Schwierigkeiten."

„Wenn ich eine Rechnung bezahle, bedeutet das, dass ich das Geld nicht mehr für etwas anderes zur Verfügung habe, das ich gern machen würde. Es ist eine Entweder-Oder-Frage, und das gefällt mir nicht."

„Ich muss mich leider damit abfinden, dass das, was ich besitze, um den Betrag verringert wird, den ich bezahlen muss."

„In meinen Augen ist das alles eine ziemliche Schikane. Man kann in seiner Freizeit Besseres tun, als Schecks auszufüllen, sie in Umschläge zu stecken, Briefmarken draufzukleben und sie zum Briefkasten zu bringen."

„Ich fühle mich so machtlos, wenn ich Rechnungen bezahlen muss, und da ich das Gefühl nicht mag, schiebe ich so was immer vor mir her; dann kommt es zu Mahnungen und Mahngebühren, und ich ärgere mich, warum ich so dumm gewesen bin."

„Rechnungen bezahlen, das sehe ich ja noch ein, aber der ganze Steuerkram macht mich verrückt. Ich finde das nicht richtig. Es ist mein Geld, ich habe es verdient. Warum nimmt mir die Regierung soviel davon wieder weg, ob es mir passt oder nicht?"

Wahrscheinlich haben Sie ähnliche Gedanken und Gefühle, wenn Sie *Rechnungen bezahlen* müssen – auf jeden Fall wohl eher negative als positive. Drei Gedanken und Gefühle werden in dieser Situation verstärkt:

1. Ihr Glaube an die Begrenztheit Ihrer Energie und Ihrer Mittel,
2. Ihre diesbezügliche Einschätzung,
3. die Wahrscheinlichkeit, dass die Folgen eintreten, die Sie damit verbinden.

Der Effekt ist der, dass Sie Ihre finanziell einschränkenden Eier immer größer und größer machen und damit die finanziellen Einschränkungen in Ihrem Hologramm dauerhaft festigen. Wenn Sie Ihre Gefühle beim Bezahlen von Rechnungen als neutral oder indifferent betrachten, verstärken Sie die Einschränkungen nicht

unbedingt, aber Sie verpassen eine Gelegenheit, die Energie zurückzuholen und das Ei zum Schrumpfen zu bringen, wie Sie noch
sehen werden.

Die Gelegenheit, die Sie in Phase 2 des Menschen-Spiels wahrnehmen sollten, ist, Ihr Augenmerk zu verlagern – weg vom Bezahlen von Rechnungen, hin zum Ausdruck von Wertschätzung.
Wenn Sie das tun, wird es Ihnen anfangs viel Selbstdisziplin und
Durchhaltevermögen abverlangen, aber bald wird es für Sie ganz
natürlich und selbstverständlich sein. Fangen Sie jetzt damit an:
Nehmen Sie sich jedes Mal, wenn Sie Rechnungen bezahlen,
Schecks ausstellen, jemandem Bargeld geben oder eine Abbu-
chung von Ihrer Kreditkarte bestätigen, einen Moment Zeit, um
sich für Ihre Kreation, für Sie als deren Schöpfer und den Wert
Ihrer Kreation, den Sie erhalten haben, zu bedanken.

Statt Rechnungen zu bezahlen, Wertschätzung ausdrücken

In neunzig Prozent der Fälle zeige ich anderen meine Wertschätzung mit meiner Kreditkarte. Das heißt, wenn ich Kredit-
kartenquittungen unterzeichne oder Schecks ausstelle, nachdem
ich Kreditkartenabrechnungen in der Post erhalte (ich nenne so
etwas inzwischen für mich nur noch „Bitte um ein Dankeschön“,
im Sinne des vierten Werkzeugs ‚Ermächtigender Wortschatz
und Selbstgespräch‘), sehe ich mir jeden einzelnen Posten der
Rechnung an und sage „danke“ für all die Kreationen, die dahinter stehen.

Nehmen wir zum Beispiel an, ich habe in einem meiner Lieb-
lings-Sushi-Restaurants zu Abend gegessen und sehe nach einer
hervorragenden Mahlzeit auf die Kreditkartenquittung. Ich drücke meinen Dank mit folgenden Worten aus, *die von entsprechenden Gefühlen begleitet sein sollten*: „Toll, was für eine hervor-

ragende Kreation! Ich habe das alles erfunden – das Restaurant, den Kellner, das Sushi, den Sushi-Chef, den Saki danach, den Tisch, an dem ich sitze und die anderen Leute im Lokal. All das hat mein Bewusstsein erfunden. Es wirkt alles so echt, und alles hat so gut geschmeckt! Einfach super, was ich für Schöpferkräfte habe!" Wenn ich die Quittung unterzeichne, denke ich schließlich im Stillen: „Ich drücke diese Wertschätzung aus, weil ich von Natur aus unendlich reich bin, denn ich weiß, dass meine innere Fülle in meinem Hologramm bestätigt wird und zu mir zurückkehrt."

Sollten Sie die Selbsttherapie-Technik namens Selbstbestätigung kennen, denken Sie jetzt vielleicht: „Das klingt ja wie eine Selbstbestätigung. Ich dachte, Sie haben gesagt, Selbstbestätigungen haben keine Wirkung." Das stimmt auch, aber nur für Phase 1. In Phase 1 haben Selbstbestätigungen keine Wirkung, ohne dass eine entsprechende Vorlage im Nullpunkt-Feld erstellt und energetisch aufgeladen wird. Außerdem neigen die meisten Menschen dazu, sich Dinge zu bestätigen, die sie gar nicht unbedingt für wahr oder für möglich halten. Aber wenn Sie die Wahrheit in Phase 2 bestätigen, *hat* dies eine Wirkung, denn Ihr Erweitertes Selbst hilft Ihnen dabei, Ihre Energie auszuweiten und zurückzuholen, sodass zur Unterstützung neue Vorlagen im Nullpunkt-Feld kreiert werden können. Wir kommen im nächsten Kapitel darauf zurück.

Ich würde dasselbe tun, wenn ich aus Sicht der Phase 1 eine schlechte Erfahrung im Restaurant kreieren würde. Warum? Weil es, wie wir gesehen haben, keine Energie im Hologramm gibt – weder in Gegenständen noch in Personen. Die anderen Gäste sind nicht mehr als Schauspieler, die sagen und tun, was ich will. Das ganze Essen ist eine Erfindung meines Bewusstseins. Auch wenn das Essen schlecht und der Service miserabel gewesen wären, hätte ich auch diese Illusion aus einer Vorlage im Nullpunkt-Feld geschaffen und mir eingeredet, sie sei echt – aber auch das wäre eine kolossal gute Leistung, die man ebenso wertschätzen muss.

Die Worte, mit denen Sie Ihre Wertschätzung ausdrücken, sind nicht wesentlich. Was zählt, sind die Gefühle, die mithilfe dieser Worte in Ihnen geweckt werden.

Ich habe Ihnen anhand eines Beispiels gezeigt, wie ich meine Wertschätzung für erbrachte Leistungen ausdrücke. Allerdings ändere ich den Wortlaut immer wieder. Es gibt keine Vorschrift dafür, keine Zauberformel, um meine Wertschätzung auszudrücken. Es gibt kein Richtig oder Falsch, keine bessere oder beste Ausdrucksform. So etwas gibt es in Phase 2 nicht. Es zählt nur das, was Sie wollen und was Ihnen ein wirklich gutes Gefühl gibt. Sie dürfen sich selbst und Ihrem Erweiterten Selbst immer trauen. Sagen und tun Sie ganz einfach, was Sie möchten.

Was passiert, wenn Sie, wie beschrieben, Ihre Wertschätzung ausdrücken, anstatt nur Ihre Rechnungen zu bezahlen, wie bisher? Das hätte zwei Folgen:

1. Den finanziell einschränkenden Eiern, die Sie in Phase 1 installiert haben, wird Energie entzogen (was das für Folgen hat, sehen wir im nächsten Kapitel) und damit ein neuer Energiegewinnungsprozess eingeleitet.
2. Ein Kreislauf wachsender Wertschätzung und Dankbarkeit wird in Bewegung gesetzt. Das bedeutet, dass Ihnen bald mehr Wertschätzung in Form von Geld zufließen wird.

Sie können diese Entwicklung auch anders sehen: Nehmen wir an, Sie gehen nach Las Vegas und spielen dort an den einarmigen Banditen. Wenn Sie einen Automaten finden, der für jeden von Ihnen hineingeworfenen Dollar drei Dollar auswirft, wie viele Dollar würden Sie dann hineinstecken? So viele, wie Sie nur haben, nicht wahr? Wie würden Sie sich jedes Mal fühlen, wenn Sie eine Dollarmünze hineinstecken? Toll, nicht wahr? Weil Sie wissen, dass drei Dollar zurückkommen. Dasselbe geschieht, wenn Sie Ihre Wertschätzung ausdrücken, anstatt nur *Rechnungen zu bezahlen*. Sie bekommen viel mehr Energie zurück, wenn Sie sich selbst, Ihre Kreationen und den Wert, den sie für Sie haben, richtig zu schätzen wissen. Jedes Mal, wenn Sie *eine Rechnung bezahlen*, bekommen Sie mehr Geld zurück, als Sie eingesetzt haben.

Daraus folgt: Wenn Sie tatsächlich aus dem Geld-Spiel ausbrechen, werden Sie sich sogar darüber freuen, Rechnungen bezahlen zu dürfen, anstatt es, wie jetzt, zu hassen und lauter negative Erlebnisse damit zu verbinden.

Wenn Sie Ihre Wertschätzung ausdrücken, sollten Sie sie auch wirklich empfinden. Sie dürfen nicht nur so tun als ob. Mogeln gilt nicht, denn Sie würden damit letzten Endes nur sich selbst betrügen. Sie können nicht dasitzen und sagen: „Eigentlich ist das alles Mist, aber Bob hat gesagt, ich soll dafür dankbar sein, also schön, versuchen wir's mal. So, das reicht. Und jetzt weiter im Text." Die Dankbarkeit wirklich zu fühlen, das braucht Zeit, Erfahrung und Disziplin. Aber das, was Sie dafür bekommen, ist auf jeden Fall die Mühe und den Aufwand wert.

Stimmen Sie mir zu? Haben Sie es wirklich verstanden? Oder klingt es in Ihren Ohren verrückt, als hätte ich nicht alle Tassen im Schrank oder wäre auf Drogen oder so? Was Sie auch denken mögen – ich kann Ihnen versichern, wenn Sie es wirklich fühlen und es tatsächlich praktizieren, werden Sie selbst feststellen, wie der Wohlstand bei Ihnen einkehrt. Ich habe es an mir selbst beobachtet und erfahre es täglich von meinen Klienten, aus deren Erfahrungsberichten ich in Kapitel 12 einige Aussagen bringe.

Hier ist ein weiteres Beispiel. Wenn Sie morgen früh auf dem Weg zur Arbeit an einem Café anhalten, sich eine Tasse Kaffee für 2,60 Euro kaufen und der Verkäuferin die 2,60 Euro geben, könnten Sie bei sich sagen – und es auch wirklich *fühlen*: „Sagenhaft! Ich habe dieses Café erfunden, die Kaffeemaschine, die Bohnen, die Milch und die Tasse, die Verkäuferin und alle, die mit mir dort waren." Dann, während Sie die leckere, heiße, braune Flüssigkeit schlürfen, könnten Sie noch einmal „Toll!" denken und fühlen. Warum Sie das tun sollten? Weil es weder das Café noch den Kaffee noch die Leute darin gibt. Alles ist eine Täuschung. Sie meinen nur, es gäbe dies alles, aber was soll's, es hat gut geschmeckt.

Es ist eine sagenhafte, wunderbare, großartige, überwältigende, „übernatürliche" Leistung! Erkennen Sie sie an!

In Phase 2 des Menschen-Spiels gibt es neben dem Ausdruck von Wertschätzung zwei zusätzliche Gelegenheiten, die Sie dabei unterstützen, aus dem Geld-Spiel auszubrechen: Erstens können Sie sich selbst das Geschenk machen, alles wertzuschätzen, was Sie (scheinbar) von anderen erhalten. Wenn Sie einen Gehaltsscheck, einen Tantiemenscheck, einen Dividendenscheck oder eine andere geldwerte Gratifikation erhalten, wie reagieren Sie dann? Fühlen Sie Ihre tiefe Dankbarkeit für sich selbst als Schöpfer, Ihre Kreation und den kreativen Prozess? Oder sehen Sie ihn als selbstverständlich an, knurren unzufrieden, weil er nicht höher ausgefallen ist oder weil er nicht reicht, um Ihre Bedürfnisse zu befriedigen und Ihre Rechnungen zu begleichen? Egal, wie Ihre derzeitige Antwort ausfällt – Sie haben jetzt die Gelegenheit, das Danken zu lernen und – um das Bild von vorhin wieder aufzunehmen – drei Dollar für jeden eingesetzten Dollar zurückzubekommen.

Ich selbst, zum Beispiel, besitze und führe mehrere Unternehmen und bin Teilhaber an einigen weiteren Firmen. In Phase 1 des Menschen-Spiels habe ich diese Unternehmen und die *Gelder,* die ich aus ihnen bezog, als Ursprung meines finanziellen Wohlstands angesehen. Heute, in Phase 2, weiß ich, sie sind nicht der Ursprung meines Wohlstands (das ist mein Bewusstsein), aber ich bedanke mich bei mir selbst, indem ich das Geld annehme. Und zwar mache ich das so: Wenn ich mir mit einem der Firmenkonten einen Scheck ausstelle oder wenn ich als Teilhaber einen Scheck von meinem Partner erhalte, gehe ich so vor, wie eben beschrieben. Warum? Weil weder die Schecks noch die Firmen echt sind, noch die Kunden, die Produkte und Dienstleistungen meiner Firma gekauft und mich damit bezahlt haben. Es ist alles eine einzige großartige Erfindung und Täuschung, und ich freue mich über diese Leistung.

Außer für meine Unternehmen und Teilhaberschaften bekomme ich Tantiemen für Bücher und Hörbücher, die ich gemacht habe und die andere für mich verkauft haben, dazu Provisionen und andere finanzielle Gratifikationen. Wann immer ich diese Schecks bekomme, fühle ich auch dafür tiefe Dankbarkeit.

Die zweite zusätzliche Gelegenheit zur Dankbarkeit, die Sie sich schenken können, ist, dass Sie schätzen lernen, was Sie bereits kreiert haben und in Ihrem Hologramm genießen, anstatt darüber zu urteilen, es als selbstverständlich hinzunehmen oder nur an das zu denken, was Sie nicht haben. Wenn Sie über Ihr derzeitiges Vermögen urteilen, es sei armselig, nicht genug, nicht, wie es sein sollte et cetera, was tun Sie dann? Sie verstärken die Täuschung, es sei echt und damit seien auch Ihre finanziellen Einschränkungen echt. Wenn Sie sich allein auf das konzentrieren, was Sie nicht haben, tun Sie dasselbe.

Alles, was Sie jetzt in Ihrem Hologramm erleben, ist nur da, weil Ihr Erweitertes Selbst eine komplexe Vorlage im Nullpunkt-Feld kreiert und diese Vorlage mit Energie angereichert und in Ihr Hologramm katapultiert hat, wo sie absolut wirklichkeitsgetreu erscheint. Es gab dabei keinen Unfall und keinen Fehler. Alles, was Sie erlebt haben und jetzt gerade erleben, wurde raffiniert entworfen und in Ihr Hologramm gestellt, damit Sie das Menschen-Spiel so spielen konnten, wie Sie es wollten – egal, wie Sie das aus Ihrer bisherigen Sicht nennen oder beurteilen. Es verdient Wertschätzung, weil es so großartig und einzigartig ist! Wenn Sie erst tief genug in Phase 2 vorgedrungen sind, können

Sie alles erfinden, was Sie wollen. Aber zunächst müssen Sie zu schätzen lernen, was Sie schon erfunden haben. Wenn Sie das nicht zu schätzen wissen, warum soll Ihr Erweitertes Selbst Sie dann dabei unterstützen, noch mehr „Zeug" zu erschaffen, das Sie dann auch nicht zu schätzen wissen? Wenn Sie nicht lernen, für das, was Sie kreiert haben, dankbar zu sein, ist es so, als würden Sie einen Dollar in den Spielautomaten stecken und nichts zurückbekommen. Warum sollten Sie das tun, wo Sie doch für jeden eingesetzten Dollar drei zurückbekommen können?

Es ist möglich und sehr einfach, das schätzen zu lernen, was Sie haben. Sie können später jederzeit etwas anderes erfinden.

Übrigens, nur eine Anmerkung, bevor wir dieses Kapitel beenden. Glauben Sie, es ist ein Zufall, dass der Ausdruck *appreciation (Wertschätzung)* in der Finanzwelt für einen Wertzuwachs im Anlage- und Portfolio-Bereich steht? In Phase 1 des Menschen-Spiels verstecken wir überall solche Hinweise auf die Wahrheit, aber so, dass wir sie nicht „sehen". Wenn Sie in Phase 2 springen, werden Sie solche versteckten Hinweise überall sehen und das ganz faszinierend und amüsant finden.

Wenn Sie bereit sind für den Prozess – das Kronjuwel, das Ihnen zusammen mit der Wertschätzung ermöglicht, Ihre Energie aus den Vorlagen (Eiern) zurückzuholen und sich dem finanziellen Wohlstand zu nähern – dann folgen Sie mir zu Kapitel 10.

Den Fuß aufs Gas- pedal setzen

„Manchmal muss der Mensch zu- rückgehen, weit zurückgehen, um alles zu verstehen und zu begreifen, was ihn selbst ausmacht – bevor er weiter gehen kann."[1]

– Paule Marshall, Dichterin und Schriftstellerin –

„Das Leben ist zu einem Zehntel Hier und Jetzt, neun Zehntel sind wie eine Geschichtsstunde. Meis- tens ist das ‚Hier und Jetzt' weder jetzt noch hier."[2]

– Graham Swift, *Waterland*, Vintage –

Im letzten Kapitel haben wir uns die praktische Seite des Ausbruchsprozesses angesehen und die magische Wirkung der Wertschätzung erkannt. Sie haben auf dem Fahrersitz Platz genommen, sich angeschnallt, und sind nun bereit für die schnelle und wilde Fahrt in Phase 2 des Menschen-Spiels. Um bei der Metapher zu bleiben: Es wird Zeit, den Zündschlüssel ins Schloss zu stecken, den Motor anzulassen, den Fuß aufs Gaspedal zu setzen und Gas zu geben – hinaus aus dem Geld-Spiel.

In diesem Kapitel lernen Sie das zweite, dritte und vierte Werkzeug Ihrer Schatzsuche kennen, darunter auch den Prozess, der entworfen wurde, damit Sie die Energie aus den Eiern, die Sie (auch finanziell) einschränken, leichter zurückholen können. Der Prozess ist das Herzstück des Ausbrechens. Der Prozess ist der Beschleuniger, der Sie aus Phase 1 in Phase 2 bringt und aus dem Geld-Spiel herauskatapultiert, und das ganz und ein für allemal. Der Prozess ist das ungewöhnlichste Werkzeug, das ich je entwickelt und erlebt habe. Er ist das Ziel aller bisherigen Kapitel und aller meiner Puzzle-Teile und der Grund, warum Sie auf dieses Buch gestoßen sind. Allerdings hätte es keinen Sinn gehabt, Ihnen allein dieses Werkzeug zu erklären – ohne all die Puzzle-Teile, die Sie bisher aus diesem Buch erfahren haben.

Es ist leicht, den Prozess anzuwenden, um Ihre Energie zurückzuholen. Es macht auch sehr viel Spaß, wenn Sie einmal drin sind und Vertrauen gefasst haben. Allerdings fühlt es sich zunächst seltsam und komisch an, wie alles, was man neu lernen muss. Bevor wir damit anfangen, muss ich noch eins klarstellen: Als Grenzenloses Wesen, das Sie in Wirklichkeit sind, bräuchten Sie eigentlich nur mit den Fingern zu schnippen, und sofort hätten Sie all Ihre Energie, Weisheit und Fülle zurück. Aber so ist das in Phase 2 des Menschen-Spiels nicht geplant. Das Spiel ist so gemacht, dass Sie Stück für Stück Ihre Energie, Weisheit und Fülle zurückbekommen. Sie sollten jedes dieser zu Ihnen zurückkehrenden Stücke – und die damit verbundene Erweiterung Ihrer

Möglichkeiten – genießen, wie man einen guten Wein, ein hervorragendes Essen, ein großartiges Theaterstück oder einen spannenden Roman genießt.

Aufgrund Ihrer einschränkenden Erfahrungen in Phase 1 des Menschen-Spiels und Ihrer Enttäuschung darüber ist es nur allzu verständlich, dass Sie am liebsten all Ihre Energie, Weisheit und Fülle sofort zurück hätten, zumal wenn Sie schon ahnen, was Sie in Phase 2 alles damit anfangen können. Aber Sie sollten akzeptieren, dass das nicht so einfach geht. Es wäre auch nicht das, was Sie letztlich wollen. Denn wenn Sie schon beim Eintritt in Phase 2 Ihre gesamte Energie, Weisheit und Fülle zur Verfügung hätten, wäre das wie ein Super-Bowl-Spiel zwischen den Denver Broncos und den Seattle Seahawks, mit allen Spielern, Trainern, Schiedsrichtern, Helfern und Fans im Stadion und Millionen Leuten daheim an den Bildschirmen, und dann kommt der Schiedsrichter, schnippt mit den Fingern und sagt: „Okay, Leute, das war's. Die Denver Broncos haben 37:10 gewonnen. Jetzt könnt Ihr alle wieder nach Hause gehen."

Die Spieler wollen aber nicht nach Hause gehen, auch die Trainer, Schiedsrichter, Helfer und die Fans nicht. Jeder möchte, dass alle vier Spielviertel gespielt werden, mit allem Auf und Ab, egal, wie gut es ihnen dabei ergeht, wie schwierig der Kampf wird und was letztlich dabei herauskommt. Die Spieler wollen spielen, weil sie für ihr Leben gerne spielen. Auch Sie als Mitspieler im Menschen-Spiel wollen bestimmt nicht heimgehen, sobald Sie Phase 2 erreicht haben (selbst wenn ein Teil von Ihnen das vielleicht möchte). Sie wollen spielen, weil Ihr Wirkliches Ich das Menschen-Spiel mag.

Das Werkzeug Der Prozess hat die Aufgabe, Ihre Energie aus den einschränkenden Eiern, die Sie in Phase 1 kreiert und im Nullpunkt-Feld installiert haben, zurückzuholen. Energie steckt in *allen* Ihren Kreationen, in allem, was Sie in Ihrem Hologramm sehen und erleben, in jedem Aspekt dessen, was Sie Ihr

Alltagsleben nennen. Aber die größte Energiemenge ist dort verborgen, wo Sie sich unwohl fühlen. Wie Sie inzwischen wissen, sind Sie in Wirklichkeit ein Grenzenloses Wesen in einem dauerhaften Zustand der Freude, des Friedens und der bedingungslosen Liebe für alles und jeden. Daher ist es unmöglich, dass Ihr Wirkliches Ich sich aus irgendeinem Grund unwohl fühlt. Ihr Wirkliches Ich fühlt weder noch Ängste noch Verlegenheit, Scham, Ärger oder andere Emotionen, die man als *negative Gefühle* bezeichnen könnte.

Sie können sich nur dann unwohl fühlen, wenn Sie eine Vorlage im Nullpunkt-Feld kreieren, sie mit einer enormen Energiemenge anreichern, die Illusion in Ihr Hologramm stellen und sich vormachen, sie sei echt. Je schlechter Sie sich fühlen, je *negativer* Ihre Gefühlslage ist, umso weiter weg werden Sie vom Ihrem wirklichen Zustand gedrängt, umso schwerer mussten Sie arbeiten, um sich davon zu überzeugen, dass die Täuschung Wirklichkeit ist, umso mehr Energie mussten Sie für diese Täuschung aufwenden. Deshalb wird Ihr Erweitertes Selbst, um Sie bei der Rückgewinnung der größten Energiemenge aus den strategisch bestplatzierten Eiern im Nullpunkt-Feld zu unterstützen, Vorlagen aktivieren, die extrem unangenehme Situationen in Ihr Hologramm katapultieren, damit Sie diese erleben und mit Ihrem Werkzeug Prozess bearbeiten können.

Wie in Kapitel 2 dargestellt, haben Sie vom Augenblick Ihrer Geburt an damit begonnen, Ihre immense Energie, Weisheit und Fülle vor sich selbst zu verbergen und sich einzureden, Sie wären das genaue Gegenteil dessen, der Sie wirklich sind. So haben Sie sich auch eingeredet, die meisten Verstecke wären so schmerzhaft, gefährlich, beängstigend und tödlich, dass sie um jeden Preis gemieden werden müssten. Sie haben sich eingeredet, wenn Sie „dahin gehen" würden, würde etwas Schreckliches passieren – Sie könnten sterben, sich verlieren, Ihre Frau oder Ihre Kinder verlieren, beschämt und in Verlegenheit gebracht werden, bis Sie es nicht mehr aushalten, oder Ähnliches. Sie wissen, was das Gebot „geh da nicht hin" für Ihre Gefühle bedeutet, denn Sie haben es das ganze Leben lang erfahren. In Phase 2 bringt Sie Ihr Erweitertes Selbst an diese Orte zurück, aber es beschützt Sie und hilft Ihnen dabei, Ihre Energie von dort zurückzuholen.

Wenn Sie den Prozess oft genug angewendet und genügend Energie zurückgeholt haben, verändert sich Ihr Hologramm zuerst kaum merklich, dann immer mehr, dann immer schneller, und es wird richtig spannend für Sie. Je mehr Energie Sie zurückgewinnen, je mehr einschränkende Vorlagen Sie im Nullpunkt-Feld zum Kollabieren bringen, desto mehr scheinen Energie, Weisheit und Fülle durch, die Ihren Urzustand ausmachen, und Ihr Leben wird immer „wunderbarer".

Das geht folgendermaßen: Ihr Erweitertes Selbst bringt Sie zu den problematischen Eiern und öffnet sie, sodass Sie die Energie in ihnen spüren können – die Energie, die Sie dort speichern mussten, um die Illusion des Eingeschränktseins aufrecht zu erhalten. Während die Eier offen sind und die Energie verfügbar ist, zeigt Ihnen Ihr Erweitertes Selbst, wie Sie den Prozess anwenden, um so viel Energie wie momentan gewünscht zurückzufordern. Denken Sie daran – das Ziel ist nicht, alle Energie auf einmal zurückzubekommen, sondern allmählich. Jedes Mal, wenn Sie Energie herausbekommen, weitet sich Ihre Persönlichkeit, und Ihre Möglichkeiten werden größer. Jedes Mal, wenn Sie Energie herausbekommen, verändern Sie sich als Person. Eine Erweiterung führt zur nächsten und so fort, und diese Kettenreaktion lässt schließlich die ganze „Begrenzungsmaschinerie", die Sie in Phase 1 aufgebaut haben, in die Luft gehen und kollabieren. Wenn das geschieht, dann sind Sie aus dem Geld-Spiel ausgebrochen.

Nun erkläre ich Ihnen, wie Sie das Werkzeug Der Prozess anwenden. Bitte behalten Sie eines dabei immer im Hinterkopf: Der Prozess hat eine Kernstruktur, und es gibt eine Anweisung, wie man innerhalb dieser Kernstruktur vorzugehen hat. Jedes Mal, wenn Sie den Prozess anwenden, müssen Sie die Kernstruktur beachten. Wenn Sie die Kernstruktur nicht beachten, wird sie Sie nicht dabei unterstützen, Energie zu gewinnen. Allerdings ist die Arbeitsanweisung zur Kernstruktur nichts weiter als eine Leitschnur, und Sie haben genügend Freiheit und Spielraum, um sie nach Ihren Vorstellungen zu verändern. Kurz gesagt: Es gibt nicht nur einen Weg, keinen besten Weg und keine Zauberformel, wie man den Prozess anwendet. Wie alles im Menschen-Spiel muss auch dieses Werkzeug an Ihre individuellen Wünsche als Grenzenloses Wesen auf einer einmaligen Reise angepasst werden.

Ich zeige Ihnen die Komponenten der Kernstruktur und die Anweisungen, die ich für mich selbst, meine Kunden und Schüler entwickelt habe. Dann mache ich Ihnen Mut, der Führung Ihres Erweiterten Selbst zu folgen und den Prozess für sich selbst zu entwickeln, damit zu spielen und herumzuexperimentieren, bis Sie sich an ihn gewöhnt haben. So habe ich es auch gemacht. Was ich heute tue und was ich getan habe, als ich den Prozess das erste Mal angewandt habe, ist ein großer Unterschied.

Zunächst gebe ich Ihnen einen Überblick über die Schritte zur Anwendung des Werkzeugs Der Prozess. Dann sehen wir uns die Schritte der Reihe nach im Einzelnen an. Denken Sie daran: Alles beginnt mit unangenehmen Erlebnissen aus Ihrem Hologramm, die Ihnen Probleme bereiten – große oder kleine Probleme.

Überblick über das Werkzeug Der Prozess

Wenn Sie sich irgendwie unwohl fühlen, tun Sie Folgendes:

- Gehen Sie direkt mitten hinein.
- Fühlen Sie die gesamte negative Energie.

- Wenn das Gefühl des Unbehagens einen Höhepunkt erreicht, sagen Sie die Wahrheit darüber.
- Fordern Sie Ihre Energie zurück.
- Öffnen Sie sich mehr und mehr der Person, die Sie *wirklich* sind.
- Drücken Sie Ihre Wertschätzung für sich selbst und Ihre Kreation aus.

Wichtig ist, dass Sie den Prozess *jedes Mal* anwenden, wenn Sie sich unwohl fühlen, besonders auch in Gelddingen und in finanziellen Belangen. Zum Beispiel werden Sie sich unwohl fühlen,

- weil die Aktienkurse fallen und mit ihnen der Wert Ihres Portfolios,
- weil Sie eine Rechnung bekommen, die Sie nicht erwartet haben,
- weil Sie in einem Laden ein Preisschild oder in einem Restaurant eine Preisliste gesehen haben oder den Preis einer Übernachtung mit Frühstück in einem Hotel oder Ähnliches, und denken: „Das ist mir zu teuer."

Oder Sie fühlen sich unwohl, weil Sie sich fragen:

- „Kann ich mir das überhaupt leisten?"
- „Soll ich das wirklich kaufen?"
- „Ist es richtig, das jetzt zu kaufen?"
- „Brauche ich das jetzt wirklich?"
- „Was denkt meine Partnerin/mein Partner, wenn ich das jetzt mache oder kaufe?"

Wenden Sie immer, wenn Sie sich irgendwie unwohl fühlen, den Prozess an.

Schritt 1: Gehen Sie direkt mitten hinein

Die gewaltige Energie, die sich hinter Ihrem Unbehagen verbirgt, ist sehr echt und sehr greifbar. Sie können Sie spüren. Vielleicht fühlt sie sich wie ein gigantischer, wabernder Ball an, wie ein Hurrikan oder ein Tornado, wie ein Whirlpool oder ein Wasserfall. Es kommt nicht darauf an, wie Sie sie erleben. Wir sind alle verschieden und erleben Emotionen, Energie und Kräfte unterschiedlich. Nehmen Sie es einfach wahr. Egal, wie unangenehm es sich für *Ihr Bewusstsein* anfühlt, gehen Sie direkt mitten hinein (oder springen, laufen, rennen oder tauchen Sie hinein, was Ihnen lieber ist). Wie Sie es auch machen, wichtig ist, dass Sie sich der beunruhigenden Energie voll aussetzen. Am Anfang wird es Ihnen leichter fallen, wenn Sie die Augen geschlossen halten, während Sie den Prozess anwenden. Später ist das nicht mehr so wichtig, und Sie können es überall tun, wo Sie gerade sind, auch wenn Sie sich gerade mit anderen unterhalten.

Schritt 2: Fühlen Sie die gesamte negative Energie

Wenn Sie sich der unangenehmen Energie mit allen Sinnen aussetzen, spüren Sie sie so stark, wie Sie es nur aushalten. Spüren Sie die Intensität, die Wellen, die geballte Kraft, egal, wie Sie sie empfinden. Wenn Sie die Intensität weiter steigern können und sie noch stärker fühlen können, tun Sie es, denn je stärker Ihr Gefühl ist, umso mehr Energie können Sie zurückfordern. Ich sage das, weil ich weiß, dass viele von uns in Phase 1 eine Dynamik kreieren, in der wir automatisch all unsere Gefühle herunterfahren, bevor wir uns auf sie einlassen. Ein Beispiel: Wenn die wahre Intensität unseres Gefühls 100 beträgt, stellen wir sie trotzdem auf 60 ein, weil wir uns dann sicherer fühlen. Eigentlich hätten wir also 40 Einheiten mehr zur Verfügung, sind uns dessen aber gar nicht mehr bewusst. Wenn Sie den Prozess anwenden, haben Sie die Chance, aus allen verfügbaren Einheiten Energie zurückzuholen. Tun Sie es, so gut Sie können. Wenn Sie es nicht aushalten, ist das nicht schlimm. Dann versuchen Sie es eben später noch mal.

Lassen Sie sich auf die negative Energie ein, soweit Sie es aushalten. Kein Denken, keine Logik, kein Intellekt, kein Urteilen, keine Zustandsbezeichnung. Nur fühlen, sonst nichts.

Die Stärke Ihrer Gefühle, egal, wie Sie sie beurteilen oder nennen, ist Ihre Energie. Das sind Sie. Es ist das, was Sie in das Ei, beziehungsweise in die Vorlage geben mussten, um diese Vorlage in Ihr Hologramm zu stellen und sich einzureden, sie sei wirklich. Wenn Sie an den Punkt gelangen, wo Sie fühlen, dass die Energie Sie überwältigt, dürfen Sie selbstverständlich aufhören, aber ich biete Ihnen an, sich zu strecken und weiterzumachen. Das Gefühl drohender Gefahren ist nämlich nur ein alter Trick aus Phase 1, der dazu diente, Sie von der Nutzung Ihrer Energie fernzuhalten. Wenn Sie wollen, können Sie diesen Trick einfach ignorieren, ohne irgendetwas befürchten zu müssen. Ihr Erweitertes Selbst beschützt Sie und sorgt für Ihre Sicherheit. Es würde Ihnen nie mehr zumuten, als Sie ertragen können, auch wenn Sie das befürchten.

Die Kernstruktur-Komponente von Schritt 2 besteht darin, sich möglichst intensiv auf seine Gefühle einzulassen. *Wie* Sie das tun und was Sie dabei sehen, hören, fühlen und kreieren, liegt ganz bei Ihnen. Sie können alles jederzeit anders machen. Wie gesagt, gibt es in Phase 2 des Menschen-Spiels weder Regeln noch Formeln.

Schritt 3: Wenn das Gefühl des Unbehagens einen Höhepunkt erreicht, sagen Sie die Wahrheit darüber.

Wenn Sie sich ganz auf die unangenehme Energie einlassen und sie so intensiv fühlen, wie es nur geht, merken Sie, dass die Energie irgendwann ihren eigenen natürlichen Höhepunkt erreicht – oder dass Ihre Toleranz dafür den Höhepunkt erreicht. Haben Sie Vertrauen in sich selbst; wenn es soweit ist, werden Sie es merken. Widerstehen Sie der für Phase 1 typischen Versuchung, zu analytisch zu werden und sich selbst zu sehr unter Druck zu setzen, indem Sie sich sagen: „Ich muss den perfekten Höhepunkt finden; wenn ich den verpasse, habe ich alles falsch gemacht und bin ein Idiot." Tun Sie einfach Ihr Bestes und vertrauen Sie Ihrem Erweiterten Selbst, besonders am Anfang. Später, wenn Sie schon Erfahrung mit dem Prozess haben, wird es leichter.

Wenn die Intensität ihren Höhepunkt erreicht hat, nennen Sie sie, was sie wirklich ist, sagen Sie die Wahrheit darüber. Was ich damit meine? Sie bekräftigen, wer Sie wirklich sind, wie mächtig Sie wirklich sind, dass Sie es sind, der das alles erfunden hat, dass es nicht echt ist, sondern nur eine Erfindung Ihres Bewusstseins. Um das zu tun, müssen Sie einen Satz formulieren, der Ihr Wirkliches Ich beschreibt, das tief in Ihnen klingt und Ihnen dabei hilft, so mächtig und grenzenlos zu wirken, wie Sie nur können. Im Folgenden finden Sie ein paar Formulierungen, die Sie verwenden oder abändern können, oder Sie können auch einen eigenen Satz prägen. Nicht die Worte sind wichtig, sondern was Sie dabei *fühlen*. Ich persönlich verwende den ersten Satz. Es ist ein Satz, den Arnold Patent an mich weitergegeben hat und den ich mag, deshalb verwende ich ihn. Die übrigen Beispiele stammen von meinen Kunden und Schülern:

„Ich bin die Macht und die Gegenwart Gottes."
„Ich bin die Macht der Grenzenlosen Intelligenz."

„Ich bin die Macht des reinen Bewusstseins."
„Ich bin die ultimative Macht im Universum."

Wenn Sie sich einen Satz ausgesucht haben, den Sie übrigens im Laufe der Zeit beliebig oft verändern können, fügen Sie eine Bestätigung der Wahrheit hinzu und erweitern Sie Ihren Satz um diese. Ich selbst zum Beispiel sage in Schritt 3 des Prozesses: „Ich bin die Macht und die Gegenwart Gottes, der, der das alles erfunden hat. Es ist nicht echt. Es ist alles ausgedacht. Es ist eine Erfindung meines Bewusstseins."

Die Kernstruktur-Komponente von Schritt 3 ist, die Wahrheit über Ihre Kreation und deren Ursprung zu sagen. Sie müssen die Wahrheit sagen und dabei den Wahrheitsgehalt und die Kraft Ihrer Worte *wirklich fühlen*. Warum das so ist? Weil Sie sich während der gesamten Phase 1 selbst belogen haben. Sie haben sich eingeredet, die Täuschung wäre echt. Sie haben Ängste aufgebaut, Ihre Täuschung schien unbegrenzte Energie zu haben, Sie selbst jedoch nicht, und alle diese Lügen haben Ihren Aktions- und Spielraum eingeengt. Wenn Sie den Prozess anwenden, müssen Sie diesen Trend umkehren und die Dinge und Sachverhalte als das bezeichnen, was sie wirklich sind. Wie Sie das machen, mit welchen Worten und wie Sie die Worte verwenden, liegt allein bei Ihnen.

Schritt 4: Fordern Sie Ihre Energie zurück

Nachdem Sie die Wahrheit über Ihre Kreation gesagt haben, fordern Sie Ihre Energie zurück, indem Sie sie bestätigen, etwa mit Worten wie diesen: „Ich möchte meine Energie aus meiner Erfindung zurückhaben, und zwar JETZT SOFORT!" Das sind die Worte, die ich zu Beginn meiner Reise in Phase 2 verwendet habe. Später habe ich den Satz wie folgt ergänzt: „Und während ich die Energie zurückverlange, fühle ich, wie sie zu mir zurückkommt." (Ich spüre tatsächlich, wie sie zu mir *zurückfließt*.) Danach sage ich: „Ich fühle, wie sie mich durchflutet." (Und ich fühle es tatsächlich.)

Das Wiedererlangen der Energie in Schritt 4 ist ein kritisches Stadium im Prozess, besonders zu Beginn. Die Schritte 5 und 6 sind ebenfalls wichtig und werden immer wichtiger, je tiefer Sie in Phase 2 vordringen, aber um sie zu erlernen, braucht man etwas Zeit. Wenn Sie aber Schritt 1 bis 4 richtig befolgen, können Sie Energie freisetzen und Ihr Hologramm wird sich verändern.

Schritt 5: Öffnen Sie sich mehr und mehr der Person, die Sie wirklich sind

In Schritt 5 werden Sie offen für die Wahrheit und die Macht dessen, der Sie wirklich sind, und Sie können es dann auch fühlen. Ich nenne dieses Gefühl die *Grenzenlose Energie*. Nehmen wir an, Sie verwenden dieselbe Beschreibung wie ich für das, was Sie wirklich sind, nämlich „die Macht und die Gegenwart Gottes." Dann müssen Sie lernen, zu fühlen, dass Sie das auch wirklich sind. Sie *sind* unendlich mächtig, unendlich weise und unendlich reich. Sie müssen es nur noch glauben. Stellen Sie sich Fragen wie diese: „Wie würde es sich anfühlen, wenn ich unendlich mächtig, weise und reich wäre? Wie würde es sich anfühlen, wenn ich bloß mit dem Finger zu schnippen bräuchte, und alles, was ich will, würde vor meinen Augen erscheinen? Wie würde es sich anfühlen, für immer in Frieden und Freude zu leben?"

Ich habe es mir vorgestellt und mich daran gewöhnt, diese Gefühle zu entwickeln und festzuhalten, indem ich mir die folgenden Sätze immer wieder vorsagte und immer wieder versuchte, die darin liegende tiefe Wahrheit und Kraft nachzuempfinden:

„Ich bin die Macht und die Gegenwart Gottes. Alles, was ich erlebe, habe ich selbst erfunden – alles."

„Es gibt keine Macht da draußen – bei nichts und niemand."

„Ich bin unendlich reich, hier und heute."

„Ich habe unendlich viel Energie und kann erfinden, was ich will."

„Mein Wissen, meine Weisheit sind unendlich."

„Freude und Friede sind unendlich."

„Ich liebe und schätze all meine Erfindungen – unendlich."

„Mein Vorrat an Geld ist unendlich groß – genau wie meine Dankbarkeit – hier und jetzt."

Ich bin kein Magier, aber während ich dies und Ähnliches vor mich hinsage, hebe ich meine Arme und Hände und öffne die Handflächen, sodass sie am Ende, bei „hier und jetzt", offen über meinem Kopf schweben. Dieses Öffnen der Hände und Heben der Arme helfen mir dabei, mir vorzustellen, wie sich Macht und Energie in mir immer mehr ausdehnen.

Sie, lieber Leser, können in Ihrem momentanen Zustand noch nicht wissen, wie es sich anfühlt, ein Grenzenloses Wesen zu sein, mit all den Eigenschaften, die ich gerade genannt habe. Sie können sich nicht daran erinnern, wie sich Grenzenlose Energie anfühlt. Daher sollten Sie zu Beginn einfach nur Ihr Bestes tun und voll und ganz darauf vertrauen, dass Ihr Empfinden für die Grenzenlose Energie allmählich von selbst immer besser wird. Wenn Sie Worte und Sätze wie die soeben genannten benutzen, klingt das zunächst wahrscheinlich noch leer und hohl für Sie. Das macht nichts. Tun Sie's trotzdem. Wenn Sie einen anderen Weg finden, um die Grenzenlose Energie zu spüren, kann es sich zunächst schwach anfühlen. Auch das ist in Ordnung. Tun Sie einfach Ihr Bestes und widerstehen Sie der Phase-1-Versuchung, es perfekt machen zu wollen, sofort große Erfolge zu erwarten, sich oder den Prozess in Zweifel zu ziehen. Ihr Ziel ist, die Grenzenlose Energie bei Bedarf fühlen zu können – und Sie *werden* es erreichen, wenn Sie sich ernsthaft vornehmen, die Phase 2 des Menschen-Spiels zu spielen. Denken Sie immer daran: Sie sind in Phase 2 nicht mehr allein. Ihr Erweitertes Selbst ist immer an Ihrer Seite. Es hilft Ihnen und unterstützt Sie zu jeder Zeit.

Am Anfang klingen die Worte vielleicht noch hohl und leer. Das macht nichts. Sagen Sie sie trotzdem vor sich hin und versuchen Sie, so gut es geht, ihre Bedeutung zu fühlen. Mit der Zeit werden sie Ihnen von selbst immer vertrauter vorkommen.

Kommen wir nun zum Prozess zurück. Nachdem Sie in Schritt 4 bestätigt haben, dass Sie die Energie aus Ihrer Kreation zurückgeholt haben, öffnen Sie sich der Grenzenlosen Energie und tauchen ganz in sie ein. Während ich das tue – und fühle! –, sage ich zu mir:
„Ich spüre die Welle. Ich spüre, wie ich wachse und wachse und immer mehr zu dem werde, der ich wirklich bin. Ich fühle, dass ich immer mehr davon in meinem Hologramm, in meinem Menschenleben wiederfinde ... Ich BIN die Macht und die Gegenwart Gottes. Ich BIN unendlich reich, hier und heute."

Sie müssen stets versuchen, die Wahrheit hinter Ihren Worten zu spüren!

Solange Sie in die Grenzenlose Energie, in *das Bewusstsein*, eingetaucht sind, spielen Sie die Szene, die Ihr ursprüngliches Unbehagen ausgelöst hat, noch einmal durch. Wenn Sie sich bei nochmaligen Betrachten der Szene immer noch unwohl fühlen, mischen Sie die verbleibende negative Energie mit der Grenzenlosen Energie und lassen Sie sie darin aufgehen. Wiederholen Sie die Szene so oft, wie Sie wollen, und mischen Sie sie mit der Grenzenlosen Energie, bis Sie beim Wiederholen nur noch die Grenzenlose Energie spüren.

Schritt 6: Drücken Sie Ihre Wertschätzung für sich selbst und Ihre Kreation aus

Im sechsten und letzten Schritt schauen Sie sich die ‚Filmszene' an, die Sie erfunden haben, um das Gefühl der Unbehaglichkeit zu stimulieren, und Sie werden erkennen, wie großartig diese Ihre Kreation war, wie genial Sie sein mussten, um sie zustande zu bringen und wie faszinierend es ist, dass Sie alles tatsächlich für wirklich gehalten haben, während es doch nur eine Täuschung war. Wenn Sie das ernsthaft tun, werden Sie über sich und Ihre Kreation staunen und deren Grund und ihre Einmaligkeit erst richtig verstehen. Ich nenne das den „Wow-Effekt". Ihm haben Sie zu verdanken, dass Sie am Ende des Prozesses sehr fröhlich und innerlich erfüllt sein werden.

So funktioniert es

Kommt Ihnen das alles zu einfach vor? Wenn ja, liegt es nicht nur an dem, was Sie tun. Sie wenden den Prozess gemeinsam mit Ihrem Erweiterten Ich an, das Sie zu den Eiern bringt, sie für Sie öffnet und Ihnen dabei hilft, die Energie daraus zurückzuholen. So funktioniert das Menschen-Spiel. In Phase 1 hat Ihr Erweitertes Selbst alles in seiner Macht Stehende getan, um Sie von Ihrer Energie fern zu halten. In Phase 2 tut es alles, damit Sie die Energie wiederbekommen und innerlich wachsen können. Wenn Sie den Prozess häufiger anwenden, ziehen Sie die Energie aus den Eiern, die den Geldfluss zu Ihnen beschränkt haben. Außerdem lösen Sie die Überzeugungen, Urteile und Folgen auf, die in den Eiern gespeichert sind.

Kommt Ihnen der Prozess verwirrend oder erdrückend vor? Wenn ja, wird sich das ändern, wenn Sie ihn eine Weile mit der Unterstützung Ihres Erweiterten Selbst angewandt haben. Ich habe den Prozess schon vielen tausend Menschen auf der ganzen

Welt erklärt. Er ist natürlich Übungssache, aber jeder gewöhnt sich schnell daran und hat keine Mühe, ihn sich mit der Zeit anzueignen. Auch Sie schaffen es, ganz bestimmt! Nach meiner Erfahrung (aber das kann bei Ihnen anders aussehen, weil wir alle verschieden sind) ist das Schwerste, den Mut aufzubringen, sich die ersten paar Male, wo man noch Angst hat, dem Unangenehmen auszusetzen, außerdem eine Kreation wertzuschätzen, über die Sie früher schlecht geurteilt haben und schließlich zu lernen, wie man die Grenzenlose Energie kultiviert, sodass sie sich öffnet. Aber, wie gesagt: Mit ein bisschen Übung wird das alles schon klappen.

Hier sind die Anweisungen, mit deren Hilfe Sie den Prozess noch einmal durchdenken und im Überblick nachvollziehen können. Wenn Ihr Unwohlsein auf den Höhepunkt seiner Intensität zusteuert, tauchen Sie in das Herz des Unwohlseins ein und sagen Sie sich:

„Ich bin …………… und habe dies alles erschaffen." (Füllen Sie die Lücke mit der von Ihnen gewählten Formulierung.)

„Es ist nicht echt." (Empfinden Sie die Bedeutung der Worte nach.)

„Es ist alles nur erfunden." (Empfinden Sie die Bedeutung der Worte nach.)

„Es ist eine Erfindung meines Bewusstseins." (Empfinden Sie die Bedeutung der Worte nach.)

„Ich hole meine Energie aus dieser Kreation zurück, und zwar JETZT."

„Ich fordere die Energie zurück und spüre, wie sie zu mir zurückkommt." (Spüren Sie es!)

„Ich spüre, wie sie durch mich hindurch fließt." (Spüren Sie es!)

„Ich spüre die Welle. Ich spüre, wie ich wachse und wachse und immer mehr zu dem werde, der ich wirklich bin. Ich BIN …………………………" (Setzen Sie hier die von Ihnen gewählte Beschreibung ein.)

Drücken Sie Ihre Wertschätzung dafür aus, wie wunderbar Sie sein mussten, um das zu erfinden und sich davon zu überzeugen, es sei echt, wie großartig Ihre Erfindung war und wie gut sie Ihnen in Phase 1 gedient hat.

Durchlaufen wir nun einmal den gesamten Prozess anhand eines Beispiels. Wenn mein Beispiel bei Ihnen nicht wirkt, weil es in Ihnen kein Unbehagen hervorruft, dann erfinden Sie eines, das für Sie passt.

Nehmen wir an, Sie bringen Ihr Auto zur Inspektion in die Werkstatt und die Frau vom Kundendienst sagt Ihnen, es gebe ein ernstes Problem, das sofort behoben werden müsse. Sie sagt, die Reparatur werde etwa 2.500 Dollar kosten. Nehmen wir außerdem an, Sie sind davon überzeugt, nicht genug Geld auf dem Konto zu haben, um die Reparatur bezahlen zu können. Während die Frau vom Kundendienst Ihnen die ‚freudige Nachricht‘ überbringt, werden Sie steif und ängstlich und fühlen sich innerlich unwohl.

Tauchen Sie innerlich, in Ihrem Bewusstsein, mitten in das Gefühl ein und lassen Sie es hochkommen, so sehr Sie können – bis es seinen Höhepunkt erreicht oder bis Ihre Toleranz ihren Höhepunkt erreicht. Wenn Sie den Höhepunkt spüren, sagen Sie sich ungefähr die folgenden Worte *und fühlen Sie sie auch*:

„Ich bin die Macht und die Gegenwart Gottes. Ich habe das hier geschaffen. Es ist gar nicht echt. Es ist alles nur eine Erfindung. Es ist eine Erfindung meines Bewusstseins. Ich verlange meine Energie zurück, und zwar JETZT.“
Dann machen Sie eine kurze Pause und fahren fort: „Ich fordere die Energie zurück und spüre, wie sie zu mir zurückkommt.“
Sie machen abermals eine Pause, um zu spüren, wie die Energie zu Ihnen zurückfließt, wie auch immer sich das anfühlt.
„Ich fühle, wie sie durch mich hindurchfließt.“ Wieder eine Pause. Sie empfinden es nach.

Dann erst sagen Sie: „Ich spüre die Welle. Ich spüre, wie ich wachse und wachse und immer mehr zu dem werde, der ich wirklich bin. Ich BIN ...."
Fühlen Sie, wie Sie sich für die Grenzenlose Energie öffnen.

Spielen Sie sich später, in Ihrem Bewusstsein, noch einmal die Szene vor, in der die Kundenberaterin Ihnen die 2.500 Dollar teure Reparatur ankündigt. Wenn Sie sich unwohl fühlen, während Sie die Szene noch einmal ablaufen lassen (das kann sein, muss aber nicht), nehmen Sie dieses Unbehagen und lösen Sie es in der Grenzenlosen Energie auf. Wiederholen Sie diesen Schritt, bis kein Unbehagen mehr in Ihnen aufkommt. Dann genießen Sie die Grenzenlose Energie, solange Sie möchten. Anschließend denken Sie dankbar daran, wie beeindruckend es war, dass Sie ein täuschend echtes Auto kreiert haben, Ihr Problem mit dem Wagen, die Werkstatt und die Kundenberaterin und die Täuschung, Sie hätten nicht das Geld, die Reparatur zu bezahlen, wo Sie doch unendlich reich sind, und sich einzureden, alles sei wirklich geschehen, obwohl es ja nicht stimmt. Loben Sie mit Ihrer Wertschätzung sich selbst als den Schöpfer des Ganzen, Ihre Kreation und deren Wert für Sie (gemeint ist hier die Chance in Phase 2, Ihre Energie zurückzufordern und sich die Wahrheit zu bestätigen).

Das war's. Das ist der ganze Prozess. Wenn Sie sich an das Vorgehen gewöhnt haben, wird es, je nachdem, wie viele Details im ‚Film' Ihnen Unbehagen verursachen und welche Entscheidungen Sie dabei treffen, nur eine Minute lang dauern – oder so lange, wie Sie wollen. Es ist schnell und einfach zu handhaben. Es dauert keine Stunden, erst recht keinen ganzen Tag. Wie ich schon gesagt habe, ist die Anwendung des Prozesses ein durchaus angenehmes Erlebnis, auf das Sie sich freuen werden. Bei mir ist es jedenfalls so, und bei all meinen Kunden und Schülern, die es anwenden, auch.

Wenn ich bei mir zu Hause bin und mich unbehaglich fühle, setze ich mich in einen Meditationsstuhl in meinem Home Office, schließe die Augen und wende den Prozess an. Wenn ich mich mit anderen Leuten unterhalte, zum Beispiel beim Abendessen oder auf einer Party, und mich plötzlich unbehaglich fühle, schaue ich weg und praktiziere den Prozess, oder ich schaue zu Boden und lege die Finger an meine Stirn, so als wäre ich tief in Gedanken versunken, oder ich entschuldige mich und gehe auf die Toilette und führe dort den Prozess durch. Auch Sie werden herausfinden, wie Sie es in unterschiedlichen Situationen am besten machen können. Es ist nicht schwer. Alles, was man dazu braucht, ist etwas Übung und ein bisschen Sinn fürs Praktische.

Sie brauchen den Prozess nicht sofort anzuwenden, wenn es gerade mal nicht passt.

Auch wenn es für Sie immer leichter werden wird, den Prozess anzuwenden, gibt es natürlich Zeiten, in denen es für Sie nicht möglich oder nicht günstig ist, es sofort zu machen, das heißt sobald Unwohlsein in Ihnen ausgelöst wird. Das ist aber kein Problem. Wenn die Situation vorkommt, haben Sie zwei Möglichkeiten:

1. Verschieben Sie den Prozess und führen Sie ihn später aus, wenn es Ihnen besser passt. Wie? Spielen Sie sich die auslösende Szene noch einmal in Ihrem Bewusstsein vor, stellen Sie die negativen Gefühle wieder her und bearbeiten Sie sie mit dem Prozess.
2. Ignorieren Sie die Chance, Ihre Energie zurückzufordern, und warten Sie auf eine andere Gelegenheit.

Es gibt übrigens eine weitere Anwendungsmöglichkeit für den Prozess, von der ich Ihnen erzählen möchte und die Ihnen bestimmt gefallen wird. Manchmal, wenn man sich unwohl fühlt, ist es nur ein vages, unspezifisches Gefühl. Manchmal jedoch erscheint urplötzlich etwas in Ihrem Hologramm, das Ihnen Unbehagen verursacht, aber zugleich eine ganz bestimmte Kettenreaktion in Ihnen auslöst, nach dem Muster: „O nein! Wenn das passiert, dann passiert das, dann das, dann ... bloß nicht!" Und schon scheint alles in einem Desaster zu enden.

Zum Beispiel habe ich in der Einleitung erwähnt, dass ich schon mal einen finanziellen Einbruch erlebt habe. Als ich Jahre darauf (scheinbar) wieder Geld von meinem Konto abgehen sah, ging in meinem Kopf sofort eine Kettenreaktion los: „Wenn mein Geld weiterhin so abnimmt, ohne dass neues dazu kommt, muss ich tatsächlich meine Geldreserven angreifen. Dann verliere ich womöglich mein schönes Haus und muss die Kinder von der Privatschule nehmen und meine mir treu ergebenen Angestellten entlassen. Dann werde ich mich schämen – vor den Leuten in meiner Gemeinde, unseren Freunden, meinem Vater und allen meinen Kollegen. Ich versinke in einer tiefen Depression, aus der ich nicht mehr herauskomme, und so weiter."

Wenn Sie eine solche oder ähnliche *Verlust-Kettenreaktion* bei sich feststellen oder vor einem ganz bestimmten *katastrophalen Ereignis* Angst haben, ob mit oder ohne vorhergehenden Ereignissen, dann stellen Sie sich das komplette Desaster-Szenario *in Ihrem Bewusstsein* vor. Durchdenken Sie es vom Anfang bis zum logischen, *katastrophalen* Ende. Dann, wenn Sie sich schließlich richtig unwohl fühlen, wenden Sie den Prozess an. Wenn Sie das tun, unterstützen Sie Ihre Reise in Phase 2 auf dreierlei Art und Weise:

1. Sie holen sich Ihre Energie aus einem riesengroßen Ei oder einer Serie von Eiern zurück.
2. Wenn die Eier erst einmal leer sind, wird sich Ihr Unbehagen ein für allemal in Luft auflösen.

3. Da Sie die drohende Katastrophe bereits in Ihrem Bewusstsein durchgespielt haben, brauchen Sie sie nicht mehr in Ihr Hologramm zu stellen und in Ihrem Alltag zu durchleben.

Ein Ei oder eine Vorlage wird so lange weiterhin echt wirken und Macht über Sie haben, bis Sie die Energie daraus zurückfordern.

Es reicht eben nicht, zu *verstehen*, dass etwas nicht echt ist, dass etwas nur eine Erfindung Ihres Bewusstseins ist. Es ist etwas ganz anderes, die Energie daraus zurückzuholen. Deswegen gehen so viele Selbsttherapie-, Psycho- und Erfolgstechniken aus Phase 1 ins Leere. Das bloße Verständnis reicht nicht. Auch die Anwendung von Techniken, die nur versuchen, die holografische Täuschung zu manipulieren, reicht nicht. Sie müssen wirklich die Energie aus den einschränkenden Vorlagen im Nullpunkt-Feld ziehen, um diese Vorlagen zum Kollabieren zu bringen. Vielleicht gibt es andere Methoden, die ich noch nicht kenne, aber bisher kenne ich jedenfalls keine andere Methode als den Prozess, die es Ihnen erlaubt, die Energie aus Ihren Phase-1-Kreationen zurückzugewinnen.

Der Prozess ist das Wunderbarste, was mir bisher im Menschen-Spiel begegnet ist. Wenn Sie sich darauf einlassen, verschwindet alles, was Sie gequält, geschmerzt und Ihre Vermögenssituation beschwert hat, aus Ihrem Hologramm. Über Dinge, die Sie zu Tode geängstigt haben, können Sie nur noch lächeln. Und Dinge, die quasi automatisch Angst, Furcht, Verlegenheit, Verzweiflung, Schwäche und Minderwertigkeitskomplexe in Ihnen geweckt haben, lösen sich in Luft auf, und Sie haben danach ein Gefühl von Freude, Frieden und Selbstbewusstsein. Es ist einfach sagenhaft! Sie werden wieder offen für Ihren natürlichen Zustand der unbegrenzten Energie, Weisheit und Fülle.

Gestern erst habe ich mit meiner Frau Cecily darüber gesprochen. Sie litt lange unter einer selbst geschaffenen Vorlage, die sie „emotionale Stürme" nannte – Stürme, die sie ergriffen, herumschleuderten und zu Boden warfen. „Ich konnte nur versuchen zu überleben und abwarten, bis sie irgendwann schwächer würden, auch wenn das Stunden oder Tage lang dauerte", sagte sie. Nachdem sie in Phase 2 kam und lernte, den Prozess anzuwenden, sobald wieder ein Sturm kam, war sie nicht mehr machtlos. Sie musste nicht mehr hilflos zusehen und abwarten, bis der Sturm abzog. Sie durchlief den Prozess und entzog dem Sturm die Energie. Heute weiß sie, dass sie auf diese Weise mehr und mehr Energie zurückgewinnen kann und dass die Stürme nachlassen und dann ganz aufhören werden.

In Phase 2 ist jedes unbehagliche Gefühl nur noch ein Warnsignal, das aufleuchtet und einem sagt: „Hier sitzt die Energie! Komm und hol sie Dir!" Holen Sie sich die Energie und erleben Sie Ihr wahres Wunder!

In Phase 1 wollen Sie erreichen, dass die schlechten Gefühle verschwinden. In Phase 2 beschwören Sie sie absichtlich herauf, um Ihre Energie zurückzuholen.

Obwohl unsere gemeinsame Reise noch lange nicht zu Ende ist und dieses Buch noch fünf weitere Kapitel hat, schlage ich Ihnen vor, dass Sie sich so bald wie möglich etwas Zeit nehmen und mit dem Anwenden des Prozesses anfangen. Vielleicht fühlen Sie sich schon jetzt unbehaglich – wegen einer Rechnung, eines Problems oder eines Themas. Oder vielleicht kommt in den nächsten Stunden oder Tagen etwas Neues in Ihr Hologramm, das Sie beunruhigt. Je eher Sie mit dem Prozess anfangen, sich daran gewöhnen und herausfinden, was die für Sie beste Anweisung und Formel ist, desto besser ist es für Sie und desto mehr Energie bekommen Sie zurück.

Wir kommen in den nächsten Kapiteln immer wieder auf den Prozess zurück. Jetzt ist es aber an der Zeit, die beiden verbleibenden Instrumente der Schatzsuche kennen zu lernen, die Sie in Phase 2 des Menschen-Spiels brauchen.

Werkzeug Nr. 3: Der Mini-Prozess

Wenn Sie sich in Phase 2 des Menschen-Spiels begeben, haben Sie in Sachen Geld und Finanzen (aber auch bei den übrigen Kreationen) zwei mögliche Szenarien, nämlich:

1. Erfahrungen, die Unbehagen hervorrufen,
2. Erfahrungen, die kein Unbehagen in Ihnen hervorrufen, Ihnen aber den Weg zu den einschränkenden Eiern im Nullpunkt-Feld zeigen.

Wenn Sie sich unbehaglich fühlen, wenden Sie den Prozess an. Wenn Sie sich nicht unwohl fühlen, aber Einschränkungen erfahren, wenden Sie den Mini-Prozess an. Was ist der Unterschied zwischen den beiden Werkzeugen? Wenn Sie auf Ihren Kontoauszug schauen und sich unwohl fühlen, weil der Endbetrag so niedrig ist, wenden Sie den Prozess an. Wenn Sie aber auf Ihren Kontoauszug schauen, den Endbetrag lesen und sich dabei *nicht* unbehaglich fühlen, verwenden Sie den Mini-Prozess. Warum? Weil Ihr Kontostand nicht echt ist, die Einzahl- und Abbuchungsnummern ebenfalls nicht, die Bilanz auch nicht, und Sie daher wissen, dass Sie eine einschränkende Kreation, eine Täuschung, fabriziert haben. Sie sollten die Gelegenheit ergreifen, Ihre Energie herauszuholen und die Wahrheit zu bekräftigen, damit Sie aus dem Geld-Spiel ausbrechen können.

In Phase 1 haben Sie sich immer wieder eingeredet: „Das Geld ist echt, das Konto ist echt, die Zahlen sind echt, das ganze Geld-Spiel ist echt." In Phase 2 drehen Sie den Prozess einfach um und sagen sich: „Es ist eine Täuschung, eine Täuschung, von mir selbst erfunden, von mir selbst erfunden", während Sie Ihre Energie zurückfordern.

Der Mini-Prozess funktioniert ähnlich wie der Prozess, außer dass Sie nicht in die negativen Gefühle eintauchen müssen, weil es hier keine negativen Gefühle gibt. Das heißt, Sie führen einfach die übrigen Schritte des Prozesses in der üblichen Reihenfolge durch:

1. „Ich bin .... und habe dies alles geschaffen." (Setzen Sie Ihre persönliche, eigene Redewendung hier ein.)
2. „Es ist nicht echt, nicht wirklich vorhanden." (Bitte empfinden Sie auch nach, was Sie da sagen.)
3. „Es ist alles erfunden." (Bitte empfinden Sie auch nach, was Sie da sagen.)
4. „Es ist eine Erfindung *meines* Bewusstseins." (Bitte empfinden Sie auch nach, was Sie da sagen.)
5. „Ich verlange meine Energie aus dieser Erfindung zurück, und zwar JETZT!"
6. „Ich fordere meine Energie zurück und spüre, wie sie zu mir zurückkommmt." (Fühlen Sie es.)
7. „Ich fühle, wie die Energie durch mich hindurchfließt." (Fühlen Sie es.)
8. „Ich spüre die Welle. Ich spüre, wie ich wachse und wachse und immer mehr zu dem werde, der ich wirklich bin. Ich BIN ...." (Setzen Sie hier die für Sie passende Bezeichnung ein.)
9. Zeigen Sie Ihre Wertschätzung dafür, dass Sie das alles erschaffen und es für echt angesehen haben, für die Kreation und wie gut sie Ihnen in Phase 1 gedient hat.

Wenn Sie wenig Zeit haben oder gleichzeitig viele begrenzte Kreationen vor Augen haben, können Sie den Mini-Prozess von Zeit zu Zeit abkürzen und nur die Schritte 1-5 vollziehen. Aber je mehr Sie machen, umso schneller kommen Sie durch Phase 2 und hinaus aus dem Geld-Spiel. Die Kernstruktur-Komponente ist hier, alle eingrenzenden Täuschungen in Ihrem Hologramm zu erkennen (besonders die in finanzieller Hinsicht relevanten), die Wahrheit über sie zu sagen und Ihre Energie zurück zu verlangen.

Werkzeug Nr. 4: Ermächtigender Wortschatz und Selbstgespräch

Zum Geld-Spiel gehören viele Ideen, Konzepte und Begriffe, die die Illusion des finanziellen Eingeschränktseins verstärken sollen. Ergänzend zu den drei Phase-2-Werkzeugen Wertschätzung, Prozess und Mini-Prozess ist es daher nötig, Ihren Wortschatz und Ihre Selbstgespräche abzuändern, damit Ihre wachsende Expansion und Ihre zunehmende Öffnung für Ihren Naturzustand der Grenzenlosen Fülle unterstützt werden.

Deshalb sollten Sie auf Ihre Konversation und Ihre Selbstgespräche achten. Sie sollten für alle Ideen, Konzepte und Begriffe die nachstehenden, der Phase 2 und der Wahrheit angemessenen Ausdrücke wählen und sie auch so intensiv wie möglich nachempfinden:

Ausdruck aus Phase 1	ersetzen durch Ausdruck aus Phase 2
Kosten	Bitte um Wertschätzung
die Rechnung	die Bitte um Wertschätzung
Ausgabe	Ausdruck der Wertschätzung
Overhead, Regiekosten	festgelegter monatlicher Ausdruck der Wertschätzung
Preis	Erbetener Ausdruck der Wertschätzung
wie viel?	Was ist die erbetene Wertschätzung für diese Kreation?
Bezahlung	Ausdruck der Wertschätzung

Und so weiter. Sicher haben Sie die Idee verstanden. Diese Phase-2-Ausdrücke erscheinen Ihnen vielleicht, ähnlich wie die Formeln des Prozesses zu Beginn der Anwendung, leer oder seltsam, aber je öfter Sie sie verwenden und je tiefer Sie in Phase 2 eindringen, umso wirklicher und passender werden sie Ihnen vorkommen.

Zu diesem Sprachgebrauch ist Folgendes zu sagen: Wenn Sie in ein Geschäft, eine Bank oder ein Restaurant gehen, wenn Sie mit einem Freund oder mit Ihrer Frau reden oder mit anderen Leuten, die nichts von Phase 2 oder vom Ausbrechen aus dem Geld-Spiel gehört haben, werden die Sie für verrückt halten, wenn Sie die eben vorgeschlagenen Phase-2-Ausdrücke verwenden. Dafür gibt es das Selbstgespräch. Wenn Sie anderen gegenüber Phase-1-Ausdrücke verwenden, um verstanden zu werden, erinnern Sie sich gleichzeitig an die Wahrheit und fühlen Sie die wahre Phase-2-Bedeutung in Ihren eigenen Gedanken nach. Das mag etwas spitzfindig wirken, aber unser Ziel ist und bleibt in Phase 2, den finanziell einschränkenden Eiern die Energie zu nehmen – nicht etwa noch neue Energie hinein zu geben oder alles beim Alten zu belassen. Nur wenn Sie Ihren eigenen Wortschatz und Ihr Selbstgespräch entsprechend ändern, verlieren Sie das Ziel nicht aus den Augen.

Wenn Sie die vier Schatzsuch-Werkzeuge – Wertschätzung, Prozess, Mini-Prozess und Ermächtigender Wortschatz und Selbstgespräch – täglich anwenden, geschehen eine Menge wunderbare Dinge. Um herauszufinden, wie das aussieht, wie man die Werkzeuge täglich anwenden kann und was Sie auf Ihrem Weg zum Ausbrechen aus dem Geld-Spiel alles erwartet, lesen Sie bitte Kapitel 11.

Losfahren

„Sobald du dir selbst vertraust,
wirst du wissen, wie du zu leben
hast."[1]

– Johann Wolfgang von Goethe (1749-1832) –

Jetzt haben wir miteinander einen weiten Weg zurückgelegt,
nicht wahr? Sie verstehen jetzt, wie Phase 1 und Phase 2 des
Menschen-Spiels funktionieren. Sie verstehen, auf welchen wissenschaftlichen Erkenntnissen mein Modell beruht und wie Sie
alles, was Sie in Ihrem ‚Film' namens Leben erleben, kreieren.
Ferner kennen Sie jetzt alle vier Schatzsuch-Werkzeuge, die Sie
brauchen, um aus dem Geld-Spiel auszubrechen.

In diesem Kapitel werden Sie entdecken, wie Sie die vier Werkzeuge in Ihrem Alltagsleben kombinieren und anwenden können. Ich gehe auch schon ein bisschen darauf ein, was Sie dann
erwartet, wenn Sie sie gebrauchen. Später, in Kapitel 12, erzähle
ich Ihnen zahlreiche Geschichten aus meinem eigenen Leben

und dem meiner Kunden und Schüler, damit Sie sehen, wie ein Leben in Phase 2 aussieht und sich anfühlt (wenngleich Sie natürlich Ihre ganz eigenen Erfahrungen machen werden).

In Phase 2 ist nichts von Bedeutung, Stabilität und Bestand, außer dass sie Ihnen dazu verhilft, die vier Schatzsuch-Werkzeuge anzuwenden.

In Phase 1 des Menschen-Spiels war Ihr Augenmerk auf das gerichtet, was in Ihrer Umgebung vor sich ging. In Phase 2 verschiebt sich der Fokus auf das, was *in Ihrem Inneren* vorgeht. In Phase 1 drehte sich alles darum, Ihre wahre Macht vor Ihnen zu verbergen, Ihnen Beschränkungen aufzuerlegen und Sie davon zu überzeugen, Sie seien das genaue Gegenteil dessen, der Sie eigentlich sind. In Phase 2 geht es darum, verlorene Energie zu Ihnen zurückzuholen, sich daran zu erinnern, wer und was Sie sind, die Wahrheit zu erkennen und zu bestätigen, sich zu öffnen, Ihre Wertschätzung zu verbessern und Ihre Grenzen zu sprengen. Das nenne ich „Ihre Phase-2-Arbeit."

In Phase 1 ist sehr wichtig für Sie, was in Ihrem Hologramm passiert. Jedes Detail zählt. In Phase 2 hingegen sind die Details unwichtig. Warum? Weil sie alle von Ihrem Erweiterten Selbst kreiert werden mit dem einzigen Zweck, Sie in Ihrer Phase-2-Arbeit zu unterstützen. In Phase 2 ist es nicht wichtig, ob Sie einen Job kündigen oder ihn behalten, eine Liebesbeziehung fortsetzen oder beenden, an einer Weggabelung links oder rechts weiterlaufen, Geld verdienen oder es verlieren, ein harmonisches Familienleben haben oder häufig streiten. Es ist nicht wichtig, ob Ihre Karriere steil nach oben geht oder vor sich hin dümpelt. Es ist auch nicht wichtig, welche Bilanzen und welches Nettovermögen Sie besitzen, beziehungsweise, ob sich diese im Laufe der Zeit ändern.

Die gesamte Handlung Ihres ‚Films' ist unwichtig. Das Einzige, was zählt, ist, welche Chancen Ihnen Ihre Handlung gibt, die

Schatzsuch-Werkzeuge anzuwenden und Ihre Phase-2-Arbeit zu erledigen. Das Ziel in Phase 2 ist es, Sie so weit zu bringen, dass Sie das Menschen-Spiel ohne Grenzen und Einschränkungen spielen können. Weil der zu findende Schatz so wertvoll ist und über alles hinausgeht, was Sie sich heute vorstellen können, tritt alles andere demgegenüber in den Hintergrund.

Das Konzept ist raffiniert erdacht. Oberflächlich betrachtet, ist es logisch und leicht zu verstehen. Aber es gibt da Feinheiten, die erst dann klar werden, wenn Sie einige Phase-2-Erfahrungen gemacht haben, die Ihnen den Wahrheitsgehalt des Ganzen *beweisen*. Lassen Sie mich zunächst nur die Saatkörner setzen. Später werden Sie sie dann gießen und düngen, bis sie wachsen und groß werden.

Wenn Sie auf Phase 2 zugehen, wird Ihr Erweitertes Selbst Vorlagen im Nullpunkt-Feld kreieren, sie mit gewaltiger Energie aufladen und in Ihr Hologramm katapultieren, um Ihnen Gelegenheit zu geben, die vier Schatzsuch-Werkzeuge anzuwenden und aus dem Geld-Spiel auszubrechen. In Phase 1 des Menschen-Spiels hat man Sie gelehrt, *proaktiv* zu sein, in die Welt hinauszugehen und Dinge anzustoßen, tatkräftig zu handeln, sich Ziele zu setzen und sie zu erreichen, Ihre Arbeit zu erledigen. Diese Vorlage war so stark in mir präsent, dass ich neun Monate gebraucht habe, um die ganze Energie aus ihr zurückzuholen und sie zum Kollabieren zu bringen.

In Phase 2 ist das genaue Gegenteil gefragt. In Phase 2 leben Sie in einem Modus, den ich *reaktiv* nenne. Sie wachen morgens auf und warten ab, was in Ihrem Hologramm vorkommt, worauf Sie Lust haben, was Sie inspiriert. Wenn ein Einfluss von außen kommt, reagieren Sie auf ihn. Wenn Sie Lust oder die Inspiration fühlen, etwas zu tun, dann tun Sie es. Wenn Sie wollen, den ganzen Tag lang. Sie gehen abends ins Bett, wachen am nächsten Morgen auf und tun es wieder. In Phase 2 gibt es keine Ziele, keine Tagesordnung, keine Ergebnisse. Es gibt keine Jahrespläne,

Fünfjahrespläne oder Zehnjahrespläne. Sie richten Ihr Augenmerk auf die Gegenwart aus und leben für den Augenblick, einen nach dem anderen.

Sie verhalten sich wie ein Handwerker. Als Handwerker warten Sie, bis jemand Sie anruft und einen Job für Sie hat. Wenn Ihr Kunde Sie ruft, gehen Sie in sein Haus oder Büro und überlegen sich, was zu tun ist. Dann nehmen Sie ein passendes Werkzeug aus Ihrer Werkzeugkiste beziehungsweise aus Ihrem Auto und erledigen, was getan werden muss. Wenn Sie mit einem Werkzeug und einem Projekt fertig sind, nehmen Sie ein anderes Werkzeug und bearbeiten ein anderes Projekt, wobei Sie für jeden Job das passende Werkzeug verwenden sollten. Das kann ein Schraubenzieher sein, eine Malerbürste, ein Bohrer oder eine Säge. Abbildung 11.1 zeigt, welche Werkzeuge Sie in Ihrem Phase-2-Gürtel haben.

Sie leben also Moment für Moment, im reaktiven Modus. Wenn ein Erlebnis in Ihrem Hologramm auftaucht, das bei Ihnen Unbehagen auslöst, ziehen Sie das Werkzeug Prozess aus Ihrem Gürtel und verwenden Sie es. Wenn etwas in Ihrem Hologramm auftaucht, das Ihnen kein Unbehagen bereitet, aber auf ein einschränkendes Ei im Nullpunkt-Feld hinweist (etwa ein Kontoauszug, Bilanzauszug, Depotauszug, eine Rechnung oder Ähnliches), ziehen Sie das Werkzeug Mini-Prozess aus Ihrem Gürtel und arbeiten damit. Wenn Sie sich dabei ertappen, dass Sie im einschränkenden Vokabular von Phase 1 denken oder reden, dann ziehen Sie Ihr Werkzeug Ermächtigender Wortschatz und Selbstgespräch aus dem Werkzeuggürtel und verwenden Sie es. Und wann immer sich die Gelegenheit ergibt, ziehen Sie das Werkzeug Wertschätzung heraus und freuen Sie sich über die Großartigkeit Ihrer Kreationen, Sie selbst als Schöpfer all Ihrer Erlebnisse und das ganze Menschen-Spiel.

Wenn Sie im Laufe des Tages eine Entscheidung zu treffen haben, dann tun Sie, was immer Sie motiviert oder inspiriert und vertrauen Sie darauf, dass es die perfekte Wahl ist, weil das Erwei-

Abbildung 11.1: Ihr Phase-2-Werkzeuggürtel.

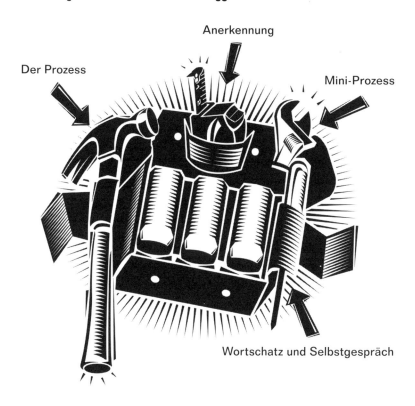

terte Selbst jeden Ihrer Schritte begleitet. Wenn Sie sich bei Ihrer Entscheidung unwohl fühlen, wenden Sie den Prozess an, und zwar so lange, bis das Unwohlsein verschwunden ist. Anschließend, von diesem erweiterten Zustand aus, können Sie tun, was Sie wollen und darauf vertrauen, dass es die richtige Wahl für Sie ist.

Ihr Erweitertes Selbst sitzt in Phase 2 am Steuer. Sie können keinen Fehler machen, nichts falsch machen und nichts kaputt machen. Vertrauen Sie einfach Ihrem Erweiterten Selbst und tun Sie, was Sie inspiriert und motiviert. Leben Sie von einem Moment zum nächsten.

In Phase 1 haben Sie sich eingeredet, es gäbe Energie in Ihrem Hologramm, Sie selbst (Ihre Persona) würden den Bus fahren und die Last und Verantwortung für alle Arbeit hätten Sie selbst. In Phase 2 sollten Sie diese Vorstellung völlig über Bord werfen. Fügen Sie sich in das Phase-2-Spiel und erlauben Sie Ihrem Erweiterten Selbst, die Führung zu übernehmen. Lassen Sie los. Wenn Sie beim Loslassen oder schon beim bloßen Gedanken daran Ängste und Sorgen verspüren, wenden Sie den Prozess an. Sie sollten wissen: Sie hatten auch in Phase 1 nie die völlige Kontrolle über sich. Es gab keinerlei Energie in Ihrem Hologramm. Das alles war eine reine Täuschung. Auch da schon hatte Ihr Erweitertes Selbst die Macht und die Kontrolle, also können Sie in Phase 2 ruhig loslassen und ihm vertrauen. Sie bestätigen damit nur die Wahrheit und setzen Sie in Ihrem Leben um.

Sie brauchen nicht nach den Eiern zu suchen, aus denen Sie Energie zurückholen können. Folgen Sie einfach Ihrem Erweiterten Selbst; es bringt Sie hin. Wie wir gesehen haben, weiß Ihr Erweitertes Selbst sehr gut, wo die Eier mit der größten Energiemenge versteckt sind. Es weiß, an welchen Stellen Ihres Phase-1-Gebäudes es die Sprengladungen anbringen muss, sodass Sie dieses Gebäude sprengen können, wenn Sie dazu bereit sind. Wie schon erwähnt, müssen Sie, um beim Bild zu bleiben, nicht jeden Ziegelstein des Gebäudes einzeln sprengen, sondern es genügt, wenn Sie die ‚Stützpfeiler‘ Ihrer Illusion beseitigen.

Die Anwendung des Prozesses in Phase 2 verlangt enorm viel Mut, Geduld, Disziplin, Engagement und Sorgfalt von Ihnen. Warum das so ist? Weil Ihr Erweitertes Selbst Sie, wie ich in Kapitel 10 erklärt habe, zu ein paar Eiern führen muss, die unglaubliches, kaum zu ertragendes Unbehagen in Ihnen auslösen werden. In Phase 1 des Menschen-Spiels sind Sie vor solchen Gefühlen weggelaufen, haben sie verdrängt, zugedeckt oder weggescheucht. In Phase 2 müssen Sie mitten hinein in diese Gefühle. Sie müssen sich ihnen stellen und sie aushalten. Es verlangt Ihnen eine Menge Mut, Disziplin und Engagement ab, das zu tun, dabei innerlich kämpferisch und doch gelassen zu bleiben und den Prozess Tag für Tag anzuwenden, auch wenn Sie am liebsten aufgeben würden.

Verlieren Sie bei all Ihrer Phase-2-Arbeit nie aus dem Auge, was für ein immenser Schatz am Ende Ihrer Reise auf Sie wartet. Das Ziel ist alle Ihre Anstrengungen wert!

Seien Sie, wenn Sie den Prozess anwenden, bitte unbedingt realistisch. Überschätzen Sie Ihre Kräfte und Ihr Tempo nicht. Wenn Sie erst die Kraft der Schatzsuch-Werkzeuge erfahren haben, sind Sie leicht versucht, den Prozess auf alles Mögliche anzuwenden und gleichzeitig von überall Energie zurückzuholen. Oder Sie sind versucht, alles in Ihrem Hologramm auf einmal ändern zu wollen. Keins von beidem ist sinnvoll. Denken Sie daran: Das Ziel ist *nicht,* sämtliche Energie auf einmal zurückzufordern oder Ihr ganzes Hologramm auf einmal umzuwandeln. Ihr Erweitertes Selbst bringt Sie zu den Eiern mit der meisten Energie, und das Ganze ist extra so gemacht, dass Sie Ihre Energie nur durch mehrfache Verwendung des Werkzeugs Prozess zurückbekommen, und zwar erst dann, wenn die grundlegenden Eier ganz ausgeleert sind. Manchmal habe ich ein Ei in ein paar Tagen oder Wochen geleert; bei anderen Eiern hat es monatelang, jahrelang oder noch länger gedauert, bis sie leer waren. Ihr Erweitertes Selbst wird Sie auch dabei unterstützen, diese Kreationen und sich selbst als deren Urheber wirklich schätzen zu lernen. Sie werden sehen: Je tiefer Sie in Phase 2 vordringen, desto wichtiger wird das Werkzeug der Wertschätzung für Sie.

In Phase 1 lautet das Motto: „Je schneller, umso besser." In Phase 2 ist das Tempo unwichtig. Wichtig ist nur das Ziel, das Menschen-Spiel ohne irgendwelche Einschränkungen spielen zu können. Einen Terminplan dafür gibt es nicht. Teilen Sie sich die Zeit so ein, wie Sie wollen.

Manchmal werden Sie sich unwohl fühlen, den Prozess anwenden und sich danach besser fühlen; aber ein paar Sekunden, Minuten oder Stunden später wird das Unwohlsein wiederkehren, eine Art ‚Rückschlag'. Es fühlt sich genauso an, aber es ist nicht dasselbe. Es gibt hier keinen Bumerang. Jedes Gefühl, das hochkommt, ist neu. Wann immer Sie den Prozess anwenden, um Energie zurückzufordern, bekommen Sie Energie zurück. Sie können sich nicht beschummeln oder ‚nur so tun als ob'. Es ist echt, auch wenn Sie sich gleich danach nicht anders fühlen als vorher (das kommt vor). Jedes Mal, wenn Sie den Prozess anwenden, verändern Sie sich, gehen Sie in einen erweiterten Bewusstseinszustand über. Jedes Mal ist es anders für Sie. Wenn Sie das Gefühl haben, es wiederholt sich, ist es wahrscheinlich mehr Energie aus demselben Ei, aber es ist andere Energie, nicht dieselbe. Heißen Sie das Unbehagen willkommen, tauchen Sie ganz darin ein, wenden Sie den Prozess an und nehmen Sie die Energie zurück.

Wenn Sie Energie zurückgeholt haben, gehört sie Ihnen – für immer. Sie können sie nicht verlieren. Wenn Sie sich entwickeln, gibt es keine Rückschläge. Sie können niemals in ein früheres Entwicklungsstadium zurückfallen.

In Phase 2 fordern Sie Ihre Energie zurück, um sie zu erhalten, egal wohin sie geht. Sie fordern keine Energie zurück, um damit Ihr Hologramm zu verändern, zu reparieren oder zu verbessern. Hier sind wir an einem kritischen Punkt angelangt, der am Anfang für Sie schwer zu verstehen ist. Sie holen nicht Ihre Energie zurück, damit etwas *Schlechtes* weggeht und etwas *Gutes* auftaucht oder an Menge zunimmt. Sie erhalten nicht Ihre Energie zurück, um damit die Verkaufszahlen Ihres Geschäftes zu verdreifachen, Ihr Einkommen zu verdoppeln, Ihre Schulden los zu werden, die Arbeitsleistung Ihrer Angestellten zu verbessern, befördert zu werden, sich besser zu fühlen oder irgendein anderes bestimmtes Ergebnis zu erreichen. Lösen Sie sich innerlich von allen Programmen, Termin- und Anlageplänen. Ich weiß, das ist leichter gesagt als getan. Aber Sie werden im Laufe Ihrer Phase-2-Arbeit ganz von selbst offen für diese neue Mentalität. Es passiert einfach.

Die große Versuchung liegt darin, bei *negativen* finanziellen und geschäftlichen Vorkommnissen den Prozess anzuwenden und anschließend gleich Ihr Hologramm anzusehen, um zu prüfen, ob es schon ein *deutliches Ergebnis* gibt. Aber das bringt Sie nicht weg vom Geld-Spiel. Jetzt wird es gefährlich und subtil, Sie stoßen auf Treibsand, passen Sie daher gut auf: Wenn Sie etwas an Ihrem Hologramm verändern, reparieren oder verbessern wollen, was tun Sie dann? Urteilen! Sie sagen: „Ich mag das nicht." Wie wir erkannt haben, sind Beurteilungen und Einschätzungen der Klebstoff, der die Phase-1-Täuschungen festhält. Was passiert, wenn Sie eine Kreation beurteilen? Sie festigen den Klebstoff, der diese Kreation in Ihrem Hologramm festhält. Sie bestätigen damit: „Es ist echt! Es ist echt!", und die Illusion setzt sich nur noch mehr fest. Aber Ihr Ziel in Phase 2 ist, die Energie aus den Eiern herauszuholen, nicht, die Eier mit Energie zu füttern.

Sie können eine Kreation nicht beurteilen, die Energie herausziehen und die Vorlage gleichzeitig zum Kollabieren bringen. Das ist ganz einfach nicht möglich.

Sehen wir uns dieses wichtige Konzept genauer an. In Phase 1 gibt es die Illusion von Ursache und Wirkung, Handlung und Ergebnis der Handlung. Wir reden uns ein: „Wenn ich x und y tue, bekomme ich z." In Wahrheit gibt es *im Hologramm* keine solche Ursache-Wirkungs-Beziehung. Das bedeutet: Es gibt keine Ursache *im Hologramm*, die eine Wirkung *im Hologramm* hervorruft. Das Wahre liegt immer außerhalb des Hologramms. Das Wahre ist immer nur Ihr Bewusstsein, eine Vorlage im Nullpunkt-Feld oder Ihre Energie.

Wenn Sie den Prozess anwenden und dann nach einer Veränderung in Ihrem Hologramm als *Ergebnis* suchen, was tun Sie dann? Sie suchen nach einem Beweis für die Wahrheit und verstärken somit Ihre Überzeugung: „Ich bin nicht sicher, ob die Wahrheit wirklich stimmt." Sie sehen eine Kreation an und sagen: „He, du da, schlechte Kreation, geh weg; dann glaube ich es erst." Wenn Sie das tun, kann sich nichts in Ihrem Hologramm ändern, und Sie können weder Ihre Energie zurückbekommen noch sich entwickeln. Warum? Weil Sie immer noch dabei sind, Ihre einschränkenden Eier zu füttern. Verstehen Sie das? Wenn nicht, werden Sie es später verstehen, dann nämlich, wenn Sie in Phase 2 springen und eine Weile Phase-2-Arbeit machen. In Phase 2 ist Ihr Ziel, zu verstehen und zu erkennen, dass nichts in Ihrem Hologramm echt ist und SIE die ganze Energie haben. Das Ziel ist *nicht*, die Täuschung zu verstärken.

Alle meine Kunden und meine Schüler aus der ganzen Welt verstehen das Konzept im Prinzip, aber einige sagen: „Ich mag meine gegenwärtige Situation nicht. Deswegen will ich aus dem Geld-Spiel ausbrechen. Natürlich möchte ich mein Hologramm verändern. Ich möchte es reparieren und verbessern. Wie aber soll ich diesen Konflikt lösen?" Haben Sie das auch gedacht? Hier ist meine Antwort: Sie können eine Täuschung nicht verändern, reparieren oder verbessern. Sie ist nicht echt. Was wollen Sie da verändern, reparieren oder verbessern? Es ist alles Schall und Rauch.

Betrachten wir das Ganze mal aus einem anderen Blickwinkel. Nehmen wir an, Sie würden versuchen, sich mit einem Zielplan Energie zurückzuholen, etwa so: „Ich fordere meine Energie zurück, damit ich mein Einkommen verdoppeln kann." Oder: „Ich möchte meine Energie zurück haben, damit ich meine Schulden bezahlen kann." Oder: „Ich fordere meine Energie zurück, damit ich meine Verkaufszahlen verdoppeln kann." Nehmen wir an, Sie erreichen das gewünschte Ergebnis. Alles, was Sie tun, ist, eine Täuschung durch eine andere zu ersetzen. Alles, was Sie tun, ist, eine *begrenzte* Kreation durch eine andere *begrenzte* Kreation zu ersetzen. Das wollen Sie doch nicht, oder? Sie wollen doch *ganz* aus dem Geld-Spiel ausbrechen, oder nicht? Noch einmal: Sie wollen den Punkt erreichen, ab dem Sie das Menschen-Spiel ohne jede Einschränkung spielen können. Solange Sie nur Ihr Hologramm verändern, reparieren oder verbessern wollen, solange Sie mit Zeit- und Terminplänen, Programmen und Ergebnissen arbeiten, nähren Sie die einschränkende Täuschung nur und füttern die Eier mit Energie, anstatt Energie herauszuziehen.

Bedenken Sie bitte auch das Folgende. Es hat ebenfalls mit der Frage zu tun, warum Sie nicht versuchen sollten, Ihr Hologramm zu verändern, zu reparieren oder zu verbessern. Jede einzelne Kreation, die Sie in Ihr Hologramm katapultieren, ist ein absolutes Wunderwerk. Im Grunde genommen ist da nichts. Alles ist nur Schall und Rauch. Und doch wirkt es absolut echt, weil Sie so ein begabter und mächtiger Schöpfer sind. Es ist nicht besser, 50.000 Dollar auf dem Konto zu haben als 500 Dollar. Es ist nicht besser, ein Millionär zu sein, als bankrott zu sein oder mit 25.000 Dollar Schulden dazustehen. Es ist nicht besser, aus dem Geld-Spiel auszubrechen und sich der Grenzenlosen Fülle zu öffnen, die Ihr Urzustand ist, als das Phase-1-Spiel zu spielen und finanziell eingeengt zu sein.

Alle diese Kreationen sind voneinander verschieden, aber aus der Sicht Ihres Wirklichen Ich sind es alles großartige Schöpfungen und alle gleichwertig. Zählt eine Figur aus einem Film, die nur 5 Dollar besitzt, weniger als eine andere, die Millionen besitzt? Nein. Denn keine von beiden ist echt. Sie sind alle so unecht wie das ihnen angedichtete Vermögen. Dasselbe gilt für die Täuschungen in Ihrem Hologramm.

Alle Kreationen sind perfekt, so wie sie sind. Sie wären nicht in Ihrem Hologramm, wenn es keine entsprechende, mit Energie angereicherte Vorlage in Ihrem Nullpunkt-Feld gegeben hätte. Es hätte keine Vorlage für sie in Ihrem Nullpunkt-Feld gegeben, wenn Ihr Erweitertes Selbst sie nicht dort angelegt hätte – mit voller Absicht, nach einem brillanten Plan, – mit dem Zweck, Sie auf Ihrer Reise in perfekter Weise zu unterstützen, ohne Rücksicht darauf, welche Definition, Bezeichnung oder Einschätzung Sie dieser Kreation geben.

Der einzige Grund dafür, dass Ihnen manche Kreationen *besser* oder *sinnvoller* als andere vorkommen, ist, dass Sie immer noch in der Phase 1 verhaftet sind, wo Sie darüber urteilen, Geschichten erfinden und diese für wahr halten. Ich verstehe, dass das für Sie schwer zu verstehen ist, aber es ist Die Wahrheit, und um Ihnen die nahe zu bringen, haben Sie mich erfunden. Wie gesagt: Alle Modelle, die ich Ihnen hier zeige, werden Sie erst dann zunehmend als wahr und realistisch ansehen, wenn Sie im Laufe Ihrer Phase-2-Arbeit immer mehr Energie zurückbekommen und sich immer mehr entwickeln.

Ihr Hologramm *wird* sich verändern, wenn Sie Ihre Phase-2-Arbeit gewissenhaft machen. Sie könnten sich diese Veränderungen ansehen und sagen, es sei *besser* geworden. Aber die Wahrheit ist, dass Ihr Leben dadurch nicht *besser* wird. Es wird nur *anders*. Die Unterschiede erlauben es Ihnen, andere Spiele zu spielen – aus purer Freude am Spielen. Wenn Sie einmal genug von Ihrer eigenen Energie wiedererlangt haben und genügend von Ihrer Grenzenlosen Weisheit, um das zu erkennen – es wirklich zu erkennen – und es tief im Inneren ganz zu verstehen (und das werden Sie eines Tages, wenn Sie weiter in Phase 2 spielen!), ist das ein Zeichen dafür, dass Sie dabei sind, aus dem Geld-Spiel auszubrechen!

Wenn Sie in Phase 2 an den Punkt gelangen, an dem Sie aus reiner Spielfreude sagen können: „Ich möchte X kreieren", können Sie es tun. Aber wenn Sie nicht wirklich schätzen, was Sie bereits erschaffen haben, oder wenn ein Urteil oder Restenergie aus Phase 1 Ihren Kreationswunsch bestimmt, wird die Kreation nicht in Ihrem Hologramm erscheinen.

Das klingt spitzfindig, aber es ist sehr wichtig und ist eine große Hürde, die Sie in Phase 2 nehmen müssen. Wenn Sie so sind wie ich und wie viele meiner Kunden und Schüler waren, wird trotz dieses Wissens auch für Sie die Versuchung oft groß sein, den Prozess anzuwenden und dabei irgendwelche Zielvorgaben für eine Veränderung Ihres Hologramms zu machen. Wenn Sie der Versuchung nicht widerstehen können, tun Sie es. Es ist nicht schlimm. Wie schon gesagt, können Sie in Phase 2 Ihr Hologramm nicht beschädigen und keine Fehler machen. Aber wenn Sie versuchen, mit einer konkreten Zielvorgabe Energie zurückzufordern oder Ihr Hologramm zu verändern, zu reparieren oder zu verbessern, werden Sie merken, dass das schlicht und einfach nicht geht. Wenn Sie Ihre Phase-2-Arbeit fortsetzen und sich fortentwickeln, wird der Wunsch, Ihr Hologramm zu verändern, zu reparieren oder zu verbessern, ganz von selbst immer unwichtiger.

> **Wenn Sie aus dem Geld-Spiel ausbrechen wollen, kümmern Sie sich nicht darum, wie die Illusionen in Ihrem Hologramm auf dem Weg dahin aussehen. Lassen Sie sich einfach treiben und gebrauchen Sie bei Gelegenheit Ihre vier Schatzsuch-Werkzeuge.**

Manche Kunden und Schüler sagen zu mir: „Das *klingt* gut, aber wie soll ich das umsetzen? Ich habe eine eigene Firma und muss mich um Zahlen, Ziele und Ergebnisse kümmern." Oder: „Ich bin Angestellter, und mein Chef erwartet von mir, dass ich mir regelmäßig Ziele setze und sie auch erreiche." Oder: „Ich habe eine Menge Fixkosten und eine Familie zu ernähren. Ich kann es mir nicht leisten, so unbeschwert und leichtsinnig in den Tag hinein zu leben."

Wenn solche und ähnliche Gedanken Sie beschäftigen, dann holen Sie erst einmal tief Luft und erlauben Sie mir, Sie an ein paar Wahrheiten zu erinnern, die für Sie auf Ihrer Reise durch

Phase 2 des Menschen-Spiels immer wichtiger und klarer werden. Denken Sie immer daran:

- Es gibt keine Firma.
- Es gibt keine Zahlen.
- Es gibt keine Ziele, keine Ergebnisse.
- Es gibt keine Anstellung.
- Es gibt keinen Chef.
- Es gibt keine Fixkosten und keinen Familienunterhalt.

Es ist alles erfunden. Alles ist eine Erfindung Ihres Bewusstseins. Es gibt keine Macht neben Ihnen – keine Personen, keine Sachzwänge. *Sie selbst* besitzen alle Energie, und Ihr Erweitertes Ich nützt sie in Phase 2 in brillanter Weise – zusammen mit Ihrem Job, Ihrer Firma, Ihrem Chef, Ihrer Familie und allem anderen –, um Sie darin zu unterstützen, Ihre Phase-2-Arbeit zu machen und aus dem Geld-Spiel auszubrechen.

Ob Sie eine eigene Firma haben, für jemand anderen arbeiten oder arbeitslos sind, ob Sie alleinstehend, verheiratet mit Kindern oder kinderlos sind, was auch immer Ihre Lebenssituation ist, Sie können in jedem Fall jeden Moment bewusst genießen, im reaktiven Modus leben und die Schatzsuch-Werkzeuge verwenden, um vom Geld-Spiel loszukommen – ohne Terminplan, Zielvorgaben und Investitionen in irgendwelche Ergebnisse. Ich selbst tue es jeden Tag, und das schon seit Jahren, obwohl ich mehrere Firmen besitze und eine Frau und zwei Kinder habe. Im nächsten Kapitel zeige ich Ihnen genau, wie ich es mache und biete Ihnen zusätzliche Leitlinien an, denen Sie folgen können. In dieser Hinsicht bin ich ein ganz normaler Mensch.

Nun möchte ich mit Ihnen darüber reden, was Sie erwartet, wenn Sie auf Ihrer Reise tief hinein in die Phase 2 Ihre vier Schatzsuch-Werkzeuge gebrauchen. Zuerst gebe ich Ihnen einen kurzen Überblick. Dann sehen wir uns jeden Punkt einzeln an.

Was Sie in Phase 2 erwartet

1. Rechnen Sie damit, dass Sie sich unwohl fühlen.
2. Rechnen Sie damit, dass unheimliche Dinge passieren.
3. Rechnen Sie damit, dass alles, woran Sie glauben, in Zweifel gezogen werden kann.
4. Rechnen Sie damit, dass Sie sich zeitweise verwirrt, frustriert, überwältigt und desorientiert fühlen.

1. Rechnen Sie damit, dass Sie sich unwohl fühlen

Da, wo Sie sich am unwohlsten fühlen, ist die größte Energiemenge verborgen. Daher müssen Sie sich, wenn Sie die Energie zurückgewinnen wollen, besonders zu Beginn Ihrer Phase-2-Reise häufig unwohl fühlen. Das ist nun einmal so. Sie werden daran sogar den Moment erkennen, in dem Sie tatsächlich in Phase 2 eintreten, denn ein oder zwei Dinge werden erfunden und in Ihr Hologramm gestellt, die ungewöhnlich und heftig sind und Ihnen extrem viel Unbehagen bereiten werden. Unwohlsein ist sozusagen das Motto der Phase 2. Dabei ist das Unwohlsein, wie Sie mittlerweile wissen, eigentlich ein Geschenk.

Die automatische Reaktion auf Unwohlsein ist in Phase 1 diese:

„Ich hasse es."
„Ich muss hier raus."
„Warum passiert mir so was?"
„Das halte ich nicht aus."
„Geh weg!"

Alle diese Reaktionen unterstützen das Phase-1-Ziel, Sie einzuzengen und davon zu überzeugen, Sie wären das Gegenteil dessen, der Sie sind. In Phase 2 ist die einzig richtige Antwort auf diese Gefühle, den Prozess aus dem Werkzeuggürtel zu holen und anzuwenden, mit seiner Hilfe Ihre Energie aus diesen Kreationen zurückzuholen und unverdrossen seinen Weg des Ausbrechens fortzusetzen.

2. Rechnen Sie damit, dass unheimliche Dinge passieren.

Drei Hauptziele der Phase 2 des Menschen-Spiels sind:

1. Ihre Energie zurückzuholen.
2. Sich darüber klar zu werden, wie raffiniert Sie sich in Phase 1 selbst getäuscht haben.
3. Sie dabei zu unterstützen, sich daran zu erinnern, wer Sie wirklich sind, wie mächtig Sie sind und dass Sie bis zum letzten Detail all Ihre Erlebnisse selbst erfinden.

Um diese drei Ziele zu erreichen, müssen Erlebnisse kreiert werden, die Ihnen ‚unheimlich' vorkommen. Was bedeutet ‚unheimlich'? Eine Definition, die ich kürzlich in einem Lexikon gefunden habe, sagt: „von verblüffend seltsamem oder ungewöhnlichem Charakter; befremdlich". Wenn Sie ein Grenzenloses Wesen sind und sich eingeredet haben, Sie seien das genaue Gegenteil dessen, der Sie sind, und jetzt kommen Sie plötzlich dahinter, wer Sie wirklich sind und wie mächtig Sie eigentlich sind, ist da verwunderlich, wenn Ihnen das, was Sie sehen, aus Sicht der Phase 1 „verblüffend seltsam, ungewöhnlich und befremdlich" vorkommt? Wohl kaum! Meine eigene persönliche Erfahrung und die von tausenden Kunden und Schülern weltweit sagt, je unheimlicher es einem vorkommt, umso größer ist die Chance zur inneren Fortentwicklung, die Sie sich einräumen. Im nächsten Kapitel bringe ich ein paar Anekdoten, die zeigen, wie seltsam und fremdartig die Dinge plötzlich (empfunden) werden können.

Was noch auffällt, ist, dass die Dinge und Ereignisse so unheimlich werden können, dass Sie nicht mehr genau wissen, ob sie wirklich passiert sind oder Sie sich alles nur ausgedacht haben.

Meine eigene Erfahrung und die meiner Kunden ist, dass zu Beginn von Phase 2 die Erkenntnisse, was die Wahrheit ist, wie mächtig Sie in Wahrheit sind und bis zu welchem Grad Sie alles kreieren und kontrollieren, schon surreale Züge annehmen kann. Wenn Sie sich darauf einstellen und es so nehmen, wird es sich allmählich ändern.

3. Rechnen Sie damit, dass alles, woran Sie glauben, in Zweifel gezogen werden kann.

Wie Sie wissen, birgt jede einschränkende Vorlage im Nullpunkt-Feld eine oder mehrere Überzeugungen in sich. Keine von ihnen ist wahr. Sie sind alle erfunden. Deswegen muss, wenn Sie aus dem Geld-Spiel ausbrechen wollen, jede einzelne Ihrer Grund-Überzeugungen, die Sie einengen und an Ihrer Illusion festhalten lassen, aufgespürt, durchlebt, bearbeitet und schließlich zum Kollabieren gebracht werden. Das ist absolut notwendig und unumgänglich.

Sie können nicht einfach weiterhin glauben, was Sie in Phase 1 geglaubt haben, wenn Sie aus dem Geld-Spiel ausbrechen wollen. Es ist nicht möglich. Eins schließt das andere aus.

4. Rechnen Sie damit, dass Sie sich zeitweise verwirrt, frustriert, überwältigt und desorientiert fühlen.

Wenn Sie sich in Phase 2 häufig unwohl fühlen, viele seltsame Dinge sehen und alles, was Sie als wahr angenommen hatten, bis ins Mark erschüttert wird, werden Sie sich dann nicht verwirrt, frustriert, überwältigt und desorientiert fühlen? Aber sicher!

Heute kann ich darüber lachen, aber in meinem ersten Jahr in Phase 2 habe ich oft zum Himmel geschaut und zu meinem Erweiterten Selbst gesagt: „Ich glaube, du hast meine Fähigkeiten, damit klar zu kommen, überschätzt. Es wird mir zu viel. Ich komme nicht mehr damit zurecht. Ich brauche eine Pause. Bitte mach, dass es aufhört oder dass es wenigstens nicht noch schlimmer wird."

Das Gute daran ist aber, dass man diese Gefühle nach und nach wegbekommt. Das heißt: Wenn Sie sich innerlich unwohl fühlen, wenden Sie den Prozess an. Wenn Sie frustriert sind, wenden Sie den Prozess an. Wenn Sie sich überwältigt fühlen, wenden Sie den Prozess an. Wenn Sie sich desorientiert fühlen, wenden Sie den Prozess an. Nach der Anwendung des Prozesses, wenn Sie von der Grenzenlosen Energie umgeben sind, werden Sie nichts von alledem mehr spüren. Sie sind dann in einem erweiterten Bewusstseinszustand – bis Ihr Erweitertes Selbst Sie zu einem anderen Ei bringt oder zurück zu einem „alten" Ei, das noch Energie in sich trägt.

Ihr Erweitertes Selbst kennt Sie besser, als Sie sich selbst jemals kennen werden. Es gibt Ihnen niemals mehr, als Sie ertragen können. Auch wenn Sie denken, Sie wären überfordert und die Grenze des Zumutbaren überschritten, werden Sie merken, dem ist nicht so und Sie kommen noch damit zurecht. Wenden Sie einfach den Prozess an und seien Sie sich absolut sicher, dass Ihnen nichts passieren kann.

In Kapitel 6 habe ich Ihnen erklärt, dass andere Menschen in Ihrem ‚Film für alle Sinne' die Rolle von Schauspielern übernehmen und in Ihrem Hologramm drei Aufgaben wahrnehmen, nämlich:

1. etwas zu reflektieren, das Sie über sich selbst oder eine Überzeugung, die Sie entwickelt haben, denken oder fühlen.
2. hilfreiches Wissen, Weisheiten und Einsichten mit Ihnen zu teilen.
3. etwas in Bewegung zu setzen, um Sie auf Ihrer inneren Reise voranzubringen.

Deswegen gibt Ihr Erweitertes Selbst diesen Schauspielern in Ihrem Leben Drehbücher in die Hand und lässt sie alle möglichen Dinge sagen oder tun, die Sie bei Ihrer Phase-2-Arbeit unterstützen. Machen Sie sich daher darauf gefasst, dass Menschen in Ihrer Umgebung alle möglichen seltsamen Dinge sagen oder tun, mögen sie auch noch so inkonsequent sein oder gar nicht zu ihrem Charakter passen – das alles hat nur den Zweck, Sie auf Ihrer Reise zu unterstützen. Eine meiner Kundinnen, nennen wir sie Nancy, hat zum Beispiel als Teil ihrer Phase-2-Arbeit eine Art „Höllen-Weihnacht" erfunden, wo sich plötzlich jeder aus ihrem Familien- und Bekanntenkreis völlig ungewöhnlich und verrückt verhielt, so wie nie zuvor. Diese Kreation verhalf ihr zu zahlreichen Gelegenheiten, ihre Phase-2-Arbeit voranzubringen.

Vielleicht wollen Sie herausfinden, warum solche Dinge passieren, beziehungsweise welche der drei genannten Absichten die Worte und Handlungen die Schauspieler in Ihrem Film verfolgen. Der Wunsch, diesen Dingen nachzugehen, ist verständlich, aber geben Sie ihn auf. Wenn Ihr Erweitertes Selbst will, dass Sie eine Reflexion, Wissen, Weisheit, eine Einsicht oder einen Anstoß durch einen Schauspieler in Ihrem Hologramm verstehen, wird es Ihnen diese Einsicht schon vermitteln. Sie brauchen nicht extra danach zu suchen oder sich den Kopf zu zerbrechen. Gebrauchen Sie einfach Ihre vier Schatzsuch-Werkzeuge, fordern Sie damit Ihre Energie zurück und weiten Sie Ihr Bewusstsein beim Menschen-Spiel. Alles Übrige geschieht von selbst.

In Phase 2 geht es nicht ums Herausfinden, um Logik und Verstand, sondern um Gefühle und direktes Erleben. Verstehen ist dabei nur eine Art Trostpreis.

Das ist einer der Vorzüge der Phase 2, den ich persönlich besonders gut finde. In Phase 1 habe ich versucht, mein Leben ausschließlich mithilfe von Logik und Verstand zu führen. Das war sehr anstrengend und Kräfte raubend, und letzten Endes war es eine Strategie, die nicht funktionieren konnte (wie nichts in Phase 1 durchgehend funktioniert). Ich fand es unglaublich entspannend und befreiend, Verstand, Logik und das Grübeln abschalten und einfach meinen Gefühlen folgen zu können. Ich bin sicher, das geht auch Ihnen so.

Wie bereits erwähnt, besteht ein großer Teil von Phase 2 des Menschen-Spiels darin, schätzen zu lernen, wie fantastisch Sie Ihre eigene Täuschung geschaffen und sich selbst davon überzeugt haben, Sie wären das Gegenteil dessen, der Sie in Wirklichkeit sind. Deswegen wird Sie Ihr Erweitertes Selbst, wenn es Sie zu den Eiern bringt, um die in ihnen enthaltene Energie zurück zu gewinnen, manchmal auch hinter die Kulissen Ihrer eigenen Selbst-Täuschung blicken lassen. Wenn Sie den Prozess richtig angewandt haben und direkt danach glücklich aus dem Prozess herauskommen, werden Sie sich häufig sagen: „Aha, so habe ich es also gemacht! Wie bin ich bloß darauf gekommen? Ist ja unglaublich!"

Ich kann Ihnen nicht genau sagen, wie Sie die Phase 2 und das Ausbrechen aus dem Geld-Spiel erleben werden. Das ist für jeden anders. Aber Ihr Erweitertes Selbst weiß, auf welche Weise es Sie als Grenzenloses Wesen am besten vom Geld-Spiel befreien kann. Ich kann Ihnen aber mit absoluter Sicherheit garantieren, dass Sie das Leben in Phase 2 mögen werden, wenn Sie nur den Mut, die Ausdauer, das Engagement und die Disziplin aufbringen, die Phase-2-Arbeit zu machen und durchzuhalten – auch wenn Sie sich manchmal ängstlich, unangenehm und unwohl dabei fühlen. Die Transformationen, die Sie nach erfolgreichem Durchhalten in Ihrem Hologramm und in Ihrem inneren Erleben erfahren werden, werden Sie begeistern!

Bevor wir dieses Kapitel beenden, möchte ich noch zwei Anmerkungen machen. Erstens: Seien Sie während Ihrer Phase-2-

Arbeit liebevoll und geduldig zu sich selbst. Sie brauchen nicht über Nacht zum Meister in Sachen Schatzsuch-Werkzeuge zu werden. Rom wurde auch nicht an einem Tag erbaut. Vielleicht sagen Sie zu sich selbst Sätze wie diese:

„Ich weiß nicht, irgendwie mache ich es noch nicht richtig."
„Da habe ich die Chance, 100 Prozent Energie zu bekommen, und was bekomme ich? Nur 20! Mist!"
„Ich glaube, ich werde es wohl niemals schaffen."
„Ich fürchte, ich bin nicht dafür geschaffen. Das halte ich nicht durch!"
„Ich kann so hart arbeiten, wie ich will – es klappt einfach nicht!"
„Ich schaffe es nicht!"

Erkennen Sie die Stimmen wieder? Sie haben Ihnen in Phase 1 gute Dienste geleistet, aber jetzt haben sie ausgedient. Gebrauchen Sie den Prozess, wenn diese Stimmen wiederkommen. Tun Sie einfach, so viel Sie tun können und vertrauen Sie darauf, dass alles gut klappt, egal, was passiert oder wie es auf Sie wirkt!

Unterschätzen Sie nie, wie schwierig es war, Sie davon zu überzeugen, dass die Täuschung echt ist und Sie ein anderer als Sie selbst sind.

Alle die Jahre über, die Sie leben, haben Sie all Ihre Energie, Kreativität, Erfindungsgabe und Raffinesse als Grenzenloses Wesen darauf verwandt, sich einzureden, die Täuschung sei echt und Sie wären das exakte Gegenteil dessen, der Sie wirklich sind. Sie haben sich selbst gnadenlos über den Tisch gezogen. Sie haben sich eingeredet: „Die Welt um mich herum ist echt, Geld ist echt, mein Kontostand ist echt, und ich selbst bin nur beschränkt mächtig und von anderen abhängig" – so lange, bis Sie davon hundertprozentig überzeugt waren. Unbarmherzig haben Sie aus sich ein eingeengtes Wesen gemacht, sich klein gemacht. Jetzt müssen Sie all das umkehren und sich wieder in ein Grenzenloses Wesen ‚zurückverwandeln'. Das verlangt Energie, Anstrengung und Disziplin und eine Menge Zeit. Bereiten Sie sich innerlich darauf vor. Gönnen Sie sich eine Pause oder wenden Sie den Prozess an, wenn Sie sich als zu langsam ‚verurteilen', wenn es Ihnen zu viel wird, wenn Sie sich überfordert fühlen, und so weiter.

Gehen Sie in Phase 2 einfach folgendermaßen vor:

- Folgen Sie der Führung Ihres Erweiterten Selbst.
- Warten Sie ab, was in Ihrem Hologramm hochkommt oder zu welchen Tätigkeiten Sie angeregt werden.
- Ziehen Sie Ihre Werkzeuge aus Ihrem Werkzeuggürtel und verwenden Sie sie geduldig, je nachdem, was in Ihrem Hologramm hochkommt – ohne Zielvorgabe und ohne etwas an Ihrem Hologramm verändern, reparieren oder verbessern zu wollen.

Wenn Sie das Tag für Tag machen, werden Sie eines Tages aufwachen und feststellen, dass sich etwas in Ihrem Hologramm verändert hat. Vielleicht ist es nur, dass etwas, was Sie früher sehr aufgeregt hat, Sie jetzt zum Lachen bringt. Vielleicht wirkt jemand, den Sie bislang für einen Blödmann gehalten haben, plötzlich freundlich und sympathisch. Vielleicht *erhalten* Sie Geld aus unerwarteten Quellen. Zuerst wird es nur eine kleine Veränderung geben, dann eine zweite und immer mehr. Irgendwann werden es immer mehr und immer größere Veränderungen sein, sodass Sie denken, Sie wären im „Fantasia-Land". Aber alles kommt nur aus der geduldigen, ausdauernden, distanzierten täglichen Anwendung Ihrer Schatzsuch-Werkzeuge.

Werden Sie in Phase 2 nicht voreilig aktiv, und zwingen Sie keine Ergebnisse herbei. Machen Sie einfach Ihre Phase-2-Arbeit, und Sie werden sehen, dass sich die Wolkenwand auflöst und die Sonne Ihres Wirklichen Ich wieder mehr und mehr zum Vorschein kommt. Sobald das geschieht, verändert sich Ihr Hologramm von selbst – ohne Ihr Zutun –, und Sie werden staunen, was sich dann tut.

Für mich war das Leben in Phase 1 sehr anstrengend. Alles war so kompliziert. Es gab so viele Entscheidungen und Wahlmöglichkeiten, so viel Arbeit zu tun, so viel anzukurbeln, so viele Details zu prüfen, umzusetzen und zu beachten, damit man wenigstens einigermaßen über die Runden kam. Je tiefer ich in Phase 2 kam, umso besser wurden meine Werte für Lebensfreude, Ruhe und Zufriedenheit (und sie steigen immer noch). Diese Dynamik werden Sie auch bei sich selbst feststellen.

Was ich am Phase-2-Spiel auch sehr mag, ist, dass es so einfach ist! Sie brauchen nur vier Werkzeuge, und es ist sonnenklar, wann Sie welches anwenden müssen. Sie leben im reaktiven Modus, das heißt, Sie dürfen abwarten, was Sie motiviert oder inspiriert, das passende Werkzeug herausnehmen und loslegen. Das machen Sie Tag für Tag, und in dem Maße, in dem Sie Ihre Energie zurückgewinnen, nehmen Sie von selbst an Weisheit und innerer Fülle zu. Dann erreichen Sie eines Tages den Punkt, an dem Sie ausbrechen können, genug Energie gesammelt haben, oft genug die Wahrheit erkannt und sie und alles andere schätzen gelernt haben – ganz natürlich, ohne eigenes Zutun und auf eine Weise, die Sie sich heute noch nicht vorstellen können. In Kapitel 13 werde ich näher darauf eingehen, wie der Zeitpunkt des Ausbrechens aus dem Geld-Spiel praktisch aussieht.

Alles, was Sie bisher entdeckt haben, wird immer wirklicher und Ihr Verständnis der Wahrheit immer tiefer, je mehr Energie Sie zurückbekommen und je weiter Ihr Bewusstsein sich entwickelt.

Jetzt ist die Zeit gekommen, Ihnen ein paar höchst erstaunliche Geschichten aus meinem Leben, dem meiner Kunden und Schüler zu schildern, damit Sie sich besser vorstellen können, wie das Leben in Phase 2 aussehen *kann*. Wenn Sie bereit sind, folgen Sie mir zu Kapitel 12.

12 Ansichts-karten von unterwegs

„Geschichte ist ein Haufen Lügen,
auf den sich alle geeinigt haben."[1]

– Napoleon Bonaparte –

„Man kann auf zweierlei Weise
leben. Der Eine findet nichts verwunderlich. Für den Anderen ist
alles ein Wunder."[2]

– Albert Einstein –

Für jemanden, der sich darauf vorbereitet, in die Phase 2 des
Menschen-Spiels zu wechseln, kann es sehr hilfreich sein, zu
erfahren, wie es anderen Menschen bei ihrer Reise ergangen ist. In
Phase 1 gibt es die Tendenz, sich Tatsachenberichte anderer anzu-
hören und sich eine Überzeugung zu bilden, die da lautet: „So ist

es, und so wird es wohl auch bei mir sein." Wir sind in Phase 1 auch zu der Überzeugung gelangt, dass eine erfolgreiche Strategie im Allgemeinen auch auf andere übertragbar ist, dass jeder Erfolg hat, sofern er das tut, was andere getan haben, und zwar genauso, wie sie es getan haben – dass ein ähnliches Vorgehen zu ähnlichen Ergebnissen führt. Diese Einschätzung ist besonders verführerisch, wenn wir großen Respekt für unser Vorbild hegen und unbedingt auch haben wollen, was sie oder er anscheinend hat.

Aber keine dieser Überzeugungen ist für Sie in Phase 2 besonders hilfreich. Denn alles, was ich Ihnen an Erfahrungen aus meinem Leben mitteilen kann, wurde extra für mich gemacht, um mich als Grenzenloses Wesen beim Menschen-Spiel zu unterstützen – auf eine spezielle Art und Weise, mit ganz bestimmten Eiern, die von meinem Erweiterten Selbst nur für mich im Nullpunkt-Feld ausgelegt wurden. Daher ist alles, was ich Ihnen im Folgenden aus dem Leben meiner Familie, meiner Kunden und Schüler mitteile, für die jeweilige Person mit ihren jeweiligen individuellen Anlagen von ihrem eigenen Erweiterten Selbst maßgeschneidert – und nicht verallgemeinerbar oder auf andere übertragbar.

Es gibt keinerlei Beziehung zwischen dem, was in Phase 2 mit Ihnen passiert, und dem, was mit anderen Menschen passiert.

Ich könnte Ihnen tausende von Phase-2-Geschichten erzählen – aus meinem eigenen Leben, dem Leben meiner Angehörigen, meiner Schüler und Kunden. Das ist aber nicht notwendig und wäre auch nicht hilfreich für Sie. Ich möchte Ihnen deshalb nur ein paar kleine Geschichten erzählen, die Ihnen zeigen sollen, wie dieses „Unwohlsein", diese „seltsamen Dinge" aus Phase 2 aussehen *können*, außerdem noch einige Geschichten, damit Sie sehen, wie es aussehen *kann*, wenn Sie merken, wer Sie selbst wirklich sind, wie mächtig Sie eigentlich sind und bis zu welchem Grad Sie alles, was Sie selbst erleben, bis ins kleinste Detail erschaffen haben. Einige der Stories mögen Ihnen wichtig oder besonders beispielhaft erscheinen, andere klein und unwichtig. Aber alle sind wichtig. Sie wurden alle von mir ausgewählt, um Ihnen bestimmte Dinge zu zeigen, die Sie verstehen sollten.

Ich habe die Namen einiger Leute, deren Geschichten ich hier erzähle, geändert, weil sie mich darum gebeten haben, ihre Privatsphäre zu schützen. Aber alle Geschichten sind wahr, und ich habe nichts hinzugefügt. Denken Sie, während Sie sie lesen, an den folgenden Dialog zwischen Hamlet und Horatio (aus Shakespeares „Hamlet"). Horatio sieht einen Geist und kann nicht glauben, was er da gesehen hat:

Horatio: Beim Sonnenlicht, dies ist erstaunlich fremd!
Hamlet: So heiß als einen Fremden es willkommen.
Es gibt mehr Ding im Himmel und auf Erden,
Als Eure Schulweisheit sich träumt, Horatio."[3]

Zuerst stelle ich Ihnen ein paar Geschichten vor, in denen es um das Unbehagliche in Phase 2 geht.

Die erste ist die Vorgeschichte, wie ich vom Geld-Spiel loskam. In Kapitel 1 habe ich Ihnen die Spielregeln des Geld-Spiels erklärt. Wie Sie, war ich in Phase 1 davon überzeugt, dass die Spielregeln des Geld-Spiels und meine Illusion echt seien. Deshalb schuf ich mir Eier mit sehr starken Überzeugungen, die das genaue Gegenteil der Wahrheit waren. Das Ergebnis waren folgende Kernüberzeugungen, an die ich felsenfest glaubte:

- Der Wohlstand, den ich habe, ist abzulesen an meinen Kontoständen, meinem Einkommen und dem Nettobetrag unten auf meiner Steuererklärung.
- Der Ursprung meines Besitzes sind meine geschäftlichen Aktivitäten.

- Das Geld aus meinen geschäftlichen Aktivitäten hat direkt zu tun mit der Qualität meiner Produkte und Dienstleistungen, mit der Anzahl und Profitabilität meiner Verkäufe und damit, wie gut ich meine Produkte promote, damit andere sie kaufen.

Um die Täuschung, dass diese Kernüberzeugungen wahr seien, zu vertiefen, verkaufte ich 18 Jahre lang meine Produkte und Dienstleistungen via Direkt-Marketing, Versand und Internet. Gemäß meinen Kernüberzeugungen loggte ich mich täglich in mein Online-Banking-Portal ein, checkte meine Kontoauszüge und beobachtete die Verkaufszahlen und die übrigen Kennziffern meiner Unternehmen mit Argusaugen. An *guten* Tagen, wenn die Absatzzahlen gut waren und mein Kontostand wuchs, war ich glücklich. An *schlechten* Tagen, wenn wenig verkauft wurde und ich mehr Ausgaben für Rechnungen als neue Einnahmen zu verzeichnen hatte, war ich in Sorge. Wenn der Gesamttrend nicht so Gewinn versprechend war, wie er sein sollte, verfiel ich in eine fieberhafte Aktivität, um etwas zu unternehmen und meine finanzielle Lage zu verbessern.

Ich habe schon gesagt, dass in Phase 2 all Ihre Kernüberzeugungen auf den Prüfstand gestellt und dann in die Luft gejagt werden, damit Sie sich der Wahrheit öffnen und Ihren natürlichen Zustand Grenzenloser Fülle erreichen können. Als Ergebnis schuf ich zu Beginn von Phase 2 folgende Täuschungen und katapultierte sie in mein Hologramm:

- Die Verkaufszahlen meiner Produkte und Dienstleistungen von zwei meiner Firmen fielen plötzlich auf nahe Null. Es waren Geschäfte, die zuvor viele Jahre lang erfolgreich liefen, aber jetzt auf einmal kränkelten, als hätte jemand einen Schalter umgelegt – ohne jeden ersichtlichen Grund fielen die Absatzzahlen steil ab.

- Um weiterhin die Rechnungen bezahlen zu können, musste ich Geld aus meinem Privatvermögen ‚hinzuschießen'.
- Ich konnte mir in den betroffenen Geschäftszweigen kein Gehalt und keinen Bonus mehr auszahlen.
- Ich musste aber zur selben Zeit einige teure Renovierungsarbeiten an unserem Haus durchführen lassen.
- Das dreifache Problem von hohem privatem Renovierungsaufwand, fehlendem Einkommen aus den beiden Geschäftszweigen und erhöhten Ausgaben zum Ausgleich dieses fehlenden Einkommens ließ meinen Kontostand rasant in die Tiefe stürzen. Ich war noch nicht akut gefährdet, weil ich in den Vorjahren so viel beiseite gelegt hatte, aber ich sah, dass alles auf ein Desaster zulief, falls der Abwärtstrend sich umgebremst fortsetzen sollte.

Können Sie sich vorstellen, wie ich mich damals gefühlt habe? Zwei Worte genügen: Panik und Entsetzen!

Warum hatte ich diese Sachverhalte erfunden? Um damit so intensive Gefühle auszulösen und die Gelegenheit zu bekommen, große Energiemengen zurück zu gewinnen.

Was habe ich also damals getan? Den ganzen Tag über habe ich mein Unwohlsein mit dem Prozess bekämpft, und das Tag für Tag. Jedes Mal, wenn ich in meinem Haus herumlief (es ist wirklich mein Traumhaus) oder wenn ich in dem schön angelegten Garten mit der herrlichen Aussicht flanierte, stellte ich mir vor, dass ich all das bald verkaufen müsste, falls das mit meinen Verlusten so weiterging. Jedes Mal, wenn ich morgens meine Kinder an ihrer Privatschule absetzte, in die sie so gern gingen (und die meine Frau so gerne mochte), stellte ich mir vor, ich könnte das Schulgeld nicht mehr bezahlen und müsste sie von der Schule nehmen. Ich stellte mir vor, wie ich mich gegenüber meinem Vater schämen würde, wenn ich ihm erzählen müsste, dass ich *schon wieder* in größten Schwierigkeiten steckte (er hatte mich vor ein paar Jahren, als ich hohe Verluste gemacht hatte, durch einen vom ihm verbürgten Kredit bei seiner Hausbank vor der Pleite bewahrt). Des Weiteren stellte ich mir vor, wie ich mich schämen würde, wenn meine erfolgreichen Unternehmer-, Schriftsteller- und Lehrerkollegen und Freunde von meinem Scheitern Wind bekämen. Das Szenario wuchs sich in meiner Vorstellung zu einem richtigen Desaster aus.

Mehrmals am Tag loggte ich mich in meine Online-Konten ein und kontrollierte die Verkaufszahlen meiner Unternehmen in der Hoffnung, dass endlich wieder Geld hereinkäme. Aber es tröpfelte nur spärlich. Mehrmals am Tag kontrollierte ich die Einnahmen- und Ausgabenbilanzen und die offenen Rechnungen, damit ich bei Bedarf rechtzeitig Gelder von meinem Privatkonto auf die beiden Firmenkonten überweisen konnte, die beiden Firmenkonten nicht ins Minus kamen und keine Schecks platzen müssten.

Sehen Sie, wie erfolgreich ich mich damals selbst verrückt machte und meine Illusionen im Geld-Spiel nur noch verstärkte? Das ist nur ein folgerichtiges Verhalten in Phase 1.

Weil ich mich so unwohl fühlte, wandte ich den Prozess bis zu drei Stunden täglich immer wieder an, manchmal sogar noch länger. Es gab, wie schon im letzten Kapitel erwähnt, auch Zeiten, in denen ich richtige Angstgefühle und Panik bekam. Ich wandte den Prozess an, fühlte mich kurzzeitig innerlich erleichtert, aber schon nach wenigen Sekunden oder Minuten stiegen Angst und Panik erneut in mir hoch. Ich musste mich in die Szene zurückversetzen und erneut den Prozess anwenden. Nach einer Atempause ging das Drama von vorne los, und zwar spätestens dann, wenn ich wieder online war oder meine Bankauszüge las.

Ich habe vorhin gesagt, eine meiner Kernüberzeugungen war, dass das Geld aus meinen geschäftlichen Aktivitäten direkt zu tun habe mit der Qualität meiner Produkte und Dienstleistungen, mit der Anzahl und Profitabilität meiner Verkäufe und damit, wie gut ich meine Produkte und Dienstleistungen vermarkte und promote, damit andere sie kaufen. Aus Verzweiflung und dem Bedürfnis, den Wegfluss des Geldes zu stoppen, wurde ich aktiv und startete eine ganze Serie von Marketing-Kampagnen für meine Produkte und Dienstleistungen. Diese Kampagnen jedoch erwiesen sich entweder als totaler Flop oder schafften es nicht, das sinkende Schiff längerfristig über Wasser zu halten.

Ich hatte schon von der Phase 2 gehört. Ich wusste im Prinzip bereits alles, was ich Ihnen bisher mitgeteilt habe. Aber wie ich Ihnen in Kapitel 10 gesagt habe, reicht es nicht, die Wahrheit zu verstehen und über sie Bescheid zu wissen. Ich musste mein Wissen umsetzen und die Energie aus den einschränkenden Eiern zurückgewinnen. Um das zu tun, musste ich die Eier öffnen und mich meinen schlimmsten Gefühlen hingeben. Um mich ihnen hinzugeben, musste ich die Täuschungen kreieren, die ich gedanklich durchlebte.

Meine Angst und Panik verwandelten sich schließlich in Wut. In Phase 1 hatte ich die Illusion kreiert, ich hätte als Jugendlicher und als junger Mann viele Schmerzen und Kämpfe durchzustehen gehabt. Ich hatte mir auch einige vielversprechende Geschäftsideen ausgedacht, von denen ich gedacht hatte, sie würden mich steil nach oben katapultieren, die aber im Nichts endeten. Ich hatte das Gefühl, als würde sich jemand über mich lustig machen. Deshalb schuf ich die sehr hartnäckige Überzeugung, die ganze Welt sei gegen mich und warte nur auf die nächste Gelegenheit, mich zu narren und mir Knüppel zwischen die Beine zu werfen. Ich weiß, es klingt lächerlich, aber ich überzeugte mich mit einer klassischen Phase-1-Kreation davon, dass genau das der Fall war und war ärgerlich und böse deswegen. Die Folge davon war, dass die betreffenden Eier auf einen Schlag ‚aufplatzten' und mit gewaltiger Energie ausliefen, ähnlich wie Wasser mit hohem Druck aus einem Feuerwehrschlauch fließt.

Mehrmals am Tag, wenn ich meine Konten und Bilanzen ansah und merkte, wie sie schrumpften, wandte ich den Prozess an und danach den Mini-Prozess, um die Wahrheit über sie zu sagen. Ich sagte mir: „Diese Zahlen hier, die jetzt so echt aussehen, sind nichts anderes als das Produkt meiner Energie, meiner inneren Fülle. Das sind alles nur Erfindungen meines Bewusstseins. Sie sind nicht echt!" Wieder und wieder, Tag für Tag rief ich mir die Wahrheit ins Gedächtnis zurück, mit derselben Hartnäckigkeit, mit der ich mir in Phase 1 die Lügen eingeredet hatte.

Zur selben Zeit, als die beiden Geschäftszweige fast nichts mehr einbrachten, als ich hohe Fixkosten für mein Personal hatte und auf meine eigenen Rücklagen zurückgreifen musste, um die geschäftlichen Verluste auszugleichen, kreierte ich eine Reihe unerwarteter Ausgaben für Reparaturen und notwendige Umbaumaßnahmen an unserem Haus. Zum Beispiel erfand ich die Täuschung, in unserem Hausdach sei ein Loch und zwei Dachdeckerfirmen hätten mir mitgeteilt, ich müsse das komplette Dach ersetzen, was 40.000 Dollar kosten würde. Ich erfand ein Problem mit dem Wasserablaufsystem unseres Hauses, das neu installiert werden musste – weitere 13.000 Dollar. Der finanzielle Druck (den ich mir einbildete) stieg und stieg.

So ging es weiter. Ich musste mit ansehen, wie alle meine Kernüberzeugungen – diejenigen, die mich in Phase 1 am meisten eingeengt und mir am meisten Unbehagen beschert hatten – sich immer mehr steigerten. Das ging geschlagene acht Monate lang so weiter. Ich hatte einige unglaublich schöne Momente der Freude, Ruhe und Zufriedenheit und hier und da ein paar ruhige, ausgeglichene Tage, aber meistens waren es unglaublich hektische und stressige Monate. Aber ich war fest entschlossen, meine Phase-2-Reise fortzusetzen und aus dem Geld-Spiel auszubrechen. Also blieb ich jeden Tag dran, wartete und reagierte auf das, was in mir hochkam, wandte meine vier Werkzeuge, vor allem den Prozess, bei Bedarf auf alles an, auch auf meine Wut auf mein Erweitertes Selbst und die ,schlechte' Welt und auf meine Angst, wieder vor dem Bankrott zu stehen, mitsamt all dem Ärger und der Scham, die das mit sich bringen würde.

Wie Sie sich vorstellen können, machte es mich bald noch wütender, zu sehen, wie ich all die Zeit, Energie und Mühe für meine Phase-2-Arbeit aufwandte, ohne dass sich viel änderte oder vieles besser wurde. „Nun mach schon!", schimpfte ich mein Erweitertes Selbst, „ich arbeite an mir, und was tust du? Du weißt, wie engagiert ich bei der Sache bin, dass ich seit acht Monaten fast nichts anderes mehr tue. Jetzt musst *du* auch mal was machen."

Aber nichts tat sich. Wie konnte es auch anders sein, wo ich doch noch immer so viel Energie in den großen Eiern im Nullpunkt-Feld gebunden hatte?

Es gab Zeiten, in denen ich mehr als bereit war, alles aufzugeben, in denen ich mich ernsthaft fragte, ob ich nicht langsam durchdrehte, ob alles, was ich über Phase 1 und Phase 2 und so weiter gelernt hatte, wirklich stimmte oder ob ich einem Irrglauben aufgesessen war. Es gab Zeiten, da war ich so *deprimiert*, dass ich zu meinem Erweiterten Selbst sagte: „Ich geb's auf. Grenzenlose Fülle, hin oder her, Menschen-Spiel ohne Einschränkungen, hin oder her – wenn das ab jetzt mein Leben sein soll, habe ich keine Lust mehr auf dieses Spiel. Zeig mir endlich den Durchbruch – SOFORT – oder hol mich hier wieder raus. Ich kann nicht mehr!"

Aber ich wusste auch, was auf dem Spiel stand. Ich wollte auf jeden Fall aus dem Geld-Spiel aussteigen und das Menschen-Spiel ohne Grenzen und Beschränkungen spielen können. Daher machte ich trotz meiner Phase-1-Protesthaltung und meiner Ungeduld mit meiner Phase-2-Arbeit weiter. Ich fuhr fort damit, meine Energie aus Zielvereinbarungen zurückzufordern und mein Hologramm zu verändern, zu reparieren und zu verbessern und meine Gelder wieder zum Fließen zu bringen. Dann, etwa ein Jahr nach Beginn meiner Phase-2-Arbeit, bemerkte ich eine Veränderung in meinem Hologramm. Ich merkte, wie meine Panik- und Angstgefühle wegen eines möglichen neuerlichen finanziellen Absturzes abnahmen und schließlich ganz verschwanden. Ich merkte, dass ich die Geschäftszahlen nicht mehr ganz so ernst nahm, weil ich nicht mehr ganz überzeugt davon war, sie seien echt. Ich ging allmählich dazu über, meine geschäftlichen Entscheidungen mehr danach auszurichten, was mir Spaß machte als nur danach, was mir mehr Geld einbringen könnte oder was andere von mir erwarteten. (Ich komme im nächsten Kapitel ausführlicher darauf zurück.) Mir fiel auch auf, dass ich mich jetzt viel fröhlicher und innerlich ruhiger fühlte. Meine Frau sah mich von der Seite an und fragte, was ich getan hätte, weil ich so viel glücklicher wirke und so anders zu ihr und den Kindern sei. Bis dahin hatte ich ihr noch nichts von meiner Phase-2-Arbeit erzählt. Ich hatte sie ganz im Stillen für mich gemacht. Übrigens: Ob und wie man anderen von seiner Phase-2-Arbeit erzählen sollte, darauf komme ich in Kapitel 15 zu sprechen.

Ich bemerkte, dass ich jetzt Leute kreierte, die netter zu mir waren, aufmerksamer, respektvoller und dankbarer – nicht nur die Freunde, sondern auch Fremde. Es wurde mir erst allmählich bewusst, dass ich jetzt Leute erfand, die *zu mir kamen* und mir anboten, für ihren Event einen Vortrag zu halten. Einmal, während eines solchen Vortrags, habe ich in nur zwei Minuten 210.000 Dollar verdient. Ich komme später in diesem Kapitel darauf zurück. Ich erfand Menschen, die aus dem Nichts kamen und mir unaufgefordert vorschlugen, auch ihren Kunden meine Produkte und Dienstleistungen vorzustellen und den Verkaufserlös mit mir zu teilen. In der Marketing-Sprache heißt so etwas Joint Venture. Ich nahm mehrere der mir angebotenen Joint Ventures an und erhielt dafür eine enorme Wertschätzung in Form von Geld. Kunden, die nach Beratung und Training fragten, kamen in Scharen herbei – quasi aus dem Nichts. Ich bekam Gelder aus allen möglichen Quellen, meist völlig unerwartet. So konnte ich das Steuerjahr mit Rekordumsätzen und Rekordgewinnen abschließen.

Das sieht natürlich fabelhaft aus, aber bitte denken Sie daran, dass Rekordumsätze und Rekordgewinne in Phase 2 keine Bedeutung mehr haben. Die Zahlen waren nicht echt, und ich sah sie inzwischen auch nicht mehr als echt und als wichtig an. Für uns hier zählt nur, dass die Illusion von Wohlstand als Persona in meinem Film in mein Hologramm gestellt wurde, ohne dass ich etwas beabsichtigte, etwas wünschen oder dazu tun musste. Am wichtigsten war mir, dass alle diese Chancen für mich mit einer entspannten, fröhlichen und durch und durch angenehmen Erfahrung einhergingen – mit dem, was ich die „Erfahrung eines freundlichen Lebensstils" nennen möchte. Viele Leute erfinden in Phase 1 extrem lukrative Chancen für sich, aber wie wir schon gesehen haben, bezahlen sie diese Chancen, wenn sie sie nützen, immer mit einem HOHEN PREIS.

Mit allen meinen Erlebnissen zeigte ich mir selbst, wie viel Einfluss ich wirklich hatte und bekam eine Vorstellung für das, was in Phase 2 möglich ist. Wie im letzten Kapitel erwähnt, lebte ich schon längere Zeit im reaktiven Modus, bevor diese Kreationen in meinem Hologramm hochkamen. Ich setzte mir keine Ziele mehr, keine Ergebnisse und Zeitpläne. Ich lebte für den Moment, tat, was mir gefiel und machte meine Phase-2-Arbeit. Alle Veränderungen stellten sich als natürliche Folge meiner wieder gewonnenen Energie aus den kollabierten Vorlagen im Nullpunkt-Feld von selbst ein. Das ist so in Phase 2.

Im Lauf der Monate ließ die Heftigkeit meiner Erfahrungen nach, und ich wurde nicht mehr so plötzlich von kleinen Dingen ‚überwältigt'. Warum? Nun, weil ich inzwischen so viel Energie zurückgewonnen hatte, dass diese Heftigkeit nicht mehr nötig war. Trotzdem nahm ich nach wie vor viele Gelegenheiten wahr, meine Phase-2-Arbeit zu machen. Ich arbeitete weiter an mir, entwickelte mich fort und öffnete mich mehr und mehr für den, der ich wirklich bin. Es kam immer wieder zu erstaunlichen und inspirierenden Kreationen, die scheinbar ohne Absicht und ohne mein Zutun in mein Hologramm kamen. An manchen Tagen hatte ich plötzlich Lust, etwas Bestimmtes zu machen, und wenn ich es dann in die Tat umsetzte, kam es zu wunderbaren Kreationen. Das Leben wurde auf diese Weise immer schöner für mich – und der Aufwand an Energie und Kraft immer geringer. All die Modelle, die ich Ihnen bis jetzt mitgeteilt habe, wurden für mich immer echter und glaubhafter, und mein ‚Verständnis' der Vorgänge vertiefte sich auf eine Art, wie ich es mir nie erträumt hatte. Kurze Zeit später erreichte ich dann tatsächlich den Punkt des Ausbrechens, den ich Ihnen im nächsten Kapitel ausführlicher beschreiben möchte.

Beim Ausbrechen aus dem Geld-Spiel geht es nicht um die Täuschung, dass Sie auf traditionellem Weg (zum Beispiel Geschäft, Anstellung, Geldanlage, Erbschaft und so weiter) mehr Geld bekommen. Sie können das natürlich erfinden, wenn Sie wollen, aber darum geht es nicht. Es geht darum, dass Sie sich der Grenzenlosen Fülle öffnen und Ihre unendliche Kreativität nützen lernen. Grenzenlos heißt grenzenlos. Man kann es nicht messen, zählen oder aufzeichnen.

Bitte denken Sie daran, dass ich das, was ich gerade beschrieben habe, nur erfunden habe, um die Kraft zum Ausbrechen zu finden. Alles wurde geschaffen als direkte Antwort auf die einschränkenden Vorlagen und Eier, die ich für mich in Phase 1 im Nullpunkt-Feld installiert hatte. Es ist keine Regel oder Formel, nach der man sich richten muss, um auszubrechen. Es bedeutet nicht, dass Sie dasselbe auch kreieren müssen, wenn Sie ausbrechen wollen. Es bedeutet nicht, dass auch Sie mit dem ‚totalen finanziellen Desaster' rechnen müssen; es könnte lediglich auch für Sie eine hilfreiche Vorstellung sein, um aus dem Geld-Spiel auszubrechen. Sie werden das erleben, was Ihnen als Grenzenlosem Wesen am besten dabei hilft, Ihr Menschen-Spiel zu spielen – nichts anderes.

Sie sollten auch wissen, dass ich eineinhalb Jahre lang *starke Schmerzen* kreiert habe, um *für immer* vom Geld-Spiel los zu kommen. Wäre es auch für Sie ein Weg, über ein, zwei, fünf oder gar zehn Jahre hinweg die Täuschung zu kreieren, Sie hätten starke Schmerzen? Ist es das wert, wenn Sie sich dafür ganz und auf Dauer Ihrem natürlichen Zustand Grenzenloser Fülle öffnen dürften? Ich finde, schon!

Wie viele Menschen kennen Sie (persönlich oder vom Hören-Sagen), die mit Mitte zwanzig anfangen zu sparen, Geld anzulegen, finanziell unabhängig zu werden und für ihr Alter vorzusorgen? Die meisten Menschen tun das, arbeiten schwer und oft ohne rechte Freude an ihrer Arbeit, bis sie mindestens 65 sind – also über 40 Jahre lang –, und oft reicht es nach all den Jahren dennoch nicht zur finanziellen Unabhängigkeit oder zu einem sorgenfreien Rentenalter. Für mich persönlich ist das Ziel des Ausbrechens aller Mühe wert, auch wenn es Wochen, Monate oder gar Jahre dauert. Im Gegensatz zu Phase 1 und zum Geld-Spiel können Sie *sicher* sein, Ihren natürlichen Zustand zu erreichen, wenn Sie Ihre Phase-2-Arbeit machen.

Mein Kunde Pravin Kapadia aus Großbritannien schuf sich eine ganz andere Erfahrung, als er nach dem Besuch eines Vortrags von mir in Phase 2 anfangen wollte. Zuerst kreierte er Verkaufszahlen und Gewinne, die ihm glänzende Geschäfte signalisierten. Als er daraufhin einen neuen Geschäftszweig aufmachen wollte und im Zuge dessen hohe Investitionskosten hatte, erfand er die Illusion, sein Kerngeschäft käme dadurch ins Trudeln. Sein Kerngeschäft war (anders als meines) immer noch gesund und lief munter vor sich hin, aber er kreierte zeitweise eine sehr belastende Situation, um bei seiner Phase-1-Arbeit Hilfe zu finden. Er schrieb mir dazu folgende Email:

„Ich begriff, dass mein Erweitertes Selbst mir die Gelegenheit geben wollte, aus meiner misslichen finanziellen Lage Energie zu holen. Ich habe eine Zeitlang den Prozess angewandt, um aus meiner finanziellen Krise Energie zu schöpfen, und langsam, aber sicher finden wundersame Veränderungen in mir statt. Ich habe immer noch eine Menge Arbeit zu erledigen, aber das Wichtigste ist, dass ich gelernt habe, meinem Erweiterten Selbst voll zu vertrauen, dass es meine finanzielle Situation so darstellt, dass ich in meiner Phase-2-Arbeit optimal unterstützt werde.“

Hier ist die Geschichte von Lorie McCloud, in ihren eigenen Worten:

„Ich bin blind, aber das ist gar nicht mein Problem. Mein wirkliches Problem war, dass nichts in meinem Leben richtig funktionierte, was vor allem auch für meine Finanzen zutrifft. Als Teenager und danach als junge Frau wollte ich ernsthaft Selbstmord begehen. Als ich herausfand, dass es einen Weg gibt, aus dem Geld-Spiel auszubrechen, überlegte ich nicht lange, auch wenn ich damals schon Schulden hatte und meine Kreditkarte mit den Gebühren zusätzlich belasten musste.

Nachdem ich einen Monat lang ernsthaft Phase-2-Arbeit gemacht hatte, nahm ich schon erste kleine Veränderungen wahr. Zum einen fand ich es schön, zu wissen, was ich mit meinen negativen Gedanken und Gefühlen machen kann. Tief in sie einzutauchen und ihnen dann ihre Energie zu nehmen, finde ich sehr erleichternd (das Wortspiel hier ist durchaus beabsichtigt).

Das Erste, was passierte, war, dass ich zu Hause eine kleine Internet-Firma eröffnete. Es klappte nicht, ich war bald pleite und verlor Geld (das ich nicht hatte). Ich musste den Prozess anwenden, um mit all meiner Scham und meinen Minderwertigkeitsgefühlen fertig zu werden. Auf einmal bekam ich unerwartet Post von meiner Sozialversicherung, die behauptete, meine Monatseinkünfte würden steigen.

Es war eigentlich nicht wirklich viel, aber allein die Idee, dass sie überhaupt steigen könnten (was wahrscheinlich in meiner Situation nie vorkommt), bedeutete für mich, dass alle Grenzen und Barrieren aufgehoben werden konnten."

Nichts in Ihrem Hologramm ist echt, auch Behörden wie die Sozialversicherung nicht. Alles ist eine Kreation Ihres Bewusstseins und kann daher den jeweiligen Absichten Ihres Erweiterten Selbst angepasst werden.

Mike-Roan, ein Teilnehmer meines Phase-2-Coaching-Programms, der in Tokio wohnt, erzählte mir seine Phase-2-Geschichte:

„Auf dem Rückflug nach Japan, nach meinem Urlaub, flog ich die ganze Nacht und kam frühmorgens in Japan an. Ich nahm den Zug nach Tokio, der sich bald mit Pendlern füllte, die zur Arbeit fuhren. Ich war nach meinem schlaflosen Nachtflug extrem müde und schlief leider im Zug ein. Als der Zug hielt, bugsierte ich meinen Reisekoffer durch die Menge der Passagiere und stieg aus, noch halb im Schlaf. Der Zug fuhr ab, und ich bemerkte zu meinem Entsetzen, dass ich mein Handgepäck mit dem Reisepass und anderen wichtigen und wertvollen Sachen auf dem Gepäcknetz im Zugabteil hatte liegen lassen. Ich meldete den Verlust sofort beim Bahnpersonal, das versprach, sein Bestes zu tun, um mein Handgepäck wieder zu finden. Mein Herz klopfte vor Angst, ich hatte kaum die Kraft, mich hinzusetzen. Allmählich wurde mir klar, dass ich als Fremder im Ausland von meinem Pass und meiner Arbeitsgenehmigung voll abhängig war. Meine ganze Sicherheit, meine ganze Zukunft schienen mir von den verschlampten Dokumenten abzuhängen! Zu Hause angekommen, war ich immer noch extrem nervös. Nach einigen Stunden rief das Bahnpersonal an und sagte, sie hätten den Zug abgesucht, meine Taschen aber nirgendwo gefunden. Da wurde

mir klar, dass meine einzige Chance war, die große Menge Energie, die in diesen Dokumenten und ihrer Bedeutung für mein Leben steckte, zurückzuholen. Anstatt den Dokumenten hinterher zu jagen, verbrachte ich die nächsten Stunden damit, die Energie aus meinen Überzeugungen und meiner Verzweiflung zurückzuholen. Und siehe da, am selben Nachmittag rief das Bahnpersonal noch einmal bei mir an. Sie sagten, sie hätten meine Taschen unversehrt gefunden, mit allem, was darin war, und ich solle bitte vorbeikommen und die Sachen abholen. Wie gut, dass ich diese Chance bekam, meine Energie zurückzuholen!"

Wenn eine Kreation in Ihr Hologramm kommt, um Sie bei Ihrer Phase-2-Arbeit zu unterstützen, bleibt sie nur so lange dort, wie sie Ihnen nützt. Wenn Sie Ihre Arbeit erledigt haben, kann die Kreation wieder verschwinden, weil sie dann nicht mehr gebraucht wird.

Meine Frau Cecily startete ihre Reise in Phase 2 mit einem erstaunlichen, unglaublich intensiven Erlebnis. Lassen Sie mich zuerst eine Vorbemerkung zum besseren Verständnis machen. Cecily und ich haben zwei Kinder, unsere Tochter Ali ist sieben, unser Sohn Aidan vier Jahre alt. Damals hatten wir zwei Hunde, Mollie und Peri. In der Schule unserer Tochter gab es ein Meerschweinchen namens Cocoa Puff (dt.: Schokowuschel), das die Schüler abwechselnd mit nach Hause nehmen und versorgen durften. Das Meerschweinchen war schon seit zwei Wochen bei uns zu Hause. Wir achteten sorgfältig darauf, dass unsere Hunde nicht ins Zimmer kamen, wenn wir das Meerschweinchen frei herumlaufen ließen. Wir hatten auch eine junge Frau, nennen wir sie Sally, die als Kindermädchen und Haushaltshilfe bei uns arbeitete. An jenem Abend, als Cecily damit anfing, in Phase 2 zu spielen, hielt ich gerade ein viertägiges Seminar. Es war der zweite Seminartag, der Abend, an dem ich die Seminarteilnehmer immer zum Abendessen und zum gemütlichen Beisammensein zu mir nach Hause einlade. Sally hatte die Aufgabe, Essen und Getränke zu servieren und während der Party auf Ali und Aidan aufzupassen.

Schon vorher, am Nachmittag, erhielt Cecily, die auch als Teilnehmerin in meinem Seminar saß, einen dringenden Anruf per Handy. Sally meldete sich ganz verzweifelt und bat Cecily dringend, heimzukommen, unser Hund Mollie hätte sich losgerissen und das Meerschweinchen angegriffen und getötet. Wie Sie sich vorstellen können, wurde Cecily sehr unruhig. „O Gott", dachte sie, „ausgerechnet heute, wo wir Gäste im Haus haben, liegt ein totes Meerschweinchen bei uns auf dem Boden!" Ihre Gedanken und Gefühle überschlugen sich: „Ich muss die Schule anrufen und melden, dass wir ihr Meerschweinchen umgebracht haben. Die Erzieherinnen, die Cocoa Puff kennen und lieb gewonnen haben, werden entsetzt und todunglücklich sein! Das hat uns gerade noch gefehlt!"

Aber das war noch nicht alles. Eine Stunde später kamen alle Seminarteilnehmer in unser Haus, und die Party ging los. Im Laufe des Abends hörte Cecily seltsame Geräusche von oben, wo Sally und die Kinder waren. Sie achtete zunächst nicht darauf, aber als die Geräusche nicht aufhörten, ging sie in den ersten Stock, um nach dem Rechten zu sehen. Oben, im Bad, lag Sally regungslos auf dem Boden und Aidan stand nackt in der Badewanne, im kalten Wasser, das aus dem Wasserhahn lief, und schrie „Sally, Sally!", um sie zu wecken. So erklärte sich der Lärm, den Cecily unten gehört hatte. Wie sich herausstellte, hatte Sally, obwohl sie Dienst hatte, zu Beginn der Party zuviel Wein getrunken und davon eine Alkoholvergiftung bekommen. Ich bekam von alledem unten nichts mit. Cecily sagte mir nichts, weil sie mir den schönen Abend nicht verderben wollte und nicht riskieren wollte, dass unsere Gäste alles mitbekamen. Sally war bis dahin schon vier Monate bei uns gewesen und hatte sich stets untadelig verhalten.

Cecily stand da und blickte auf die leise wimmernde Sally herab und auf den frierenden Aidan, der in der Badewanne stand und schrie wie am Spieß. Das war zu viel für sie. Ein gigantisches Ei, das sich bei der telefonischen Nachricht vom Tod des Meerschweinchens schon halb geöffnet hatte, platzte jetzt ganz auf. Sie dachte: „O Gott, und ich habe diesem Mädchen meine Kinder anvertraut! Erst neulich war ich mit Bob eine ganze Woche in London, und sie war allein mit den Kindern – die ganze Zeit! Und wir dachten, die Kinder sind sicher! O Gott, ich darf gar nicht daran denken, was alles passieren hätte können! Und was wird morgen, wenn ich wieder im Seminar sitze? Was ist, wenn da wieder etwas passiert? Erst bringt sie das Meerschweinchen um, dann lässt sie Aidan allein in der Wanne. Was kommt wohl als Nächstes?"

Cecily rettete Sally und Aidan aus ihrer misslichen Lage. Dann wandte sie den Prozess an. Drei Wochen lang musste sie Tag für Tag den Prozess anwenden, weil die schreckliche Vorstellung, die Kinder wären in Gefahr, immer wiederkam. Die ganze Illusion (und ich erinnere Sie daran, es als eine solche anzusehen) war eine brillante und großartige Erfindung, um Cecily die Gelegenheit zu geben, große Mengen Energie aus Eiern zurückzugewinnen, die sie ein Leben lang gequält hatten. Und das Ende der Geschichte: Wir trennten uns von Sally, Cecily brach das Seminar ab und arbeitete in den nächsten Monaten an ihren Gefühlen – mit dem Prozess.

Menschen in Ihrem Hologramm sind Schauspieler, die nur sagen und tun, um was Sie sie bitten. Sie verhalten sich nicht „konsequent" oder „inkonsequent", sondern so, wozu Sie sie auffordern.

Brigitta Neuberger aus Wien ist eine weitere Teilnehmerin des Seminars „Raus aus dem Geld-Spiel". Sie flog extra für dieses Seminar in die USA und hatte vor, nach dem Seminar noch ein paar Tage durch Amerika zu reisen, bevor sie wieder zurückfliegen wollte. Am Vorabend des ersten Seminartags kreierte sie die Täuschung, sie habe ihre Brieftasche mitsamt Bargeld, Kreditkarten, Flugtickets und Reisepass verloren. Als sie der Gruppe davon erzählte, war sie völlig panisch: „Ohne meine Brieftasche bin ich aufgeschmissen. Ich kann meine Reise nach dem Seminar nicht mehr fortsetzen. Während des Seminars kann ich mir nicht mal was zu essen kaufen. Ohne Papiere komme ich nicht mal mehr nach Hause zurück. Ich hab' schon überall gesucht – im Hotelzimmer, im Seminarraum, in meinem Auto, in allen Geschäften und Restaurants, in denen ich bisher war. Nichts!"

Ich wusste, dass sie die Illusion, sie habe ihre Brieftasche verloren, kreiert hatte, um sich selbst ein großes Phase-2-Geschenk zu machen. „Eine Super-Erfindung von Ihnen", sagte ich zu ihr. „Sie haben das erfunden, um sich selbst ein großes Geschenk zu machen. Morgen nehmen wir ein Werkzeug mit dem Namen Der Prozess durch. Verwenden Sie es und sehen Sie, was dann geschieht. Ihre Brieftasche wird schon wieder auftauchen – egal, wie. Sie ist nicht wirklich weg. Sie haben sich die Täuschung erschaffen, sie sei weg, um auf diesem Weg Ihre Energie wieder zu erlangen." Zwei Tage später kam Frau Neuberger morgens strahlend in den Seminarraum und erzählte der Gruppe, was passiert war: Auf der Fahrt ins Seminar hatte sie heftig bremsen müssen, um nicht auf ihren Vordermann aufzufahren, der plötzlich anhielt, und siehe da, ihre verloren geglaubte Brieftasche war unter dem Vordersitz hervorgerutscht. „Ich weiß aber genau, dass ich mehr als einmal unter den Sitz geschaut hatte", versicherte sie uns. Solche Dinge sind häufig zu Beginn von Phase 2.

A propos häufig: Jetzt kommen gleich ein paar Beispiele für seltsame Begebenheiten in Phase 2. Diese Kreationen belegen, wie einflussreich Sie in Wirklichkeit sind und dass Sie alles, was geschieht, selbst erfinden, bis aufs kleinste Detail. In der Einleitung habe ich schon gesagt, dass einiges von dem, was ich Ihnen in diesem Buch darlege, so verrückt klingt, als wäre es Science

Fiction. Bitte behalten Sie diese Warnung und alles, was Sie bisher erfahren haben, im Hinterkopf, wenn Sie die folgenden Geschichten lesen.

Dan Cabrera, ein Kunde aus Illinois, schrieb mir nach seiner Rückkehr aus meinem Seminar „Raus aus dem Geld-Spiel" Folgendes:

„Meine Busfahrt nach Hause war recht wunderlich. Mein Erweitertes Selbst schickte mir alle möglichen Botschaften, die mit Ausbrechen zu tun hatten – von den Wegweisern, die ich las, bis hin zu den Gesprächen, die ich mit den anderen Mitreisenden führte. Kaum zu Hause angekommen, sandte mir mein Erweitertes Selbst sofort zwei Kreationen, die jede Menge Unbehagen in mir auslösten:

1. *Meine Tochter war sehr deprimiert, weil sie sich mit ihren drei besten Freundinnen gestritten hatte.*
2. *Meine Schwägerin in San Diego verlor fast all ihr Geld.*

Ich dachte an das, was Sie uns gelehrt hatten, und sagte mir: „Alles auf den Tisch!" Ich begann, den Prozess anzuwenden. Als ich am nächsten Morgen ins Büro kam und die eingegangenen Emails checkte, fühlte ich mich auf wunderbare Weise bestätigt. Hier ist ein Auszug aus der Email, die ich von einem Abteilungsleiter der Uni bekommen habe:

‚Hallo Dan,
wir sind derzeit dabei, für unser neues Semesterprogramm für Studienanfänger für das Wintersemester 2006 neue Online-Kurse zu entwickeln. Wir brauchen die folgenden Kurse als Online-Seminare. Außerdem brauchen wir Mitarbeiter der Fakultät, um die Kurse zu unterrichten. Entwickler und Lehrer eines Kurses können dieselbe Person oder zwei Personen sein, das ist egal.
Ich habe alle Kurse weiter unten aufgelistet. Ich glaube, Sie eignen sich besonders für den Kurs UHHS 410, der dem AHPH-Kurs ähnelt,

den Sie schon einmal gegeben haben. Das College bezahlt 3.500 Dollar Stipendium für die Entwicklung des Kurses. Eine Gruppe von Mitgliedern der Fakultät hat letzten Sommer eine Skizze ausgearbeitet, auf der Sie aufbauen könnten. Wir wollen den Kurs im Herbst 2006 oder im Frühjahr 2007 anbieten. Sie können jederzeit mit der Vorbereitung anfangen. Sind Sie an der Entwicklung des Kurses interessiert? Wären Sie eventuell bereit, diesen oder andere Kurse auf der unten aufgeführten Liste zu unterrichten?'

In dem Arbeitsbogen, den ich geschrieben hatte, bevor ich Ihr Seminar ,Raus aus dem Geld-Spiel' besuchte, hatte ich erwähnt, dass ich gerne unterrichten und gerne innovative Online-Kurse für größere Kreise von Leuten entwerfen würde. Das passte so genau zu der Email, dass ich einfach begeistert war."

Mike Roan teilte mir außerdem noch ein weiteres Phase-2-Erlebnis mit, und zwar dieses:

„Neulich hatte ich ein paar Tage Urlaub und fuhr zu meiner Schwester. Sie hatte bei sich eine Serie von DVDs des englischen Naturforschers David Attenborough stehen, mit dem Titel ,Der lebendige Planet'. Ich sah mir ein paar dieser DVDs an und spürte eine tiefe Ehrfurcht vor der Herrlichkeit und Verschiedenartigkeit des Lebens in meinem Hologramm und, aus der Phase-2-Perspektive betrachtet, der unglaublichen Schöpfung Erde. Ich war ganz beeindruckt, wie mein Bewusstsein so viele Details, so viele Kreaturen und Phänomene in einer solch erhabenen Schönheit erschaffen konnte."

Deborah Mandas, Zahnärztin und Teilnehmerin an meinem Seminar, kreierte während ihrer Seminarteilnahme ein faszinierendes Phase-2-Erlebnis für sich, als sie mit anderen Teilnehmern zusammen abends essen ging. Bevor sie losgingen, sah sie in ihre Brieftasche und stellte fest, dass sie 300 Dollar bei sich hatte. Später jedoch, als sie ihr Abendessen bezahlen wollte, öffnete sie erneut die Brieftasche und sah, dass sie weitere 500 Dollar darin hatte. „Dabei bin ich mir absolut sicher, dass das Geld vorher noch nicht drin war und dass ich mich nicht verzählt hatte", meinte sie.

Ein anderer Seminarteilnehmer, Michael Hackett, kreierte das folgende Erlebnis, um sich selbst zu beweisen, wie mächtig er ist und dass er alle seine Erlebnisse selbst erfunden hat:

„Gestern Abend waren wir zu sechst essen. Wegen meiner finanziellen Situation und aus anderen Gründen wohne ich noch bei meinem 70 Jahre alten Vater. Wir verstehen uns gut. Ich mag ihn sehr. Während wir essen waren, rief ich ihn an, um ihm zum Vatertag zu gratulieren. Er sagte: ,Stell Dir vor, was ich mir gekauft habe. Das errätst Du nie!'

,Was denn?'

,Eine Corvette.'

,Was soll das heißen, Du hast Dir eine Corvette gekauft?'

,Ja', sagte er, ,aber das ist noch nicht alles. Rate mal, wie viel ich dafür bezahlt habe.'

,Wie viel?'

,100 Dollar!'

Wie sich herausstellte, hatte er drei Monate zuvor bei einem Radiosender ein Tombola-Los gekauft. Sie hatten soeben angerufen und ihm mitgeteilt, dass er eine 2005er-Corvette gewonnen habe. Mein Dad hat ein kaputtes Knie. Er ist ca. 1,85 m groß und kann sein Knie kaum abwinkeln. Weil er kaum in ein normales Auto hineinpasst, fährt er einen Minivan. Trotzdem freute ich mich riesig für ihn. Ich fragte ihn: ,Was machst Du jetzt mit der Corvette?'

,Oh, ich verkaufe sie einfach und nehme das Geld.'

,Was meinst du, wie viel wird es wohl sein?'

,Gut und gerne 40.000 Dollar. Vielleicht sogar mehr', sagte er. Es ist mir egal, ob ich davon je einen Dollar zu sehen kriege oder nicht. Das Ganze kam einfach so, aus dem Nichts. Als ich es aus der Phase-

2-Perspektive betrachtete, wusste ich, dass es keine Tombola, kein Los und keine Wartezeit von drei Monaten gab. Auf einmal wurde mir klar: ,Mensch, Michael, du hast dir das alles selbst ausgedacht! Du hast alles erfunden, auch die Story mit dem Tombola-Los!' Da erst verstand ich, wie einflussreich ich tatsächlich bin und wie großartig alles ist. Es war beeindruckend!"

Einer der anderen Kursteilnehmer, der mit Michael zu Tisch saß, als er von der Corvette erfuhr, fügt hinzu:

„Ich war dabei und habe alles mit angehört. Es war beeindruckend. Irgendwie hatten wir alle das Gefühl, dass es eine großartige Botschaft für uns war. Dann geschah noch etwas anderes. Michael war sehr ehrlich zu uns, was seine finanzielle Lage angeht. Er sagte, er sei im Moment sehr knapp bei Kasse. Kurz nach seinem Telefonat mit seinem Vater, als eine neue Runde Bier an den Tisch gebracht wurde, gab der Kellner Michael ein Glas Bier und meinte: ,Das geht aufs Haus. Es ist der Rest vom Fass.'"
Wir sahen Michael mit großen Augen an. Erst die Story mit der Corvette, und dann kriegte er auch noch ein Freibier. Wir dachten: ,Was für ein Glückspilz!' Etwa eine Viertelstunde später kam der Kellner wieder zu uns an den Tisch und meinte, es wäre immer noch Bier im Fass und Michael könne es haben, wenn er wolle, aber diesmal müsse er es bezahlen.'

Als er uns diese Geschichte im Seminar erzählte, sagte ich:

„Ist ja wirklich komisch. Aber lacht bitte nicht nur darüber, sondern achtet bitte auch auf die dahinter liegende tiefere Bedeutung. Es gibt keinen Kellner. Es gibt kein Bier. Michael hat die Täuschung erfunden, dass ihm der Kellner ein Freibier bringt. Wann habt Ihr schon mal in einem Lokal etwas geschenkt bekommen, weil es das letzte Glas war? Das ergibt doch gar keinen Sinn. Aber weil der Kellner nur

ein Schauspieler war, der sagen und tun sollte, was Michael wollte, musste es nicht unbedingt einen Sinn ergeben. Der einzige erkennbare Sinn war der, dass es Michael in seiner Phase-2-Arbeit unterstützt hat, und das hat es.

Es ist interessant, dass Michael mit etwas Kleinem angefangen hat. Je mehr Zeit vergeht, je mehr Energie er zurückfordert, desto größer und umfangreicher wird das, was er kreiert, weil er dann weiß, dass ihm noch viel mehr möglich ist. Wenn Ihr erst erfahren habt, wie mächtig Ihr wirklich seid, und das werdet Ihr, werdet Ihr sehen, wie recht ich habe.“

Ein anderes Beispiel. Mein Kunde Jeff Priestley aus Großbritannien hat mir folgende Episode geschildert:

„Es war an einem Sonntagvormittag. Ich saß vor dem Fernseher und sah mir meine Lieblingsserie Gilmore Girls an. Die Sendung begann um 10.00 Uhr. Nachdem ich die ersten zehn Minuten gesehen hatte, rief meine Frau, sie hätte mir ein Bad eingelassen. Ich ging in den ersten Stock, nahm gemütlich ein heißes Bad, rasierte mich und zog mich frisch an. Normalerweise brauche ich für alles zusammen mindestens eine halbe Stunde. Aber als ich die Treppe herunterkam, zeigte dieselbe Uhr, auf die ich vorhin geblickt hatte, erst 10.15 Uhr an. Ich war total verblüfft und sah auf die übrigen Uhren im Haus; alle zeigten 10.15 Uhr an. Auch die Fernsehserie lief noch, und zwar offenbar erst seit einer Viertelstunde. Ich war total verblüfft und sah die restlichen 45 Minuten bis zum Ende. Ich nehme an, das alles kommt daher, dass ich die Zeit bis dahin immer als absolut verbindlich und verlässlich erlebt habe. Mein Erweitertes Selbst sieht das wohl etwas anders.“

Meine Frau Cecily kreierte ein weiteres, höchst erstaunliches Erlebnis, um sich zu beweisen, wie einflussreich sie ist. Sie machte eine längere Reise zusammen mit unserer Tochter Ali. Sie waren

müde und beschlossen, bei nächster Gelegenheit von der Autobahn runter zu fahren und ein Hotel zum Übernachten zu suchen. Cecily sah ein Ausfahrt-Schild und nahm die Ausfahrt. Am
Ende der Abfahrt stand ein Schild mit der Aufschrift „Hampton
Inn 800 m rechts". Cecily bog rechts ab und fuhr 800 Meter weiter. Kein Hotel. Noch 800 Meter. Kein Hotel. Weitere 3,2 Kilome-
ter – kein Hotel.

Cecily hielt an und wendete. An einer Tankstelle fragte sie nach
dem Hotel. Der Angestellte sagte: „Ja, Sie sind richtig. Fahren Sie
nach 500 Metern rechts rein. Ein großes blaues und rotes Schild
– Sie sehen es gleich!" Cecily fuhr aus der Tankstelle heraus und
fuhr 500 m weit, dann noch mal 800 Meter und weitere drei Ki-
lometer. Nichts! Zuerst war sie sehr enttäuscht, aber dann erin-
nerte sie sich daran, dass sie ja in Phase 2 war, zog Energie heraus
und lachte. Sie fuhr zurück zur Autobahn und dann weiter, bis
sie eine andere Ausfahrt mit einem Hotel sah. Sie folgte den Wegweisern. Wieder kein Hotel! Das ging noch viermal so, bis sie
endlich ein Hotel fand – da, wo es sein sollte.

Ich frage Sie: Ist irgendetwas im Hologramm echt, verlässlich
und dauerhaft? Nein, ist es nicht!

Mir ging es ähnlich, als ich auf einer Geschäftsreise von Washington, D.C. aus nach Hause fahren wollte. Ich fragte den Hotelange-
stellten, wie ich am schnellsten auf die Autobahn nach Hause
käme. Seine Wegbeschreibung war ganz einfach. Ich fuhr, wie
man es mir beschrieben hatte. Zunächst gab es kein Problem. Der
Mann an der Rezeption hatte gesagt: „Fahren Sie 13 km weiter
und nehmen Sie die Ausfahrt Nr. 9." Ich fuhr also weiter und sah
die Ausfahrt Nr. 7, dann Nr. 8, dann Nr. 10. Wo war die Ausfahrt
Nr. 9? Ich fuhr bis zur Ausfahrt Nr. 13, dann bog ich ab und fuhr
in umgekehrter Richtung auf derselben Autobahn zurück. Ich
sah Ausfahrt Nr. 12, 11, 10, dann Nr. 8. Wieder keine Ausfahrt Nr.
9! Da ich in Phase 1 eine Vorlage kreiert hatte, derzufolge mir

unbehaglich zumute war, wenn ich mich verfuhr, war ich frustriert und wandte den Prozess an.

Bei dem Gewirr von Autobahnen, Ein- und Ausfahrten verlor ich bald den Überblick und landete auf dem falschen Highway, in Richtung Ronald-Reagan-Flughafen. Ich wurde erneut ärgerlich und absolvierte den Prozess. Schließlich fand ich heraus, wie ich aus dem Flughafen wieder heraus und auf die richtige Autobahn kam. Und wieder das gleiche: Ausfahrt Nr. 7, 8, dann 10. Keine Ausfahrt Nr. 9! Nun hatte ich schon dreimal in meiner Kreation die Ausfahrt Nr. 9 ausgelassen! Ich musste noch zwei Anläufe nehmen, bevor ich endlich diese Ausfahrt Nr. 9 fand, hinausfahren und die Autobahn nach Hause nehmen konnte. Nun können Sie natürlich sagen: „Sie hatten eben eine Art Blackout und haben die Ausfahrt Nr. 9 mehrmals übersehen!" Aber ich neige nicht zu Black-outs, und selbst wenn ich die Ausfahrt einmal übersehen haben sollte, passiert mir das bestimmt nicht fünfmal hintereinander, wo ich doch nach dem ersten Mal schon besonders gut aufgepasst habe!

Ich frage Sie: Ist irgendetwas im Hologramm echt, verlässlich und dauerhaft? Nein, ist es nicht!

Ronald Saven, ein weiterer Coaching-Teilnehmer von mir, rief mich an und erzählte mir von einer erstaunlichen Kreation, die er in sein Hologramm katapultiert hatte. Er hatte seine Bank gebeten, 50.000 Dollar von einem seiner Konten auf ein anderes zu übertragen. Auf dem zweiten Konto hatte er 1.000 Dollar. Als er am nächsten Tag den Kontostand abfragte, hatte er aber anstelle von 51.000 Dollar 101.000 Dollar auf dem Konto! Er hatte also 50.000 Dollar hinzuerfunden – was nicht weiter schlimm ist, denn Geld ist sowieso nur Schall und Rauch, wie wir gesehen haben! In Wahrheit gab es keine Bank, keine 50.000 Dollar, keine Überweisung und auch keine 101.000 Dollar. Es war alles eine reine Erfindung, eine großartige Erfindung von Ronald, um ihm zu zeigen, wie einflussreich er tatsächlich ist und wie formbar das Hologramm ist – formbar durch das Bewusstsein.

Aus Sicht der Phase 1 kann man leicht sagen: „Die Sache ist doch glasklar. Da gehört nicht viel dazu. Die Bank hat bei der Überweisung einfach einen Fehler gemacht. Sie wird den Fehler schon noch bemerken und die Differenz zurück überweisen." Man kann es natürlich so sehen. Aber Ronald und ich zogen vor, es aus der Phase-2-Perspektive zu interpretieren, aus der es ebenfalls eine überzeugende Erklärung für den Vorfall gibt: Im Nullpunkt-Feld wurde eine Vorlage kreiert für die 50.000 Dollar, den Transfer und die 101.000 Dollar auf dem zweiten Konto. Diese Vorlage wurde mit Energie angereichert und die Illusion eines Kontostands von 101.000 Dollar in Ronalds Hologramm gestellt. Übrigens, als er mir das schrieb, waren die überzähligen 50.000 Dollar immer noch auf seinem imaginären Konto ...

Ich frage Sie noch einmal: Ist irgendetwas im Hologramm echt, verlässlich und dauerhaft? Nein, ist es nicht!

Ich habe in diesem Kapitel schon einmal erwähnt, dass ich einmal innerhalb von nur zwei Minuten 210.000 Dollar kreiert habe. Das ging so: Es war zu Beginn meiner Phase-2-Reise. Mein Freund Randy Gage lud mich ein, vor einem Kongress der National Speakers Association (NSA) in Cancun, Mexiko, einen Vortrag zu halten. Ich sollte über ein Marketing-Konzept für hochpreisige Artikel im Internet referieren, das ich entwickelt hatte. Ich bekam für diesen Vortrag kein Honorar, lediglich meine Reisekosten wurden von der NSA übernommen. Randy sagte zu mir: „Weißt Du, normalerweise ist das bei NSA-Kongressen nicht erlaubt, aber wenn Du für Deine Produkte und Dienstleistungen werben willst, kannst Du es ruhig tun."

Ich wusste, dass mein Marketingkonzept für die hier versammelten Redner wahre Wunder bewirken konnte und war daher sehr gespannt darauf, wie sie es aufnehmen würden. Dabei wollte ich nicht unbedingt Geld verdienen. Natürlich ist es schön, wenn man Geld verdienen kann, aber das war mir damals nicht so wichtig, weil ich gerade tief in meiner Phase-2-Arbeit steckte. Ich hatte, als ich ins Flugzeug stieg, keinerlei Absicht, von der Rednertribüne herab etwas zu verkaufen; ich wollte lediglich mitteilen, was ich mitzuteilen hatte, anregende Gespräche haben und abwarten, was dabei herauskam. Aber als ich dort landete, dachte ich: „Du weißt etwas, und es dürfte Spaß machen, ein paar von den Leuten selbst zu coachen, die auch gern nach dem Konzept arbeiten wollen." Also tippte ich rasch ein Dokument in meinen Laptop, in dem ich ein einjähriges Coaching-Programm skizzierte und notierte, wie viel Wertschätzung ich dafür gerne hätte. Der Betrag, den ich *verlangen* wollte, lag bei 17.500 Dollar. Ich hatte noch nie ein ähnliches Coaching-Programm angeboten. Ich fand es einfach nur spannend, so etwas einmal zu versuchen. So sehen die Beweggründe in Phase 2 aus.

Ich redete volle drei Stunden lang. Ich gab ihnen alles, was ich hatte. Gegen Ende meines Vortrags reizte es mich immer noch, mein Coaching-Programm zu offerieren. Daher sagte ich schlicht und einfach: „Wenn jemand von Ihnen im Verlauf des nächsten Jahres meine Hilfe braucht, um all das umzusetzen, was ich Ihnen gerade erklärt habe, kann ich Ihnen ein spezielles Coaching-Programm anbieten. Anmeldeformulare bekommen Sie bei mir!"

Der Ansturm der Interessenten warf mich fast um. Die Leute rissen mir die Anmeldeformulare aus der Hand, als wären es 1.000-Dollar-Noten. Es bewarben sich mehr Leute, als ich nehmen konnte. Ich entschied mich für die zwölf Leute, denen ich am liebsten helfen wollte. Die Wertschätzung dieser zwölf Leute für meine Unterstützung (in Form von Geld) belief sich auf volle 210.000 Dollar.

Hier ist ein weiteres faszinierendes Beispiel, aus dem Sie ersehen können, wie es ist, in Phase 2 des Menschen-Spiels zu spielen. Als ich noch tief in Phase 1 steckte und mit dem Direkt-Marketing und dem Versandhandelsmarketing anfing, kreierte ich die Illusion einer so genannten Geld-zurück-Garantie. Bei diesen Spielen kommt alles darauf an, so viele Produkte wie möglich zu verkaufen. Weil man glaubt, dass andere Menschen ihre eigene Macht haben und unabhängig von einem entscheiden, muss man extrem überzeugend wirken, damit sie diese Produkte kaufen und nicht irgendwelche anderen. Daraus folgt, dass mehr Leute etwas kaufen, wenn es einem gelingt, das Risiko an den Käufer zurückzugeben, indem man ihm, wenn er nicht hundertprozentig zufrieden ist, sein Geld zurückgibt. Klingt vernünftig, oder? Für mich war es das. Ich investierte 18 Jahre lang in dieses Modell.

Ich benutzte die Kreation der Geld-zurück-Garantie sogar dafür, dass sie zu meinem finanziellen Einbruch in Phase 1 beitrug. Damals hatte ich zwei Jahre lang ein Versandhandelsgeschäft aufgebaut. Es war sehr erfolgreich, und alle Geschäftszahlen sahen sehr gut aus. Ich hatte Monat für Monat bestimmte Schlüsselzahlen, die ich erreichte und Kunden, von denen ein bestimmter Prozentsatz bei mir kaufte und ein bestimmter Prozentsatz die Geld-zurück-Garantie in Anspruch nahm. Aber plötzlich kreierte ich stark zurückgehende Verkaufszahlen und steil ansteigende Rücknahmequoten. Dieser Trend hielt ungefähr ein Jahr lang an; dann ging das Geschäft pleite, und ich verlor eine Menge Geld. So kam es, dass ich jahrelang sehr negativ gegenüber der Geld-zurück-Garantie eingestellt war und mich jedes Mal ärgerte, wenn ich einen Kauf rückgängig machen musste.

Nachdem ich monatelang immer wieder den Prozess anwandte, wenn ich mich über einen Rücktausch ärgerte, wachte ich eines Morgens auf und dachte: „Moment mal! Es ist doch niemand anderer da draußen. Ich muss doch niemanden von irgendetwas überzeugen. Es sind doch alle nur Schauspieler, die nichts anderes sagen und tun als das, worum ich sie bitte. Sie können doch gar nicht unzufrieden sein mit etwas, das ich kreiert habe. Alles, was ich tun kann, ist, die Täuschung zu kreieren, dass Kunden unzufrieden sind und ihr Geld zurückhaben wollen und mir einreden, das sei echt." An jenem Morgen strich ich die Geld-zurück-Garantie aus allen meinen Geschäftsbedingungen.

Wie Sie sich vorstellen können, hatte ich nach 18 Jahren des Glaubens an die Notwendigkeit von Garantien große Zweifel an der Richtigkeit meiner Entscheidung. Ich fürchtete, dass die Verkaufszahlen sinken würden. Deshalb wandte ich den Prozess an, wann immer dieses Unwohlsein mich befiel. Zuerst kreierte ich ein paar Kunden, die anriefen oder mailten und fragten, ob wir eine Rücknahme-Garantie gäben, und wenn ja, wie sie aussehe. Ich verstand diese Fragen als Hinweis darauf, dass ich wohl immer noch Energie in meinem Geld-zurück-Garantie-Ei hatte und verwendete weiterhin meine Schatzsuch-Werkzeuge an der Kreation namens Rücknahmerecht. Nach ein paar Monaten hatte ich alle Energie aus dem entsprechenden Ei herausgezogen, und Garantien und Rücknahmerecht kommen in meinem Hologramm nicht mehr vor.

Wenn Sie sich dem Punkt des Ausbrechens nähern, wird alles in Ihrem Hologramm in Frage gestellt, und beinahe nichts behält seine Gültigkeit.

Lassen Sie mich noch zwei kurze Geschichten erzählen. Als Teil meiner Phase-2-Erlebnisse schuf ich die Illusion, ich hätte 25 Pfund zugenommen und die meisten Hosen würden mir nicht mehr passen. Meine normale Hosengröße war 33, aber jetzt musste ich Größe 36 kaufen, um bequem hineinzupassen. Ich kaufte mir also drei neue Blue Jeans, Größe 36, von ein und demselben Hersteller. Ich probierte sie in der Kabine an. Alle drei Hosen fühlten sich gleich an. Es war dieselbe Größe, derselbe Schnitt. Aber als ich damit zu Hause ankam, hatte ich den Eindruck, nur eine Hose würde perfekt passen, die andere war mir zu eng und die dritte so weit, dass sie fast herunterrutschte. Auch eine meiner alten Hosen, Größe 33, passte mir gut. Ich sagte es ja bereits: Ist irgendetwas im Hologramm echt, verlässlich und dauerhaft? Nein, ist es nicht!

Eine meiner Leidenschaften ist das Drehen von Videos. Ich liebe es, Multimedia-Präsentationen zu kreieren und damit Leute zu beeinflussen und „Fernlern-Tools" zu designen. Mittels einer speziellen Software kann ich diese Video-Präsentationen in ein Format namens Flash konvertieren und sie so auf meine Internet-Seiten stellen. Es geschah an einem Nachmittag. Ich hatte gerade drei Videos fertig gestellt und war dabei, die Dateien mithilfe der Software in Flash-Dateien zu konvertieren. Als der Konvertierungsprozess beendet war und ich die Videos abspielte, um zu kontrollieren, ob alles stimmte, stand das Video auf dem Kopf! Ich rief die Kundendienst-Hotline der Softwarefirma an und fragte, wie das möglich sei, und sie sagten: „Das kann nicht sein! Das ist technisch gar nicht möglich!"

Also frage ich Sie zum letzten Mal: Ist irgendetwas im Hologramm echt, verlässlich und dauerhaft? Nein, ist es nicht!

Noch einmal: Nichts in Ihrem Hologramm ist echt. Es ist alles eine Täuschung. Alles ist nichts weiter als eine Erfindung Ihres Bewusstseins. Autobahnabfahrten ‚verschwinden' durch eine kleine Änderung Ihrer Vorlage im Nullpunkt-Feld. 101.000 Dollar auf einem Bankkonto werden erfunden, indem Sie ein Detail in Ihrer Vorlage ändern. Zwölf Leute werden erfunden, die jeweils 17.500 Dollar für ein Coaching ausgeben – ebenfalls nur durch Änderung eines Details Ihrer Vorlage im Nullpunkt-Feld. Blue Jeans können scheinbar schrumpfen oder weiter werden – nur durch Änderung eines Details Ihrer Vorlage im Nullpunkt-Feld. Ein Video kann auf dem Kopf stehen, auch wenn das aus Sicht von Phase 1 unmöglich ist – nur durch Änderung eines Details Ihrer Vorlage im Nullpunkt-Feld.

Wie gesagt: Ich könnte noch stundenlang so weiter erzählen. Aber wenn Sie Ihre Phase-2-Arbeit wirklich in Angriff nehmen wollen, werden Sie bald Ihre eigenen ‚Geschichten' erleben. Der tiefere Sinn all dieser Geschichten ist: Wenn die Realität so unstabil, so flexibel und so leicht zu verändern ist, dass nur ein kleiner ‚Schalter' im Bewusstsein umgelegt und Ihre Vorlage ein bisschen verändert werden muss – was haben Sie dann erst für Möglichkeiten, wenn Sie ausbrechen und das Menschen-Spiel ohne Grenzen und Einschränkungen spielen können? Welche erstaunlichen Kreationen können Sie dann zum Spiel in Ihr Hologramm schicken und sich damit ganz neue Bereiche eröffnen?

Wenn Sie es wissen wollen, lesen Sie bitte Kapitel 13.

Spielen ohne Grenzen und Hindernisse

„Gehe nicht da entlang, wo
der Weg dich lang führt. Gehe
da entlang, wo kein Weg ist und
hinterlasse deine Spuren."[1]

– Muriel Strode –

„Es gibt keine Baupläne
für Luftschlösser."[2]

– G. K. Chesterton, Schriftsteller (1874-1936) –

„Es macht Spaß,
das Unmögliche zu tun."[3]

– Walt Disney –

Achtung: Haben Sie dieses Kapitel aufgeschlagen, ohne die vorhergehenden Kapitel gelesen zu haben? Wenn ja, dann gehen Sie bitte an den Anfang zurück und lesen Sie zuerst alle vorhergehenden Kapitel. Sie werden garantiert nicht ausbrechen können, ohne alle Puzzle-Teile verstanden zu haben. Sie brauchen jedes einzelne davon, um es zu schaffen. Bitte glauben Sie mir!

In den letzten Kapiteln habe ich Ihnen gezeigt, dass in Phase 2 zu leben bedeutet, die vier Schatzsuch-Werkzeuge Tag für Tag anzuwenden – ohne Zielvorgabe, ohne ein festes, anzupeilendes Ergebnis und ohne den Wunsch, etwas in Ihrem Hologramm zu verändern, zu reparieren oder zu verbessern. Ich habe Ihnen erklärt, dass Sie in Phase 2 im reaktiven Modus leben sollten, Moment für Moment, und abwarten sollten, was in Ihr Hologramm kommt und darauf je nach Lust oder Inspiration reagieren sollten. Vorher oder hinterher sollten Sie den Prozess anwenden, wenn Sie sich unwohl fühlen, um Ihre Energie zurückzugewinnen.

Wenn Sie das oft genug tun – ich kann Ihnen nicht sagen, was oft genug für Sie bedeutet, das ist bei jedem anders –, erreichen Sie irgendwann den Punkt des Ausbrechens und kommen dann in eine neue Welt, eine völlig neue Art zu leben. Jetzt sind Sie bereit, herauszufinden, was es mit dem Zeitpunkt des Ausbrechens auf sich hat und was passiert, sobald Sie ihn überschreiten. Aber denken Sie bitte immer daran, dass auch die eigentliche Erfahrung des ‚Durchbruchs‘ für jeden etwas anders aussieht. Denn Sie werden auch diesen Wendepunkt nach Ihren individuellen Bedürfnissen gemacht vorfinden, damit Sie als Grenzenloses Wesen das Menschen-Spiel auf Ihre Art spielen können.

Jedes Grenzenlose Wesen erfindet seinen eigenen Ausbruchspunkt und das, was vor und nach dem Überschreiten der Grenzlinie geschieht. Sie können Abbildung 13.1 als Anhaltspunkt zur Veranschaulichung nehmen.

Der Befreiungsakt

Bitte denken Sie auch daran, dass das, was ich Ihnen hier schildere, keine bloße Theorie ist, auch keine Fiktion und nichts, was ich lediglich *für möglich halte*. Ich selbst habe den Punkt des Ausbrechens tatsächlich erreicht, überschritten, und ich lebe heute so, wie hier beschrieben. Meine Reise ist allerdings noch lange nicht zu Ende. Bis heute gebrauche ich täglich die Schatzsuch-Werkzeuge, und es gelingt mir mit ihrer Hilfe, mich immer rascher weiterzuentwickeln und in meinem Hologramm mehr und mehr von dem auszudrücken, der ich in Wahrheit bin. Ich weiß nicht, wie tief es in Phase 2 noch geht, ich will es auch nicht wissen. Es ist mir lieber, wenn die Phase 2 ihre Reize nach eigenem Gutdünken entfaltet und mich immer wieder überrascht und glücklich macht. Obwohl ich keine Ahnung habe, was mich in

Zukunft in Phase 2 noch alles erwartet, muss ich sagen, dass das, was ich bisher auf meiner Reise in Phase 2 erleben durfte, unglaublicher war als irgendetwas, was ich zuvor erlebt hatte oder mir vorstellen konnte.

Wenn Sie den Punkt des Ausbrechens überschreiten, haben Sie vorher die grundlegenden Vorlagen zum Einstürzen gebracht, die Sie finanziell einschränkten. Sie haben sich entwickelt und dem Zustand der Grenzenlosen Fülle, Ihrem ursprünglichen Zustand, geöffnet. In diesem Moment *wissen* Sie – ganz tief in Ihrem Inneren –, dass Sie alles, was Sie erleben, selbst erfinden. Sie *wissen* – ganz tief innen –, dass Sie die Macht und die Energie besitzen, alles zu kreieren und in Ihr Hologramm zu katapultieren, was Sie zum Mitspielen brauchen. Sie *wissen* – ganz tief innen –, dass Zahlen, Geld und Konten nicht echt sind, die Geldbewegungen in Ihrem Hologramm nicht echt sind, dass Ihr Naturzustand der inneren Fülle hingegen schon echt ist. Inzwischen können Sie der Wahrheit, wer Sie wirklich sind, blind vertrauen. Das ist ein durchaus realer und erreichbarer Bewusstseinszustand, auch wenn es jetzt noch wie Science Fiction für Sie klingt.

Sobald Sie den Punkt des Ausbrechens überquert haben, ist es nicht mehr *notwendig*, Ihre Bilanzen und Konten, Ihr Einkommen und Vermögen zu kontrollieren, und falls Sie es doch tun, werden Sie darüber nur noch schmunzeln oder es dankend zur Kenntnis nehmen, weil Sie die Wahrheit kennen. Es ist nicht mehr *nötig*, Geldbewegungen zu überwachen oder zu messen. *Kosten* werden unwichtig, *Rechnungen* haben keine Bedeutung mehr für Sie.

Nachdem Sie den Ausbruchspunkt überschritten haben, drücken Sie Ihre Wertschätzung für alle Kreationen aus, die Sie bisher erleben durften (in der täuschend echten Gestalt von Bargeld, Schecks, Kreditkarten, Überweisungen et cetera). Sie sind ab

jetzt absolut sicher, dass Ihre Grenzenlose Fülle echt ist und Sie sich nie mehr um Geld zu kümmern brauchen, weil sich das Geld um sich selbst kümmert.

Wenn Sie davon wirklich überzeugt sind, kümmert sich das Geld um sich selbst – egal, wie. Sie haben in puncto Geld keine Grenzen oder Einschränkungen mehr. In Phase 1 waren Sie der Überzeugung, etwas erst kaufen oder tun zu können, wenn Sie das Geld dazu haben. Wenn Sie das Geld hatten, war es prima. Wenn nicht, mussten Sie sparen, bis Sie genügend beieinander hatten oder sich das Geld leihen und es dann mit Zinsen zurückzahlen. Wenn Sie aber den Ausbruchspunkt überwunden haben, läuft alles andersherum: *Zuerst* verspüren Sie Lust oder die Inspiration, Ihre Wertschätzung für bestimmte Kreationen auszudrücken, dann tun Sie dies und dann kümmert sich das Geld um sich selbst – wie auch immer das in der Praxis aussieht. Ich sage „wie auch immer das aussieht", denn wie Sie sehen werden, gibt es nach dem Ausbrechen keine festgelegte Methode dafür, wie das passiert. Warum? Weil ‚unendlich' wirklich unendlich bedeutet, und ‚grenzenlos' wirklich grenzenlos. Ich gebe Ihnen später ein paar Beispiele, wie das aussehen *kann*, aber es sind nur Beispiele, keine Regeln, Formeln oder Grenzen.

Auch nach dem Ausbrechen kann das Geld immer noch scheinbar aus dem Hologramm kommen (muss es aber nicht), aber Sie wissen, dass es nicht so ist. Sie wissen jetzt, dass es aus Ihnen kommt, aus Ihrem Bewusstsein, einer Vorlage im Nullpunkt-Feld und Ihrer Energie. Ob Sie Geld kreieren, wie und woher, hat nur damit zu tun, welchen Weg Ihre Grenzenlose Fülle nimmt, um sich mit Spaß und Freude zu manifestieren.

Der Ausdruck von Wertschätzung in Form von Geld wird etwas ganz Natürliches für Sie, genauso natürlich wie das Atmen.

Wer denkt schon darüber nach, woher der nächste Atemzug kommt? Sie denken doch auch nicht darüber nach, wie viel Luft Sie jetzt noch zur Verfügung haben – oder in Zukunft. Sie versuchen doch auch nicht, mehr Luft zu bekommen oder die Luft, die Sie zum Atmen zur Verfügung haben, festzuhalten. Sie atmen einfach, ohne sich Gedanken darüber machen zu müssen, und haben das Urvertrauen, dass es immer genug davon für Sie geben wird. So funktioniert auch das Leben im Naturzustand der Grenzenlosen Fülle – Sie leben einfach.

Wie sich die Grenzenlose Fülle jenseits des Ausbruchspunktes ‚anfühlt' oder wie sie aussieht, kann man auch mit dem Begriff *Kosmischer Überziehungsschutz* erklären. Im Bankgeschäft gibt es eine Phase-1-Erfindung namens Überziehungsschutz. Sollten Sie diese Einrichtung noch nicht kennen, erkläre ich sie Ihnen kurz: Ihr Scheckkonto wird mit einer Kreditkarte oder einem anderen Bankkonto verbunden. Sobald Sie einen Scheck ausstellen, ohne genug Geld auf Ihrem Scheckkonto zu haben, wird der fehlende Betrag automatisch von Ihrer Kreditkarte oder Ihrem Bankkonto auf Ihr Scheckkonto übertragen, und der Scheck ist gedeckt.

Stellen Sie sich vor, wie Ihr Leben aussähe, wenn Sie einen Überziehungsschutz hätten und Ihr Sicherheitskonto nichts anderes wäre als Ihre Grenzenlose Fülle mit grenzenlosem Geldvorrat. Stellen Sie sich vor, wie Ihr Leben aussähe, wenn Sie Ihrem Kosmischen Überziehungsschutz absolut vertrauen könnten und, ohne sich Gedanken zu machen, einfach tun könnten, was Sie wollen, was Ihnen am meisten Spaß macht und Ihre Kreativität zu voller Entfaltung bringt. So können Sie nach Herzenslust Ihre Wertschätzung für alle Kreationen zum Ausdruck bringen und Schecks ausfüllen, so viele Sie wollen, und wissen, dass die Schecks immer gedeckt sind.

In dem Moment, in dem Sie die Ausbruchsschwelle überschreiten, erhalten Sie den Kosmischen Überziehungsschutz.

Als ich damals den Ausbruchspunkt erreichte, als ich sah, was auf der anderen Seite lag und – geistig – wusste, dass alles, was ich da sah, die reine Wahrheit war, konnte ich es kaum glauben und verharrte in Ehrfurcht. Der Gedanke, dass ich von jetzt an unbegrenzt Schecks ausfüllen durfte, ohne auf meinen Kontostand zu achten, im blinden Vertrauen darauf, dass das Geld sich schon einfinden würde, war mir zunächst nicht ganz geheuer.

Denn trotz meines weiten Weges, trotz all der Energie, die ich wiedererlangt hatte und meiner inneren Entwicklung hatte ich immer noch gewisse Mengen Restenergie in irgendwelchen Eiern, die mich dazu verleitete, Angst zu haben, meine Schecks könnten platzen, weil sie nicht gedeckt sind, Angst davor, dass Lieferanten anrufen, dass ich meine Konten überziehe und meinen Dispositionskredit verliere, und so weiter. Diese Ängste hielten mich davon ab, die Schwelle zu überschreiten. Mit anderen Worten: Ich war eine Weile im Niemandsland, zwischen Phase 1 und Phase 2.

Aber dann hatte ich eines Tages, nachdem ich diese Ängste immer wieder ausführlich mit dem Prozess bearbeitet hatte, eine Art Enthüllungserlebnis. Mein Erweitertes Selbst sprach zu mir, während ich meditierte: „Solange Du nur weißt, wie man ausreichend Atem holt, ohne es auch zu tun, sagst Du Dir: ‚Meine Grenzenlose Fülle existiert nicht wirklich' oder: ‚Ich weiß nicht recht, ob es meine Grenzenlose Fülle wirklich gibt' – und damit fütterst Du Deine Eier immer weiter mit Energie. Irgendwann musst Du eine Entscheidung treffen, was für Dich echt ist und was nicht. Du musst eine Grenze ziehen, sie überschreiten und nie mehr zurückkehren. Du kannst nicht ewig im Niemandsland bleiben und Dich zugleich Deiner Grenzenlosen Fülle öffnen."

Ich *wusste* tief in meinem Inneren, dass das die Wahrheit war. Ich wollte so gern aus dem Geld-Spiel ausbrechen, aber ich hatte auch immer noch Angst vor dem letzten Schritt, so wie jemand, der ohne Netz von einer Klippe springt. Ich fuhr eine Zeitlang fort, meine Ängste mit dem Prozess zu bearbeiten, sobald sie auftauchten. Eines Tages wachte ich morgens auf und sagte mir: „Heute will ich es wissen. Heute springe ich. Ich habe keine andere Wahl – ich vertraue meinem Erweiterten Selbst, dass es mich beschützt und ich nicht zerschelle."

Von dem Tag an handelte ich so, als wäre meine Grenzenlose Fülle immer vorhanden, als hätte ich den Kosmischen Überziehungsschutz – so, als bekäme ich jedes Mal, wenn ich einen Dollar in den Schlitz warf, drei Dollar zurück. Ich hörte auf, nach meinen Geschäftszahlen zu sehen. Ich hörte auf, mich einzuloggen und zu überprüfen, wie viel ich noch auf der Bank habe. Ich hörte auf, meine Bilanzen zu studieren.

Nachdem ich einmal diese Entscheidung getroffen hatte, schuf ich zahlreiche Gelegenheiten, meine Wertschätzung in Form von Geld auszudrücken. Manchmal tat ich das fröhlich und unbeschwert. Manchmal (zunächst öfter, aber dann immer seltener) kam die Angst immer noch in mir hoch, wenn ich auf eine Rechnung sah oder einen Scheck ausfüllte. Dann wandte ich erneut den Prozess an. Aber bei alledem atmete ich weiter. Ich fuhr fort, so zu tun, als sei die Wahrheit die Wahrheit und ich ein Wesen mit Grenzenloser Fülle. Es dauerte noch weitere sechs Monate, bis ich schließlich über den Punkt hinweg kam. Von da an hatte ich immer so viel Geld (Luft), wie ich brauchte!

Übrigens: Das hat nichts zu tun mit der beliebten Redensart „das Beste ist, so zu tun als ob". Das ist eine Vorstellung aus der Phase 1, die in Phase 2 so nicht funktionieren und nicht funktionieren kann. Sie funktioniert auch in Phase 1 nicht, auch wenn viele Leute Stein und Bein darauf schwören. Der einzige Grund, warum mir der beschriebene Grenzübergang gelungen ist, ist der, dass ich vorher so viel Energie wiedererlangt habe, mich so ausdauernd weiterentwickelt habe und, besonders wichtig, von meinem Erweiterten Selbst dabei in jeder nur denkbaren Weise unterstützt wurde.

Wenn Sie den Ausbruchspunkt überschritten haben, findet Ihr Naturzustand der Grenzenlosen Fülle immer Ausdruck, egal wie.

Wie bereits mehrfach erwähnt: ‚grenzenlos' heißt grenzenlos. Es gibt keine Grenzen mehr. Geld kann *zum Schein* in Ihrem Hologramm auftauchen, aber das ist nicht länger nötig. Es kann auch einfach, ohne erkennbaren Ursprung, auf Ihrem Konto auftauchen, so wie in der Geschichte mit den 50.000 Dollar „extra" aus dem letzten Kapitel.

Wenn Sie Geld kreieren wollen, das in Ihrem Hologramm auftaucht und dessen Ursprung bekannt ist, können Sie es in Ihr Hologramm stellen, indem Sie beispielsweise eine Brieftasche voll Bargeld auf der Straße finden (habe ich persönlich noch nicht gemacht, aber vielleicht mache ich es ja eines Tages). Ihre Grenzenlose Fülle kann aber auch darin Ausdruck finden, dass andere Menschen Ihnen ihren Dank und ihre Wertschätzung in Form von Geld geben. Ein Beispiel: Ich habe einen Freund, der auch in Phase 2 spielt. Er hat vor 20 Jahren ein Buch geschrieben. Einer seiner Leser, der seine Empfehlungen umsetzte und damit (scheinbar) sehr erfolgreich wurde, schickte ihm daraufhin einen großen Scheck mit einem kurzen Begleitschreiben, in dem stand: „Ich habe Ihr Buch gelesen. Es hat mir sehr geholfen. Das hier ist nur ein kleines Dankeschön für das, was Sie für mich getan haben. Danke und weiterhin alles Gute!"

Ein anderes Beispiel dafür bin ich selbst. Seit ich die Illusion geschaffen habe, dass ich mehrere Firmen besitze und mit Produkten und Dienstleistungen handle, kann ich meiner Grenzenlosen Fülle Ausdruck verleihen, indem ich Schauspieler bitte, die Rolle von Kunden zu spielen und sich für die gekauften Produkte und Dienstleistungen mit Geld zu bedanken. Davon kann ich so viele erschaffen, wie ich will. Ich kann mich auch bei mir selbst für meine Mühe bedanken, indem ich eines meiner Unternehmen verkaufe und mir (zum Schein) einen großen Scheck ausstelle. Wie in der Einleitung erwähnt, habe ich das bereits einmal getan, als wir meine Firma Blue Ocean Software für 177 Millionen Dollar in bar verkauften.

Ihre Grenzenlose Fülle kann auch darin ihren Ausdruck finden, dass Sie unerwartet erben. Jetzt denken Sie vielleicht: „Ich kenne aber niemanden, von dem ich viel Geld erben könnte.“ Aber denken Sie daran, dass alles, was Sie erleben, eine Kreation Ihres Bewusstseins ist, aus einer Vorlage, die Sie ins Nullpunkt-Feld gestellt haben, und dass Sie *jede* Vorlage hineinstellen können, wenn Sie wollen. Es muss nicht logisch sein und muss keinen Sinn ergeben, denn das sind nur begrenzte Phase-1-Erfindungen. Wenn Sie erst einmal den Ausbruchspunkt überwunden haben, können Sie *alles* erfinden, womit Sie spielen wollen, einfach nur so, aus Freude am Spielen.

Ich gebe Ihnen jetzt mal ein extremes Beispiel, das die Kraft und die wahre Bedeutung dieser Aussage belegt: Derzeit heißt der reichste Mann der Welt Bill Gates. Wenn Sie wollten und wenn es Ihnen bei Ihrer Reise helfen würde, könnten Sie *in Ihrem Hologramm* die Täuschung erfinden, dass Bill Gates gestorben ist und Ihnen zehn Millionen Dollar hinterlassen hat. Natürlich können Sie sagen: „Warum soll ich mir so etwas ausdenken? Ich kenne Bill Gates doch gar nicht.“ Deshalb ist die Wahrscheinlichkeit, dass Sie sich so etwas ausdenken, auch sehr gering – aber *möglich wäre es*. Denn Sie haben die Energie und die Fähigkeiten, es zu tun. Warum? Nun, weil dazu nur eine weitere Vorlage nötig wäre und Bill Gates *in Ihrem Hologramm* nur ein Schauspieler von vielen ist, der das tun muss, was Sie ihm eingeben – wenn Sie diese Täuschung überhaupt kreieren wollen. Das war nur ein Beispiel. Es gibt keinen Bill Gates, keinen Tod, keine Erbschaft, kein Testament und keine zehn Millionen. Sie könnten natürlich auch eine andere Geschichte erfinden, warum Bill Gates oder sonst wer Ihnen so viel Geld gibt, und sie als Vorlage in Ihr Hologramm stellen, damit sie wirklich erscheint. Es sind alles nur Details und Vorlagen im Nullpunkt-Feld. Das klingt für Sie bestimmt auch jetzt noch ziemlich verrückt. Aber Sie sind jetzt eigentlich reif für die Wahrheit, egal, wie sehr sie Ihre bisherigen Überzeugungen über den Haufen wirft.

Unendlich ist unendlich. Jenseits des Ausbruchspunktes gibt es keinerlei Grenzen. Die Frage ist nur, wie Sie das Menschen-Spiel spielen wollen und was Ihnen am meisten Spaß macht.

Heißt das, dass Sie jenseits des Ausbruchspunktes mit Millionen um sich werfen können? Dass Sie sich zahllos und unbegrenzt Villen, Privatjets, Sportwagen und Designer-Kleidung leisten können? Ja, Sie können das tun, wenn Sie genügend Energie zurückgeholt haben, genügend Einschränkungen im Nullpunkt-Feld haben kollabieren lassen und sich Ihrer Grenzenlosen Fülle geöffnet haben und – das ist besonders wichtig – *wenn es Ihnen wirklich Freude macht.* Es gibt in Phase 2 keine Wertungen wie richtig oder falsch, gut oder schlecht, besser oder schlechter, ratsam oder nicht ratsam. Sie können buchstäblich machen, was Sie wollen. Allerdings kann es sein, dass solche Kreationen Sie nicht mehr so sehr interessieren, wenn Sie Ihre Phase-2-Arbeit gemacht und sich weiterentwickelt haben.

Ich für meinen Teil kann Ihnen sagen, dass mir diese Luxusgüter im gegenwärtigen Stadium meiner Phase-2-Reise nicht mehr viel bedeuten, auch wenn es früher einmal anders war. Viele Wünsche kommen in Phase 1 aufgrund von Werturteilen und Illusionen zustande und werden im Laufe der Phase-2-Arbeit von selbst unwichtig, wenn man erkennt, wer man wirklich ist und sich laufend weiterentwickelt. Ja, ich wohne in einem wunderschönen Haus in ‚guter Wohnlage'. Ja, ich fahre einen teuren Wagen, gehe in gute Hotels und Restaurants und genieße so manche Annehmlichkeiten. Was jedoch für mich am meisten zählt, ist die Freude und Befriedigung, dass ich in Phase 2 lebe, mich kreativ voll verwirklichen kann und mehr von meinem persönlichen Potenzial in meinem Hologramm darstellen kann.

Jedes Mal, wenn Sie den Prozess anwenden, entwickeln Sie sich innerlich weiter, werden eine andere Person und denken anders. Das ist ein weiterer Grund dafür, dass man in Phase 2 nur noch in der Gegenwart lebt. Warum soll man für die Zukunft planen, warum auch nur wenige Tage voraus denken, wenn man nicht weiß, wie schnell und wie stark man sich bis dahin verändert und was man dann (noch) will?

Die meisten Beispiele, die ich Ihnen gezeigt habe, arbeiten noch mit der Illusion, dass Geld in sichtbarer oder zählbarer Form in Ihrem Hologramm auftaucht. Das macht den Eindruck, als würden Sie immer noch das Geld-Spiel spielen und wären immer noch darauf konzentriert, Geld anzuhäufen. Aber wenn Sie den Ausbruchspunkt überschritten haben, geht es Ihnen nicht mehr darum. Ein Beispiel dazu: Während ich dieses Buch schreibe, besitze ich immer noch viele Firmen und bewege damit (scheinbar) eine Menge Geld. Aber ich kümmere mich heute nicht mehr um Zahlen und deren Größe. Es geht mir nicht mehr um Produkte, Dienstleistungen, Kunden, Verkaufszahlen, Gewinne, Einkommen, Gehälter und so weiter. Es geht mir um mich und um den Spaß, den ich dabei habe. Ich spiele einfach mit kreativer Ekstase und drücke meine Wertschätzung aus gegenüber mir selbst, den Kreationen, die ich wirklich erleben möchte, und dem ganzen Menschen-Spiel – und der Rest, auch das Geld, ergibt sich von selbst.

Als ich beispielsweise die zwölf Leute erfunden habe, von denen jeder mir für ein Jahr Coaching-Programm 17.500 Dollar bezahlte, insgesamt 210.000 Dollar, habe ich die Zahl einfach nur angesehen. Es hat mir Spaß gemacht, zu sehen, wie so ein großer Geldbetrag durch das kurze Vorstellen meines Coaching-Programms spielend leicht zustande kam, wo ich doch früher, in Phase 1, wesentlich härter hätte arbeiten müssen, um den gleichen Betrag zu bekommen. Aber ansonsten bedeutete mir die

Zahl 210.000 nicht viel. Ich brauchte das Geld nicht, um *Rechnungen zu bezahlen* oder meinen *Lebensstil* aufzubessern. Es hat mir nichts ermöglicht, das ich nicht sowieso schon gehabt hätte. Das Geld war nicht echt und hatte keinerlei Macht über mich. Warum? Weil ich schon Luft genug zum Atmen hatte! Vielleicht kommt einmal der Tag, an dem es mich nicht mehr interessiert, Geschäftsmann zu sein und Geldbewegungen in meinem Hologramm zu erfinden. Wie schon gesagt: Ich bin mit meiner Phase-2-Reise noch lange nicht am Ende.

Es ist nicht wichtig, was man in Phase 2 tut. Was zählt, ist, wie und warum man es tut und wie viel Freude man dabei hat.

Das letztendliche Ziel von Phase 2 ist, das Menschen-Spiel ganz ohne Grenzen und Einschränkungen zu spielen. Das bedeutet, wirklich *ohne Grenzen und Einschränkungen*. Sie können alles erfinden und mit allem spielen, auch wenn es aus einer bestimmten Sicht wie aus der Phase 1 stammend wirkt. Sie können ohne Grenzen und Einschränkungen den Geschäftsmann spielen, Medizinspiele oder Kriegsspiele, Eltern- oder Lehrerspiele, Schriftsteller-, Maler- oder Weltraumentdecker-Spiele, alles ohne Grenzen und Einschränkungen.

Gerade habe ich eine Dokumentation über die Korallenriffe der Welt gesehen; es hieß, sie seien stark gefährdet und würden im Laufe der nächsten 20-30 Jahre verschwinden, wenn wir nichts dagegen tun. In Phase 2 können wir Rettet-die-Korallenriffe-Spiele spielen, Gegen-die-globale-Erwärmung-kämpfen oder Für-mehr-Recycling oder, was ein Freund von mir macht, Elektrische-Autos-entwickeln.

Sie können die Illusion kreieren, Schauspieler, Musiker, Profi-Sportler oder Geschäftsführer einer riesengroßen Firma zu sein oder Moderator der Abend-Nachrichten im Fernsehen – was Ihnen Spaß macht, auch wenn Sie im Moment noch nicht die Begabung, die Vorbildung, die notwendigen Beziehungen oder sonst was dafür besitzen. In Phase 2 können Sie jedes Spiel im Freizeitpark spielen, wenn es Ihnen gerade Spaß macht – oder sich auch ganz neue Spiele ausdenken, an die noch niemand zuvor gedacht hat (ich nehme an, dass das viele Grenzenlose Wesen tun werden, wenn sie erst tiefer in Phase 2 eingedrungen sind).

In Phase 2 können Sie alles spielen, was Sie wollen, auch wenn es immer noch wie ein Spiel aus Phase 1 wirkt. Sie spielen es aber auf eine andere Art. Sie können auch ganz neue Spiele erfinden, an die noch keiner je gedacht hat.

Als ich zum ersten Mal die Illusion erfand, die Ideen, die ich Ihnen hier vermittle, zu veröffentlichen, schuf ich zwei Frauen, die meinen Fernstudien-Lehrgang *Die 7 Energie-Zentren des Lebens* kauften. Beide waren Heilpraktikerinnen und praktizierten ganzheitliches Heilen, eine Alternative zur Schulmedizin. Am Ende des Lehrgangs schrieben sie mir voll Panik Emails wie diese: „Meine ganze Karriere beruht darauf, dass der menschliche Körper echt ist, dass es Krankheiten gibt und ich diese Krankheiten mit meinen Methoden heilen kann. Wenn das alles nicht echt ist, was soll ich dann tun – aufhören?"

Ich antwortete: „Sie können in Phase 2 alles tun, was Sie wollen. Wenn Sie gerne Menschen-heilen spielen, können Sie natürlich damit weitermachen. Sie werden dann weiterhin Leute erfinden, die mit allen möglichen Krankheiten zu Ihnen kommen und viele Methoden erfinden, sie zu heilen – und das alles wird Ihnen dabei helfen, Ihr Spiel so vergnüglich wie nur möglich zu spielen. Sollten Sie es aber nicht wirklich gern tun, aus einer Verpflichtung heraus oder weil jemand Sie dazu gedrängt hat, nur um Geld zu verdienen oder aus welchem Grund auch immer, sollte es Ihnen also keine Freude mehr bringen oder Sie langweilen, so können Sie sich jetzt oder in Zukunft jederzeit anders entscheiden."

Eine der beiden Frauen merkte, dass sie wirklich eine echte Liebe zum Heilberuf hatte und blieb dabei. Die andere Frau hörte nach einiger Zeit auf und wechselte in eine andere kreative Richtung, als sie tiefer in Phase 2 kam.

Ich habe ein paar Freunde, die gerne mit Aktien und Waren handeln. Andere, die ich kenne, kaufen und verkaufen Immobilien und wieder andere alles drei. Aus einer bestimmten Sicht gesehen, sind das alles reine Phase-1-Aktivitäten. Wenn man sie aber in Phase 2 spielt, nachdem man den Ausbruchspunkt überschritten hat, ändern sie ihren Charakter und werden infolgedessen auch ganz anders gespielt. Wenn Sie zum Beispiel nach dem Ausbrechen das Aktien- und Warentermin-Spiel spielen, denken Sie sich das Auf und Ab des Marktes aus. Kaufen und Verkaufen, Gewinn und Verlust – das macht Ihnen einfach Spaß. Es geht Ihnen jetzt nur noch um den Spaß, den Sie dabei haben. Es gibt keine Grenzen oder Einschränkungen, was Ihren Erfindungsreichtum und Ihre Erlebnisse dabei angeht.

Wenn Sie nach dem Ausbrechen das Immobilien-Spiel fortsetzen, erfinden Sie täuschend echte Grundstücke, Häuser und Wohnungen und die potenziellen Käufer und Verkäufer gleich dazu, und es macht Ihnen Spaß, zuzusehen, welchen Deal Sie abschließen können, welchen nicht – und vielleicht tun Sie es, weil es Ihnen so viel Spaß macht, auf eine Art, wie es noch nie jemand zuvor gespielt oder erdacht hat. Es gibt diesbezüglich keinerlei Grenzen oder Einschränkungen für Sie.

Wenn Sie anderen beibringen wollen, wie man mit Aktien, Waren oder Immobilien Geld verdient, denken Sie sich einfach so viele Menschen aus, wie Sie wollen, die in Ihren Einflussbereich gelangen, Ihre Seminare besuchen, Sie als Referenten buchen, Ihre Bücher, Kassetten und Lehrgänge, Ihre Beratung und Ihr Coaching kaufen – und Sie können es auf eine Art und Weise tun, wie es vor Ihnen noch nie jemand getan oder geplant hat, ohne Grenzen und Einschränkungen.

Die Zahlenkombinationen und Ziffern, die Ihnen beim Spielen laufend begegnen – Verkäufe, Ausgaben, Einkommen, Gewinn, Schätzwert, Nettovermögen und so weiter – sind für Sie uninteressant, es sei denn, es macht Ihnen einfach Spaß, sie aus der Phase-2-Perspektive zu betrachten und zu verfolgen.

Solange Sie das Menschen-Spiel fortsetzen, werden Sie sich immer wieder Karussells und Attraktionen aus dem Freizeitpark aussuchen, mit denen Sie sich eine Zeitlang amüsieren, oder Sie werden neue erfinden. Deshalb werden Sie, solange Sie am Menschen-Spiel teilnehmen, mit Illusionen aus Ihren Vorlagen im Nullpunkt-Feld spielen oder sich neue ausdenken. Sie werden nicht bloß mit den Fingern schnippen wollen, damit alles sofort vor Ihnen auftaucht, sondern auch Entwicklungsprozesse erfinden, die sich vor Ihren Augen abspielen. Warum das so ist? Weil es Ihnen Spaß macht und Spannung bringt, zu sehen, wie die Täuschungen, die Sie in Ihr Hologramm stellen, sich entwickeln – und in welche Richtung.

In Phase 2 geht es nicht mehr um andere Menschen. Es geht allein um Sie, um Ihren Spaß, Ihre Freude, Ihre Entfaltungsmöglichkeiten. Alles andere dient nur dem Zweck, Sie beim Spiel, so gut es geht, zu unterstützen.

Lassen Sie mich Ihnen ein Beispiel geben, das diesen wichtigen Punkt veranschaulicht. Im Juli letzten Jahres hat mich ein Freund namens Lee gefragt, ob ich zusammen mit ihm eine Firma eröffnen würde, um einen von ihm erstellten Lehrgang zu verkaufen. Ich mag Lee sehr gern und finde seine Arbeit gut und interessant. Meine Hauptaufgabe bei unserer Partnerschaft sollte die sein, ihm beim Entwerfen von Vorlagen für seine Kurse und für deren Verkauf in unterschiedlichen Medien zu helfen. Ich hatte Lust zu der Aufgabe und nahm seine Einladung gerne an. Damals plante ich gerade meinen aktiven Einstieg in Phase 2.

Jetzt, in Phase 1, ging es darum,

- Lee dabei zu helfen, für seine Arbeit zu werben,
- dafür zu sorgen, dass seine Kunden aus seiner Arbeit Nutzen ziehen würden und
- mit den ersten beiden Zielen möglichst viel Geld zu verdienen.

In Phase 2 jedoch, *in meinem Hologramm* (denken Sie daran, es geht lediglich um Ihr eigenes Hologramm, nicht um das anderer Leute), geht es nicht um Lee, seine Arbeit, seine Kunden oder ums Geldverdienen. Es geht darum, dass ich in meiner Phase-2-Arbeit Spaß und Unterstützung erfahre. Ich werde daher die Gelegenheit nützen, Lee und seine Mitarbeiter auf eine bestimmte Weise agieren zu lassen, seine Kunden ebenfalls auf bestimmte Weise agieren zu lassen und mir Chancen zur Verwendung von Multimedia-Entwicklungstools auszudenken, mich daran zu erfreuen und meine Reise in Phase 2 zu vertiefen. Wie ich vorhin erwähnte, sind der Anlass und die Geschichte selbst nicht so wichtig. Die Details sind irrelevant. Alles, was mit dieser Firma passiert, kommt aus Vorlagen im Nullpunkt-Feld, die ich dort eingestellt habe, damit sie mich in optimaler Weise beim Spiel in Phase 2 unterstützen. Dieses Beispiel soll Ihnen zeigen, wie unterschiedlich die Herangehensweise an dasselbe Thema in den beiden Phasen ist.

Hier ist ein anderes Beispiel: Bestimmt kennen Sie Harry Potter. Die Autorin J. K. Rowling hat den ersten Band dieser Reihe aus reiner Inspiration geschrieben, weil es ihr Freude machte. Sie ist nicht mit der Absicht herangegangen, auf Anhieb einen Bestseller zu schreiben. Sie wusste nicht, dass auch die übrigen Bände der Reihe Bestseller werden würden, dass die Kinofilme Kassenschlager werden würden und sie selbst tatsächlich über Nacht einer der reichsten Menschen der Welt werden würde. Sie fühlte in sich den Drang, das Buch zu schreiben, sie schrieb es und veröffentlichte es. Kaum erschienen, entwickelte der erste Band ein Eigenleben und wurde, als hätte ein Zauberer die Hand im Spiel gehabt (dieses Wortspiel ist beabsichtigt), der Auftakt für ein wildes, grenzenloses Spiel im Freizeitpark. Das erste Buch der Reihe kam 1997 heraus, und bis heute, da ich dies schreibe, hält die Erfolgssträhne schon neun Jahre lang ungebrochen an.

Wenn ich mir dieses Beispiel ansehe, denke ich, auch für mich als Schriftsteller und Kino-Fan wäre es absolut traumhaft, so einen wilden und spannenden Ritt auf dem Karussell zu unternehmen. Es wäre toll, eine Buchreihe zu schreiben, die durch magische und unbeabsichtigte Wirkung losgeht wie eine Rakete, die dann wieder die Türen öffnet zu anderen Bereichen, zum Beispiel Verfilmungen des Stoffes. Vielleicht kann auch ich eines Tages so eine Erfahrung in Phase 2 kreieren, vielleicht aber auch nicht. Wenn ich es täte, würde ich jedenfalls Vorlagen im Nullpunkt-Feld erfinden, die alles so aussehen lassen, als würde es sich Tag für Tag entwickeln – ohne Grenzen für das, was ich erfinde –, durch die Illusion der Zeit (genauso, wie es bei J. K. Rowling war) und mit unterschiedlichen Personen in unterschiedlichen Rollen und Funktionen, solange ich die Karussellfahrt genießen will. Ich würde jede Sekunde des sich entfaltenden Prozesses genießen und mich ganz gespannt von all dem überraschen lassen, was da Tag für Tag in meinem Hologramm auftaucht. Darum geht es schließlich in Phase 2. Ich würde bestimmt nicht nur mit den Fingern schnippen, das Endergebnis erfinden und dann sagen: „Super, jetzt habe ich 20 Millionen Bücher verkauft und an fünf Kinofilmen zwei Milliarden verdient. Klasse! Und was kommt jetzt?" Warum ich das nicht tun würde? Weil es keinen Spaß macht!

Sich Ihrer Grenzenlosen Fülle zu öffnen, bedeutet, nicht mehr daran zu denken, wie Sie dazu kommen und was Sie dafür tun müssen.

Als ich in Phase 1 des Geld-Spiels war, habe ich mich tief in die Kreationen Versandhandel und Direct-Response-Marketing versenkt. Ich habe mich 18 Jahre lang vorwiegend damit beschäftigt und bin ein guter Spieler geworden. Aber wenn ich daran denke, was sich jetzt alles bei mir in Phase 2 entwickelt, glaube ich nicht so recht, dass ich mich noch einmal so lange nur auf ein Spiel konzentrieren werde. Mein Leben in Phase 2 ist eher so eine Art Surfen. Ich erfinde eine bestimmte Welle, die ankommt und interessant auf mich wirkt, klettere auf mein Surfbrett und reite auf der Welle, bis ich nicht mehr mag. Dann steige ich wieder ab und warte, bis ich eine andere Welle kreiert habe, auf der ich eine Zeitlang reite, und so weiter. Im Laufe meines Entwicklungsprozesses erschaffe ich mir immer wieder neue Wellen, auf denen ich reiten kann.

Ich bin sicher, dass das, was ich hier schreibe, auch Sie sehr interessiert. Aber es fällt Ihnen immer noch schwer, es zu glauben, nicht wahr? Kommt Ihnen immer noch alles recht fantastisch vor? Das ist absolut verständlich, wenn man bedenkt, dass Sie noch in Phase 1 leben und noch sehr viel einschränkende Energien in Ihren Überzeugungen haben. Aber ich kann Ihnen versichern, es ist wirklich so. Wenn Sie meine Einladung in Kapitel 15 annehmen, in Phase 2 springen und Ihre Schatzsuch-Werkzeuge so anwenden, wie ich es Ihnen gezeigt habe, werden Sie ganz bestimmt auch so weit kommen. Wie gesagt – auch wenn Sie noch zweifeln, aber bereit sind, es zu wagen, wird Ihr Erweitertes Selbst Ihnen die Wahrheit beweisen durch die Erfahrungen, die Sie in Ihr Hologramm stellen. Ich garantiere es Ihnen.

Halten wir einen Moment inne, damit ich das Gesagte wissenschaftlich untermauern kann. Vorhin hatte ich erklärt, dass Sie, wenn Sie den Ausbruchspunkt hinter sich gelassen haben, nicht mehr auf Zahlen achten und Ihr Geld nicht mehr beobachten, messen und verwalten müssen (es sei denn, Sie möchten es aus der Phase-2-Perspektive heraus tun). Sehen wir uns das Modell aus der Sicht der Quantenphysik an. Sie wissen bereits, dass die

Wissenschaft das Nullpunkt-Feld als Quelle unbegrenzter Energie und unerschöpflichen Potenzials ansieht. Wenn das Bewusstsein auf das Nullpunkt-Feld fokussiert, fällt eine der unerschöpflichen Möglichkeiten, eine spezifische Kreation, heraus, wie sie von der Intention des Bewusstseins geformt und festgelegt wird.

Wer sind Sie in Wirklichkeit? Reines Bewusstsein, unerschöpfliche Energie und Grenzenlose Fülle, genau wie die Naturwissenschaften das Nullpunkt-Feld definieren. Sie können in Ihrem Hologramm nichts sehen oder erleben, was nicht aus einer Vorlage im Nullpunkt-Feld stammt. Was muss daher geschehen, wenn Sie sich entscheiden, Ihre Bilanz, Ihren Kontostand oder andere Ihnen wichtige Zahlen anzusehen? Ihr Erweitertes Selbst muss dann eine Vorlage im Nullpunkt-Feld schaffen mit spezifischen Details über das Konto und die Zahlen, die Sie sehen wollen. Dann muss diese Vorlage mit Energie angereichert werden und die Details müssen in Ihr Hologramm gestellt werden, damit Sie sie sehen können. Sonst wäre gar nichts da! Gehen wir zur Quantenphysik zurück: In der Minute, in der Ihr Erweitertes Selbst das tut, *muss* unendliches Potenzial kollabieren und in eine endliche, begrenzte Kreation übergeführt werden, nicht wahr? Und was auch immer Sie da sehen, ist zwangsläufig weniger als das, was Ihr wirkliches Wesen und Ihren Naturzustand der Grenzenlosen Fülle ausmacht.

Bitte bleiben Sie noch bei mir, denn wenn Sie die volle Bedeutung all dessen erfassen, wird es Sie ‚umwerfen'. Was würde passieren, wenn Sie sich jenseits des Ausbruchspunktes einfach nicht mehr für Zahlen, Kontostände und Bilanzen interessieren würden? Wenn Sie gar nicht hinsehen, ist es auch nicht notwendig, etwas Unendliches in eine endliche Form zu kollabieren. Dann besteht auch keine Notwendigkeit, eine Vorlage mit den wichtigen Einzelheiten im Nullpunkt-Feld zu kreieren und sie in Ihr Hologramm zu stellen, nicht wahr?

Dann wären Sie nur noch reines Bewusstsein, ein Grenzenloses Wesen, das in kreativer Ekstase spielt, mit unerschöpflichem Potenzial. Sie würden einfach nur Ihre Wertschätzung ausdrücken für Ihre Kreationen, die Sie in einem hoch entwickelten Zustand erleben könnten. Das ist der Grund dafür, dass Sie in Phase 2 nicht auf Zahlen zu achten brauchen, lediglich Wertschätzung für Ihre Kreationen ausdrücken sollten und darauf vertrauen dürfen, dass das Geld sich um sich selbst kümmert.

Vielleicht sollten Sie die letzten Absätze noch einmal lesen, bevor Sie weiter lesen. Genau da kommen Sie hin, wenn Sie den Ausbruchspunkt überwunden haben!

In ihrem Buch *Bewusstsein und Quanten-Verhalten* schreibt Barbara Dewey:

„Das Bewusstsein liebt sich selbst außerordentlich und gerät in wahre Verzückung über die von ihm selbst erdachten Erlebnisse. Wenn es nicht so sehr in seine eigene Ekstase versunken wäre, würde es wahrscheinlich vor Staunen erstarren, aber staunen kann nur ein passiver Beobachter, und das Bewusstsein ist alles andere als passiv. Je näher wir Menschen diesem emotionalen Zustand der Verzückung kommen, umso näher kommen wir an das eigentliche Leben heran, wie es ursprünglich geplant war.“

Nun könnten Sie sich sagen: „Warum soll ich nicht hinschauen, warum soll ich keine einschränkenden Vorlagen in Höhe von zehn Millionen oder einer Milliarde Dollar auf meinem Konto erfinden? Das würde mir auf jeden Fall reichen." Sobald Sie den Ausbruchspunkt überschritten haben, könnten Sie das sicher kreieren, wenn Sie möchten. Aber warum sollten Sie, wenn Sie doch um den Kosmischen Überziehungsschutz wissen? Lassen Sie mich Ihnen ein Beispiel geben, das die Bedeutung des Gesagten veranschaulicht.

Nehmen wir einmal an, Sie brauchen, um innerhalb eines Jahres alles tun zu können, was Sie tun wollen, eine Wertschätzung in Form von Geld in Höhe von 250.000 Dollar – zumindest dann, wenn Sie Ihre Einnahmen und Ausgaben verfolgen müssen und alles gedeckt sein muss. Wenn Ihr Kosmischer Überziehungsschutz im Lauf des Jahres jeden Scheck bis zum Gesamtbetrag von 250.000 Dollar abdecken muss, wozu brauchen Sie dann mehr Einkommen als diese 250.000 Dollar? In Phase 1 würden Sie antworten, Sie bräuchten das zusätzliche *Einkommen* für zusätzliche *Käufe* oder Aktivitäten, *unerwartete Ausgaben*, nicht geplante Käufe, als Rücklage fürs Alter, zum Ansparen für Notfälle etc. Aber wenn Sie unerwartete Ausgaben haben oder zusätzliche Käufe und Aktivitäten planen – egal, ob im laufenden Jahr oder in der Zukunft –, passt sich Ihr Kosmischer Überziehungsschutz dem an und deckt auch diese Schecks ab.

Wenn Sie also den Kosmischen Überziehungsschutz genießen, warum sollten Sie dann noch zusätzlich Geld auf irgendeinem Konto horten oder als Einkommen verbuchen – ob jetzt oder in Zukunft? Das ist gar nicht nötig. Sie brauchen dann auch keinen *Nettowert* und kein *Eigenkapital* mehr, egal, ob groß oder klein. Wenn all Ihre Schecks für all Ihre Ausgaben und Aktivitäten *gedeckt* sind, ist es doch nicht mehr wichtig, wie viel Geld Sie noch extra haben, nicht wahr?

Sehen Sie jetzt, wie tief die Regeln und Vorschriften des Geld-Spiels reichen? Das Bedürfnis, so viel wie möglich zu *verdienen*, Geld zu horten, so viel Eigenkapital wie möglich anzusparen und so weiter, all das beruht auf der grundlegenden Lüge, der Geldvorrat sei knapp. Wenn Sie diese Täuschung. das Geld sei knapp, zugunsten der Grenzenlosen Fülle über Bord werfen, ist es überhaupt nicht mehr nötig, Geld anzuhäufen.

,Begrenzt' heißt begrenzt (egal, wie groß die Zahlen zu sein scheinen), und ,unbegrenzt' heißt unbegrenzt. Sie selbst sind in Wirklichkeit unbegrenzt, und das möchten Sie auch sein, wenn Sie erst den Ausbruchspunkt überwunden haben.

An dieser Stelle möchte ich Ihnen eine Frage stellen. Ich habe Ihnen diese Frage aus einer anderen Perspektive schon einmal gestellt, möchte dies aber jetzt, wo Sie Ihren Röntgenblick aufhaben, noch einmal tun. Wenn Sie zwischen den folgenden zwei Optionen zu wählen hätten, was würden Sie wählen:

- den instabilen, künstlichen Zustand des Eingeschränktseins – egal, wie groß Ihre Zahlen werden können – bei ständiger Notwendigkeit, den Geldfluss zu beobachten, zu verfolgen, zu messen und zu zählen, oder
- Ihren naturgemäßen Zustand der Grenzenlosen Fülle mit Kosmischem Überziehungsschutz und einem unbegrenzten Geldvorrat, ohne dass Sie irgend etwas beobachten, verfolgen, messen und zählen müssen?

Ich selbst habe mich für die zweite Option entschieden. Wenn auch Sie Option Nummer 2 wählen, müssen Sie sich nur noch fragen: Womit möchte ich jetzt spielen? Was macht mir am meisten Freude? Deswegen nenne ich das Menschen-Spiel in Phase 2 ‚Kreative Ekstase‘, und wie ich Ihnen erklärt habe, erweitert und ändert sich Ihr Leben immer wieder, und Sie können die Frage „Womit möchte ich jetzt spielen?" für sich immer wieder neu beantworten.

Ich gebe Ihnen gern ein paar Beispiele, wie so etwas aussehen *kann*. Vor einem Jahr bin ich eines Morgens aufgewacht und fühlte mich inspiriert, ein brandneues Live-Seminar mit dem Titel „Raus aus dem Geld-Spiel" anzubieten. Ich wusste, das würde mir Freude machen. Ich erfand die Illusion des Titels und Untertitels für den Event (es sind Titel und Untertitel dieses Buches), die ich während einer Meditation fertig ausformuliert erhielt. Ich begann, das Seminar zu planen, aber ohne zu analysieren oder systematisch nachzudenken. Ich empfand einfach den inneren Drang, es zu tun, also tat ich es. Ich tat es nicht, um damit Geld zu verdienen. Ich tat es nicht, um Menschen damit zu helfen (es gibt keine anderen Menschen da draußen). Ich tat es einfach, weil ich es tun wollte. Ich dachte nur, mal sehen, wohin es mich bringt. Ich plante einfach einen Verlauf von vier Tagen ein, ohne genau zu wissen, was ich in diesen vier Tagen sagen oder tun würde. Als Ausdruck der Wertschätzung meiner Klienten dachte ich an einen Betrag von 2.000 Dollar pro Kopf.

Sie fragen sich vielleicht: „Wenn Geld gleichgültig ist, warum verlangen Sie dann welches?" Das ist eine Phase-1-Mentalität, nach dem Muster *es gibt einen begrenzten Geldvorrat, und wenn ich etwas davon ausgebe, habe ich weniger übrig.* Aber seine Wertschätzung auszudrücken ist eine der natürlichsten und herzlichsten Gefühlsäußerungen, die es gibt. Die Gründe dafür kennen Sie ja inzwischen. Es ist ein großartiges Geschenk, wenn man Dank sagen oder entgegennehmen darf. Wertschätzung ist eine Anerkennung des Wertes der Schöpfung, und Geld ist einfach das Symbol der Wertschätzung. Das ist ein feiner, aber nichtsdestotrotz sehr wichtiger Unterschied.

Damals war ich sehr gespannt auf die Möglichkeiten, die mir die Verwendung von Multimedia-Tools (Audio, Video und Text) offline und im Internet bieten würden und kaufte mir deshalb Ausrüstung für Videoproduktionen und Software, um damit unglaublich tolle Produktionen zu erstellen. Eines Tages, als ich über das Seminar „Raus aus dem Geld-Spiel" nachdachte, überlegte ich mir: „Es wäre doch toll, wenn ich meine neue Ausrüstung und die neuen Tools dafür verwenden könnte, eine multimediale Einladung zum Seminar zu erstellen anstelle des Verkaufsbriefs, den ich in Phase 1 geschrieben hätte." Gesagt, getan. In drei Tagen Arbeit schuf ich eine tolle Multimedia-Einladung zum Seminar, wobei ich zu hundert Prozent das rüber brachte, was ich sagen und zeigen wollte, und es machte mir einen Heiden-Spaß. Ich versuchte niemanden davon zu überzeugen, zu dem Seminar zu kommen. Warum? Weil aus der Sicht von Phase

2 keiner da draußen ist, den man überzeugen kann und auch niemand überzeugt werden muss. Es sind alles nur Schauspieler, die mir helfen, mein Spiel zu spielen. Ich schuf die Illusion, sie einzuladen, weil es mich inspirierte, es zu tun. Das Ganze wurde eine 40-minütige Präsentation. Das Interessante war, dass die Präsentation nicht klar sagte, was in dem Seminar passierte und worum es eigentlich ging. Als die ersten Teilnehmer zum Seminar kamen und ich sie bat, die Hände zu heben, wenn sie zwar noch nicht genau wüssten, worum es eigentlich geht, aber einfach *das Gefühl hatten*, sie sollten dabei sein, hob fast jeder von ihnen die Hand.

Ich sandte den Leuten, die auf meiner Mailing-Liste standen, eine Email, um das Seminar anzukündigen. Hier ist der Text dieser Mail:

„Ich möchte Euch zu einem brandneuen Live-Seminar einladen, das ich im Juni plane. Die Veranstaltung soll heißen:
‚Raus aus dem Geld-Spiel. Umwerfende Strategien: So gewinnen Sie das Spiel, in dem es sonst nur Verlierer gibt!'
Der Titel sagt alles. Mehr müsst Ihr vorläufig nicht wissen. Wenn Euch die Veranstaltung interessiert, könnt Ihr Euch durchklicken und alle spannenden Details selbst herausfinden. Klickt einfach auf den folgenden Link, wenn Ihr eine Multimedia-Einladung für diese neue, spektakuläre Veranstaltung bekommen wollt.“

Früher, in Phase 1 des Menschen-Spiels, hätte ich stattdessen einen langen Brief geschrieben, um die Leute zu motivieren und zu überzeugen, auf meine Website zu gehen und sich die Video-Präsentation dort anzusehen. Nicht so in Phase 2! Ich habe diese einfache Email versandt, weil ich mich danach fühlte. Ich habe mich nicht darum gekümmert, ob null, zwei oder 60 Leute kommen würden (60 war die maximale Teilnehmerzahl für den von mir angemieteten Raum). Ich habe mich nicht darum gekümmert, ob mir das Seminar Geld einbringen würde oder nicht. Warum nicht? Weil es mir *darum* gar nicht ging, weil das nicht meine Fülle ausmacht. Zu diesem Zeitpunkt ‚atmete' ich ja bereits.

Etwas später fühlte ich mich motiviert, eine zweite Email an die Liste zu schreiben. Das war alles, was ich tat, um für das Seminar zu werben. In Phase 2 ist es nicht nötig, für irgendetwas zu werben, es sei denn, man hat einfach Spaß an der Illusion von ‚Promotion'. Ich wusste, dass alles an dem Ereignis aus Vorlagen im Nullpunkt-Feld kommen würde, inklusive der Fragen, wie viele Teilnehmer kommen würden, wer sie waren und wie sie (scheinbar) dazu gekommen waren teilzunehmen. Daher hatte ich keine Lust, das Hologramm zu manipulieren und ein bestimmtes Ergebnis zu kreieren. Wie sich herausstellte, kamen 28 Leute aus verschiedenen Ländern der Welt, und sie hatten alle einen Riesenspaß, wie ich auch.

Wenn Sie tiefer in Phase 2 vordringen, leben Sie von einem Augenblick zum anderen, im reaktiven Modus – im Vertrauen auf Ihr Erweitertes Selbst, unter Verwendung der Schatzsuch-Werkzeuge und nach dem Spaß-Prinzip.

Jetzt, während ich diesen Satz schreibe, finde ich es immer noch schön, zu unterrichten, zu schreiben und Multimedia-Präsentationen zu entwerfen, um auch aus der Ferne Lernerfahrungen vermitteln und Leute einladen zu können. Deswegen verschaffe ich mir weiterhin Gelegenheiten, dies zu tun, aber *mit der bereits beschriebenen Einstellung dazu*. Es kann sein, dass ich das nicht mein Leben lang tun werde, aber zurzeit tue ich es. Ich lebe in diesem Stil bei allem, was ich mache – geschäftlich und persönlich –, und dazu gehört auch, dass ich aufwache und beschließe, mir einen faulen Tag zu gönnen, den ganzen Tag Filme zu sehen, mit meinen Kindern zu spielen, mir Zeit für Zweisamkeit mit meiner Frau zu nehmen oder Freunde zu besuchen. Es fasziniert mich, zu sehen, wohin das alles führt, wenn ich weiterhin meine Schatzsuch-Werkzeuge anwende und tiefer in Phase 2 einsteige.

Als ich noch in Phase 1 lebte, sagte ich viele Jahre lang zu anderen Leuten: „Ich wäre so gerne Regisseur geworden, weil ich Filme so sehr mag. Ich finde toll, was man mit diesem Medium alles machen kann, besonders neuerdings mit den ganzen Spezialeffekten." Aber ich gab den Traum auf und sagte mir: „Nicht in diesem Leben. Ich habe mich nun mal anders entschieden." Jetzt, wo ich die Schwelle des Ausbruchspunktes überschritten habe, muss ich auf keinen Traum mehr verzichten. Ich weiß jetzt, dass ich alles, was ich will, aus einer Vorlage im Nullpunkt-Feld erschaffen und in mein Hologramm stellen kann, um damit zu spielen.

Wie erwähnt, nahm mein Interesse an Videoproduktionen mit meinem Eintritt in die Phase 2 deutlich zu und wurde intensiver. Selbst in meinen kühnsten Träumen hätte ich mir nicht ausmalen können, dass meine Leidenschaften für visuelle Medien, Bewusstseinsbildung, Unterrichten und das Bewirken von Veränderungen sich so perfekt verbinden lassen würden. Und doch scheint im Moment alles in dieselbe Richtung zu laufen. Die neuen technischen Möglichkeiten ergänzen sich perfekt mit meiner Botschaft, meinen Unterrichtsinhalten und meinem Spaß am Spielen. Und was noch bemerkenswerter ist – das alles ist zustande gekommen, ohne dass ich als Persona den Wunsch oder die Absicht gehabt hätte. Es hat sich einfach von selbst so ergeben. Wer weiß, ob ich nicht eines Tages doch noch als Regisseur einen Film machen werde – einen Hollywood-Film oder einen ganz neuartigen Film, in dem ich mein hier dargelegtes Wissen visuell umsetze. Wie heißt es so schön? Bleiben Sie dran, und Sie werden es erfahren!

Wenn Sie den Ausbruchspunkt überschritten haben, sieht Ihr Leben so aus, wie es für Sie aussieht. Je mehr Sie sich dem öffnen, der Sie wirklich sind, umso mehr erleben Sie die Dinge so, wie sie wirklich sind. Wie gesagt: Es gibt keine Regeln oder Formeln dafür, wie Ihr Phase-2-Leben aussieht oder wie es sich entwickelt. Das ist das Spannende daran. Ich kann Ihnen nicht sagen, wie es für Sie wird, und das ist auch nicht wichtig. Wichtig ist, wie gesagt, nur noch, dass Sie Ihr Spiel so betreiben können, wie Sie wollen und womit Sie wollen.

Egal, was Sie jetzt gerade denken: Stellen Sie sich bitte einen Moment lang vor, dass alles, was ich Ihnen in diesem Kapitel erzählt habe, wahr, echt und für Sie möglich ist. Stellen Sie sich vor, Sie haben den Ausbruchspunkt bereits überwunden, sich Ihrer Grenzenlosen Fülle geöffnet, sich für den Kosmischen Überziehungsschutz qualifiziert und damit begonnen, im Zustand kreativer Ekstase zu leben. Würden Sie dann wirklich noch Folgendes tun:

- sich Ziele setzen?
- sich Sorgen machen um die Ergebnisse, die Sie erzielen?
- sich um Ihr persönliches Einkommen und Ihre Gewinne sorgen?
- sich Sorgen machen, woher Ihr nächster Kunde kommen könnte, ob er sich Ihr Produkt oder Ihre Dienstleistung *leisten* kann?
- sich über irgendeine Situation, in der Sie sich befinden, Sorgen machen?
- sich Sorgen machen über Rabatte oder darüber, ob etwas noch *erhältlich* ist?
- sich darum kümmern, wie viel Geld Sie auf Ihren Konten angehäuft haben?
- sich Gedanken machen über Ihr Einkommen oder Ihren Nettowert?
- sich Gedanken machen über den Wert Ihrer Geldanlagen?
- sich Sorgen machen über die Wirtschaftsentwicklung oder die Entwicklung an der Börse?

Nein und abermals nein!

Warum? Weil nichts davon mehr für Sie wichtig wäre. Warum sollten Sie sich Ziele setzen, wenn Sie sich aus purer Spielfreude alles ausdenken können, was Sie wollen? Auch Ergebnisse werden unwichtig, wenn Sie den Ausbruchspunkt überquert haben und in Phase 2 spielen. Es gibt keine Geldknappheit und keine Einschränkungen mehr, also brauchen Sie davor keine Angst mehr zu haben. Und wenn Sie erst unbegrenzten Geldvorrat durch Ihren Kosmischen Überziehungsschutz haben, brauchen Sie auf Zahlen nicht mehr Acht zu geben. Was interessiert es Sie dann noch, was die Wirtschaft und die Börse machen? Sie können dann Ihre eigene Version davon in Ihrem Hologramm kreieren, wenn Sie wollen.

Können Sie sich vorstellen, wie grundlegend anders Ihr Leben verlaufen würde, wie befreit Sie sich fühlen würden? Beim bloßen Gedanken daran wird einem schwindlig, nicht wahr? Aber es ist kein Traum, es ist die Wahrheit, und sie wird für Sie Wirklichkeit, wenn Sie Ihre Phase-2-Arbeit machen. Vielleicht klingt das alles jetzt noch ziemlich verrückt für Sie, aber das ist es nicht. Wenn Sie noch einmal in Ruhe über alles nachdenken, was ich Ihnen in diesem Buch erklärt habe – über den philosophischen Hintergrund, die Erkenntnisse der Naturwissenschaften, die Technik der Manifestation und all die persönlichen Erfahrungsberichte –, dann wird Ihnen klar werden, dass die logische Konsequenz aus alledem ist, aus dem Geld-Spiel auszubrechen und den Ausbruchspunkt zu überwinden. Außerdem brauchen Sie es, wie ich Ihnen sagte, nicht blind zu glauben und sich nicht auf meine Versprechungen zu verlassen. Sie können und werden es sich selbst beweisen, wenn Sie in Phase 2 springen und Ihre Arbeit mit Liebe und Geduld, Disziplin und Ausdauer angehen.

Bitte bedenken Sie auch, dass das Leben nach dem Überschreiten des Ausbruchspunktes Ihre kühnsten Vorstellungen weit übertrifft. Ich kann (obwohl ich mich nach Kräften bemühe) mit

Worten gar nicht ausdrücken, wie groß meine Freude, Fröhlichkeit, Unbeschwertheit, innere Ruhe, Gelassenheit und Freiheit geworden sind, seit ich ‚atme' und meine Grenzenlose Fülle erlebe. Es ist, wie ich schon in der Einleitung gesagt habe: Man kann nicht beschreiben, wie es ist, aus dem Geld-Spiel auszubrechen. Man muss es leben und erleben.

Es gibt noch etwas anderes, was sehr cool ist, wenn man in Phase 2 ohne Grenzen und Einschränkungen lebt. *Andere Menschen* dienen Ihnen als Reflektoren Ihrer Gedanken, Gefühle und Überzeugungen, die Sie mit Energie aufgeladen haben, nicht wahr? Wenn Sie Ihre Phase-2-Arbeit machen, wenn Sie sich weiterentwickeln, sich öffnen und Ihre Wertschätzung für sich selbst, Ihre Kreationen und das Überwältigende am Menschen-Spiel steil nach oben geht, was *muss* dann geschehen? Sie werden dann auch viel mehr Wertschätzung von den anderen Menschen in Ihrem Hologramm bekommen. Das ist zwangsläufig so. Diese Wertschätzung erhalten Sie aber nicht nur in Form von Geld, sondern auch in Form von Komplimenten, Freundlichkeit, Gefälligkeiten, Zuneigung, Liebe und Dankbarkeit.

Seit ich den Ausbruchspunkt hinter mir gelassen habe, bekomme ich wesentlich mehr Wertschätzung von Seiten anderer als früher; es ist beeindruckend. Das kann sich in kleinen Dingen äußern, etwa in der Art und Weise, wie Kellner im Restaurant mich behandeln, wie Ladenverkäufer oder Stewards im Flugzeug mich behandeln, oder das Hotelpersonal beim Einchecken. Es äußert sich aber auch in größeren Dingen, zum Beispiel im persönlichen Umgang mit meiner Frau und meinen Kindern, in der Art und Weise, wie mich meine eigene Familie und die Familie meiner Frau behandeln, wie mich Freunde behandeln oder andere Menschen, die ich erfinde, um mit mir zu spielen, wenn ich Vorträge halte, unterrichte, Fernlernkurse entwerfe oder Bücher schreibe – so wie dieses hier.

Als ich noch in Phase 1 spielte und Live-Seminare, Fernlehrgänge und Bücher verkaufte, war die Reaktion anderer auf meine

Angebote immer sehr gespalten. Es gab immer eine gewisse Anzahl Leute, die meine Produkte zurückgaben und ihr Geld zurückhaben wollten oder sagten, mein Seminar habe ihnen nicht gefallen und sie wollten den Teilnehmerbeitrag zurückerstattet bekommen. Es gab immer auch Leute, die meinten: „Das ist doch nichts Neues" oder „Das liegt mir nicht" oder „Das geht gegen meinen Glauben". Damals war meine Achtung vor mir selbst viel geringer, als sie es heute ist. Deshalb war ich darauf *angewiesen*, wie andere mich beurteilten und behandelten.

Diese Dynamik änderte sich völlig in dem Maße, wie meine Wertschätzung für mich selbst, meine Erfindungen, den kreativen Prozess und das Menschen-Spiel gewachsen sind. Auch Sie werden das in Ihrem Leben bald feststellen – auch in Ihrem Geschäftsleben, wenn das zurzeit gerade Ihre Leidenschaft sein sollte. Wenn Sie in der Illusion eines Geschäftslebens arbeiten und dabei regelmäßig Ihre Schatzsuch-Werkzeuge anwenden, um Energie zurückzuholen, die Wahrheit bestätigt zu bekommen und Ihre Wertschätzung drastisch zu steigern, wie werden dann Ihre Vorgesetzten, Partner, Kollegen, Kunden und Interessenten auf Sie reagieren? Ihre Wertschätzung für Sie wird ebenfalls steigen! Wie könnte sich diese höhere Wertschätzung praktisch niederschlagen? In Form eines unerwarteten Bonusses, einer Beförderung, eines Lobes, einer überraschenden Chance, einer Auszeichnung et cetera? Alles ist denkbar. Jedenfalls werden Sie mir glauben, dass das Leben wesentlich schöner und erfüllter ist, wenn Sie von allen Seiten mehr Anerkennung erhalten!

Niemand kann Sie schlecht behandeln oder Sie ablehnen. Niemand kann das ablehnen, was Sie in Ihrem Hologramm sagen oder tun. Sie können höchstens die Illusion kreieren, jemand wollte das tun und sich einreden, es sei so. Wenn diese negativen Vorlagen erst einmal kollabiert sind, können Sie und andere nur noch Wertschätzung ausdrücken.

Verstehen Sie jetzt, warum ich Ihnen all die Puzzle-Teile schon vor diesem Kapitel geben musste? Hätte ich das nicht getan, hätten Sie nie den besonderen magischen Reiz des Ausbrechens geglaubt beziehungsweise verstanden. Trotz all der Grundlagen, die ich in den vorherigen Kapiteln vor Ihnen ausgebreitet habe, haben Sie auch jetzt bestimmt noch viele Zweifel, aus denen Sie erst die Energie herausziehen müssen. Wenn Sie meine bisherigen Darlegungen in manchen Punkten zu umständlich fanden und sich manchmal gewünscht haben, dass ich schneller auf den Punkt komme, werden Sie jetzt bestimmt verstehen und anerkennen, warum ich das Buch so und nicht anders geschrieben habe.

Sie könnten das Buch jetzt schon zur Seite legen und denken: „Es war sein Geld wert". Aber wenn Sie das tun, verpassen Sie etwas. Wenn Sie möchten, dass ich Ihnen einige Ihrer Fragen beantworte – Fragen, von denen ich weiß, dass Sie sie stellen möchten und ein paar andere, an die Sie jetzt noch nicht denken –, blättern Sie bitte um und lesen Sie Kapitel 14.

Die Dialoge

„Statistisch betrachtet ist die Wahrscheinlichkeit, dass irgend jemand von uns hier lebt, so gering, dass man meinen könnte, unsere bloße Existenz würde uns alle in einem Zustand zufriedenen Staunens festhalten."[1]

– Lewis Thomas,
Physiker und Essayist (1913-1993) –

„Der Schuh, der dem einen Menschen passt, drückt den anderen; es gibt kein Rezept für ein Leben, das allen gerecht wird."[2]

– Carl Jung, Psychologe –

Wenn ich das Material meines Lehrgangs „Raus aus dem Geld-Spiel" live im Seminar vorstelle oder Fernkurse für Zuhause oder Phase-2-Coaching-Programme gebe, haben die Teilnehmer dieser Kurse die Gelegenheit, sich mit mir auszutauschen und mir Fragen zu stellen. Das gilt sowohl, wenn sie das Material zum ersten Mal kennen lernen, als auch später, wenn sie die Schatzsuch-Werkzeuge in ihrem Alltag anwenden.

Da Ihnen als Leser dieses Buches ein direkter Austausch mit mir technisch nicht möglich ist, ich Ihnen aber möglichst viel Hilfe beim Ausbrechen und beim Anwenden der Schatzsuch-Werkzeuge geben möchte, habe ich in diesem Kapitel die häufigsten Fragen meiner Kunden und meine Antworten darauf aufgelistet. Manche Fragen und Antworten sind kurz, andere länger, und manche sind richtige Gespräche.

Ich habe immer noch keine Ahnung, wie ich für den Augenblick leben und im reaktiven Modus leben soll, wo ich doch so viel Verantwortung habe – einen Arbeitsplatz, Frau und Kinder, Freunde und Familie.

Es ist eigentlich ganz einfach. Sie machen es sich nur schwer. Das ist ein beliebter Phase-1-Trick, um Sie von der Wahrheit fernzuhalten. Wenn Sie sagen, Sie haben Verantwortung zu tragen, was bedeutet das in Wirklichkeit? Es bedeutet, dass Sie Tag für Tag Entscheidungen treffen und umsetzen müssen. Was habe ich Ihnen über Phase 2 gesagt? Dass Sie tun dürfen, wozu Sie Lust haben oder was Sie inspiriert. So viel zum Thema Umsetzen beziehungsweise Handeln. Was habe ich über Entscheidungen gesagt? Dass Sie sich entscheiden dürfen, wie Sie wollen, und dass Sie dabei nichts falsch machen können und darauf vertrauen können, dass es richtig ist. In beiden Fällen gilt: Wenn Sie sich unwohl fühlen, wenden Sie den Prozess an, und zwar so oft, bis die Entscheidung oder Handlung in Ihnen kein Unbehagen mehr auslöst. Dann tun Sie, worauf Sie Lust haben oder was Sie inspiriert. Es ist wirklich einfach, und Sie können es in jeder nur denkbaren Lebenssituation so machen.

Was den reaktiven Modus angeht, wird Ihr Erweitertes Selbst jede Menge Gelegenheiten in Ihr Hologramm katapultieren, um Sie bei Ihrer Phase-2-Arbeit zu unterstützen. Sie werden extrem viel zu tun haben, wenn Sie auf alles reagieren wollen, was 'hereinkommt'. Es wird Ihnen bestimmt nicht langweilig, es gibt genügend Arbeit. Anders als Ihre Persona in Phase 1, die gleichgültig, vergesslich oder überfordert sein konnte, lässt Ihr Erweitertes Selbst Sie nicht allein und begleitet Sie fürsorglich auf Schritt und Tritt. Sie werden sehen: Alles läuft bestens.

Was ist, wenn mich jemand auf Termine oder Aufgaben in der Zukunft festlegen will oder wenn ich das selbst aus irgendeinem Grund tue? Wie kann ich dann von einem Moment zum anderen leben?

In Phase 2 tun Sie, was Sie inspiriert oder wozu Sie Lust haben. Vorher oder hinterher wenden Sie den Prozess an, wenn irgendeine Ihrer Entscheidungen oder Handlungen bei Ihnen Unbehagen auslöst. Wenn eine Gelegenheit oder eine Bitte, in Zukunft etwas zu tun, in Ihr Hologramm springt und Sie Lust dazu haben, dann tun Sie es. Ich mache das die ganze Zeit. Es kommt Ihnen vielleicht so vor, als wäre es anstrengend oder unpraktisch, so zu leben, aber das ist es nicht – ganz im Gegenteil. Es ist viel leichter und praktischer als das Leben und die strategischen Entscheidungen in Phase 1. Sie reagieren einfach auf Gelegenheiten, die in Ihrem Hologramm hochkommen, anstatt zu versuchen, etwas in Zukunft *zu bewirken*. Übrigens, auch wenn das wieder Ihr ganzes Denken über den Haufen wirft: Es gibt keine Zukunft. Denken Sie einmal darüber nach. In Phase 1 waren Sie davon überzeugt, dass die Zukunft echt ist, da draußen liegt, greifbar und gestaltbar, als Fortentwicklung und logische Verlängerung der Gegenwart. Nichts von all dem ist wahr. Die Wahrheit lautet: Es gibt nur eine Kette von Gegenwartsmomenten, die aus sehr komplexen und verwobenen Vorlagen im Nullpunkt-Feld gemacht sind. Wenn Sie sich eine Filmrolle anschauen, sehen Sie eine Folge von umrahmten Einzelbildern. Wenn die Filmrolle im Projektor abläuft, addieren sich die Einzelbilder und ergeben eine Illusion fortlaufender Bewegung, aber es ist nur eine Täuschung. Genauso verhält es sich mit Ihrem Hologramm. Wie die Vorlagen im Nullpunkt-Feld sich bewegen, so tut es auch die sogenannte Zukunft.

Sie sagten, jeder andere Mensch sei nur eine Erfindung von uns und wir geben anderen Menschen eine Art Drehbuch, das ihnen vorgibt, was sie in unserem Film tun und sagen sollen. Wenn es mir aber nicht gefällt, was andere Menschen sagen oder tun, wenn ich das Drehbuch nicht mag, was mache ich dann? Soll ich mit ihnen streiten? Soll ich sie bitten, etwas anderes zu tun? Was ist, wenn ich wütend auf sie werde?

Die Antwort auf diese Frage hat mehrere Aspekte. Zunächst einmal ist es eine typische Phase-1-Denkweise, mit Leuten zu streiten oder wütend zu werden, wenn sie nicht tun oder sagen, was man will. Aus Phase-2-Sicht wissen Sie, dass Sie sich damit selbst eine weitere Gelegenheit zu wachsen verschaffen. Stellen Sie sich vor, ein Film wird gedreht. Stellen Sie sich vor, das Drehbuch zum Film schreibt vor, dass eine Schauspielerin namens Joan einen John anbrüllt: „Ich hasse Dich!", ihm eine Ohrfeige gibt und fluchtartig den Raum verlässt. Im Drehbuch steht: John hält sich die Wange, schreit „Au!" und starrt Joan hinterher, die aus dem Zimmer geht. So, nun wird die Szene gedreht. Joan sagt zu John, dass sie ihn hasst, ohrfeigt ihn und geht aus dem Zimmer. Wird er dann hinterher zu ihr sagen: „Warum hast Du das getan?" Nein, wird er nicht, denn er weiß, warum. Das Drehbuch ist das Drehbuch, und dem haben die Schauspieler zu folgen. Wenn Ihnen nicht passt, was ein anderer sagt oder tut, fühlen Sie sich unwohl. Was tun Sie dann? Richtig, den Prozess anwenden.

Es ist nicht *notwendig*, Ihre negativen Gefühle einem anderen gegenüber herauszulassen. Die anderen folgen lediglich Ihrem Drehbuch, um Ihnen einen Gefallen zu tun. Erst nachdem Sie den Prozess angewandt haben, einmal oder mehrmals, sooft es eben nötig ist, sagen Sie oder tun Sie der anderen Person gegenüber, was Sie wollen. Wenn Sie Ihre Phase-2-Arbeit machen und aus Ihrem Unbehagen Energie ziehen, kann es auch sein, dass Sie herausfinden, dass die andere Person nach einem ganz anderen Drehbuch handelt und deswegen andere Dinge sagt oder tut. Es gibt da aber noch einen zweiten Aspekt. Wie ich selbst erfahren durfte, gibt es auch den Fall, dass Ihr Drehbuch will, dass Sie mit einem anderen Schauspieler in Ihrem Film streiten, weil dieser Streit Sie weiterbringt. Zum Beispiel kann es Ihr Unbehagen steigern und somit die in dem Moment verfügbare Energiemenge steigern. Im Gegensatz zu dem, was ich vorher gesagt habe – wenn Sie wissen, dass Sie den Prozess anwenden können, aber immer noch Lust haben, mit einem der Schauspieler in Ihrem Hologramm zu streiten, tun Sie es ruhig und vertrauen Sie darauf, dass es Ihnen helfen wird.

Der dritte Aspekt der Frage ist der, dass es keine Regeln oder Formeln dafür gibt, wie man in Phase 2 zu leben hat. Sie können daher sowieso keinen Fehler machen, wenn Sie auf das vertrauen, was Sie momentan sagen oder tun wollen. Ihr Erweitertes Selbst hat das alles in einer Vorlage im Nullpunkt-Feld für Sie abgelegt.

Streiten Sie, Herr Scheinfeld, in Ihrem jetzigen Stadium in Phase 2 noch viel mit anderen Schauspielern?

Meistens ziehe ich es vor, den Prozess anzuwenden, wenn mich andere dabei unterstützen, mich unwohl zu fühlen, anstatt mit ihnen zu streiten. Ich sehe nur noch selten den Nutzen oder die Notwendigkeit ein, zu streiten. Ich finde, wenn jemand etwas gesagt oder getan hat, was mich beunruhigt und ich den Prozess anwende (einmal oder mehrfach), ändern sie ihr Verhalten oder ihre Handlungsweisen und es ist nicht mehr nötig, darüber zu diskutieren. Was sie getan haben, haben sie getan, um etwas in mir in Bewegung zu setzen, und wenn das gelungen ist und ich meine Phase-2-Arbeit gemacht habe, brauchten sie ihre Rolle mir gegenüber nicht weiter zu spielen. Wenn sie es aber doch getan haben, habe ich erneut den Prozess angewandt, aber ihnen gegenüber nichts mehr gesagt. Aber nehmen Sie das jetzt nicht als verbindliche Richtschnur. Ich habe auch keine. Für mich hängt meine Reaktion nur davon ab, wo ich gerade stehe und was ich gerade tue. Ich vertraue einfach auf das, was ich im jeweiligen Augenblick gerade sagen oder tun möchte.

Natürlich haben die meisten Menschen um mich herum noch nie etwas gehört von Phase 1, Phase 2, den Schatzsuch-Werkzeugen, dem Zurückfordern von Energie, und so weiter. Wie gehe ich damit um, dass mein Umfeld (Freunde, Familie, Partner, Kollegen und andere) von all dem nichts weiß und versteht?

Zuerst gebe ich Ihnen eine allgemeine Antwort, dann eine detaillierte. Zunächst einmal ist nicht notwendig, mit anderen Leuten über Phase-2-Modelle und Phase-2-Arbeit zu diskutieren. Wenn Sie wollen, können Sie das tun, aber notwendig ist es nicht. In Phase 2 sind andere Leute für Sie nur Schauspieler, die tun und sagen, was Sie wollen, mit dem Ziel, Sie bei der praktischen Anwendung der Schatzsuch-Werkzeuge zu unterstützen. Sie können ihre Rollen auch spielen, ohne über die Phase 2 Bescheid zu wissen. Wenn sie darüber Bescheid wissen müssen und mit Ihnen darüber reden sollen, steht das in Ihrem Drehbuch, und dann können Sie darauf vertrauen und so reagieren, wie Sie wollen. Wie gesagt: Als ich beschloss, mit Phase 2 zu beginnen, habe ich meiner Ehefrau zunächst ein halbes Jahr lang nichts davon erzählt, und zwar aus zwei Gründen. Erstens ist das Ganze, wie Sie jetzt von diesem Buch her wissen, nichts, was man locker in ein paar Minuten besprechen kann. Dafür ist die Sache zu vielschichtig. Zweitens hatte ich keine Lust, es zu tun. Als ich tiefer in Phase 2 eintauchte, fragte meine Frau mich, was ich da tue. Sie sagte, ich sei so anders als früher. Ihre Frage gab mir die Gelegenheit, darüber zu sprechen, und ich nahm diese Gelegenheit wahr. Später ging sie auch in eins meiner Seminare „Raus aus dem Geld-Spiel" und lernte so das ganze System kennen. Hätte ich damals schon dieses Buch geschrieben, hätte ich es ihr geben können. In meinem Coaching-Programm habe ich auch Paare, deren beide Partner das Phase-2-Spiel miteinander spielen. Ich habe andere Kunden, die die Illusion erfinden, es für sich allein zu spielen und wieder andere, wie ich selbst, die es vorzogen, eine Zeitlang allein zu spielen und dann andere Mitspieler hinzuzuerfinden. Was für Sie das Beste und Hilfreichste ist, ersehen Sie aus dem, was tagtäglich in Ihrem Hologramm erscheint. Wenn Sie möchten, dass jemand anderer davon erfährt, schenken Sie ihr/ihm einfach dieses Buch, empfehlen Sie ihr/ihm meinen Fernlehrgang für Zuhause namens „Home Transformational Systems" oder meine Live-Seminare, falls ich sie bis dahin noch persönlich anbiete.

Was ist, wenn ich mit jemandem über Phase 2 spreche und sie oder er mich für verrückt oder sonderbar hält?
Niemand anderer hat Einfluss und Entscheidungskompetenz in Ihrem Hologramm als Sie selbst. Wenn Sie eine solche Unterhaltung kreieren sollten, kommt die Reaktion aus einem Drehbuch, das Sie Ihrem Gegenüber gegeben haben und reflektiert somit lediglich *Ihre eigene Angst*, das alles könnte verrückt sein (eine Angst, die zu Beginn der Phase-2-Erfahrung keine Seltenheit ist), oder Ihr Gegenüber sagt dies, um bei Ihnen etwas in Bewegung zu setzen und Sie bei Ihrer Reise zu unterstützen. Wenden Sie in beiden Fällen unbesorgt das geeignete Schatzsuch-Werkzeug an und antworten Sie danach. Dann erledigt sich das Problem von selbst.

Was tun Sie, Herr Scheinfeld, wenn etwas Sie ängstigt oder beunruhigt, Sie aber nicht wissen, warum? Muss man die Ursache oder die Einschätzung benennen können, um den Prozess anwenden zu können?

Sie müssen die Ursache nicht benennen und nicht verstehen, um den Prozess erfolgreich zu praktizieren. Unbehagen ist Unbehagen, egal, woher es kommt. Wenden Sie einfach nur den Prozess an.

Haben Sie und Ihre Frau Cecily jemals miteinander Energie zurückgeholt?

Nein.

Würden Sie das überhaupt tun wollen?

Es ist nicht notwendig, dass eine andere Person aus Ihrem Hologramm Energie herausholt. Andere haben auf Ihr Hologramm keinen Einfluss, nur Sie selbst. Wenn ich aus einem Ei Energie ziehe, verändert sich mein Hologramm und mit ihm auch meine Frau. Wenn Cecily versuchen sollte, aus meinem Hologramm Energie abzuziehen, verändert sich deswegen mein Hologramm nicht, es sei denn, ich selbst erfinde die Illusion einer Veränderung.

In Phase 1 glaubt man, dass, wenn viele Leute zusammen kommen oder miteinander meditieren oder sich gemeinsam auf etwas konzentrieren, die Gruppendynamik eine Steigerung des Erlebens bewirkt und die Wahrscheinlichkeit steigt, das Ziel zu erreichen. In einem kürzlich erschienenen Film namens *What the Bleep Do We Know* beschreibt zum Beispiel einer der Wissenschaftler ein Experiment, das in Washington, D.C. durchgeführt wurde und sich auf die dortige hohe Verbrechensrate bezieht. Er schildert, wie eine Gruppe geübter Meditierender an einem bestimmten Tag über den Frieden in Washington meditiert. Dann erklärt er, dass die Zahl der Verbrechen in der Stadt an diesem einen Tag stark gesunken sei, so stark, dass die Polizei es nicht glauben konnte.

Das war eine künstlich erfundene und erzeugte holografische Szene. Aus Sicht der Phase 2 stimmt es einfach nicht, dass die Verbrechensrate durch das Meditieren gesunken ist. Es ist eine Täuschung. Denken Sie daran, ich hatte bereits gesagt, dass es das Prinzip von Ursache und Wirkung *im Hologramm* nicht gibt. Als Teil des Menschen-Spiels können Menschen natürlich die Täuschung einer Gruppendynamik, die ein Ergebnis bewirkt, in ihr Hologramm stellen und sich einreden, das sei die Wahrheit. Aber das ist es nicht. Wenn es Ihnen Spaß macht, die Täuschung zu erfinden, Sie würden zusammen mit Ihrer Partnerin/Ihrem Partner Energie zurückgewinnen, können Sie es natürlich tun. Sie tun niemandem damit weh. Aber denken Sie dabei an das, was wirklich wahr ist.

Sie haben gesagt, wir würden es spüren, wenn wir den Ausbruchspunkt überschritten haben. Woher weiß man es, und wie fühlt es sich an?

Sie wissen es ganz einfach – tief in Ihrem Inneren. Es ist so, wie wenn man ‚eins über den Kopf gebraten kriegt', so offensichtlich ist es. Allerdings ist es nicht schmerzhaft, nur ebenso deutlich spürbar. Sie werden sehen, wie sich Ihr Denken, Ihre Gefühle, Ihr Verhalten verändern. Zum Beispiel merken Sie allmählich, wie Sie aufhören, Geld zu zählen und zu messen. Sie merken, wie Sie ganz natürlich Wertschätzung für Ihre Kreationen entwickeln und den Rest sich selbst überlassen. Auf einmal fühlen Sie kein Unbehagen und keine Beklemmung mehr in finanziellen Dingen, wo Sie früher doch so viel davon fühlten – egal, was Sie in Ihrem Hologramm betrachten. Glauben Sie mir, es wird Ihnen schnell klar sein, aber da Sie ein Grenzenloses Wesen sind, kann man vorher nicht sagen, wie es für Sie aussehen wird und wie es sich für Sie anfühlt. Denken Sie daran: Wenn Sie einmal über die Grenzlinie gegangen sind, können Sie nicht mehr zurückfallen. Wenn Sie die Grenze überschreiten wollen, dann schaffen Sie es auch, und zwar für immer.

Sie sagten, mein Erweitertes Selbst passt gut auf mich auf und unterstützt mich in Phase 1 und 2 des Menschen-Spiels, wo es nur kann.
Aber wenn ich höre, welch schmerzhafte Erfahrungen Sie und andere zu Beginn Ihrer Reise in Phase 2 machen mussten, dürfte es wohl auch für mich alles andere als angenehm werden. Habe ich recht?

‚Angenehm' und ‚unangenehm' sind falsche Vorstellungen und Urteile aus Phase 1. Alles, was in Ihr Hologramm kommt, ist für Sie angenehm und sinnvoll, egal, wie Sie das beurteilen, denn sonst wäre es nicht da. Es gibt keine Zufälle. Nichts ist zufällig. Wenn etwas geschieht, dann geschieht es, weil Ihr Erweitertes Selbst mit Bedacht eine Vorlage für Sie ins Nullpunkt-Feld und danach in Ihr Hologramm gestellt hat. Wir alle erfinden ständig Geschichten, was was bedeuten könnte und ob es *gut* oder *schlecht* für uns ist. Erinnern Sie sich daran, woraus die Eier bestehen? Sie bestehen zum großen Teil aus Urteilen und Einschätzungen. Wir beurteilen und kritisieren alles; mal finden wir es *gut*, mal *schlecht*. In Phase 1 ist es etwas anders, aber in Phase 2 ist alles, was wir *ungünstig* oder *unangenehm* nennen würden, in Wirklichkeit gut für uns, weil es uns die Gelegenheit gibt, große Mengen Energie wieder zu erlangen, und das bedeutet letztlich wesentlich mehr Freude und innere Freiheit!

Als Sie einige Ihrer Phase-2-Erlebnisse als schmerzhaft beschrieben haben, war das eine Beurteilung?

Es war eine Zustandsbeschreibung, denn so fühlte es sich damals für mich an. Ich habe nicht gesagt, es war schlecht, aber quälend und schmerzhaft war es damals ganz sicher. Ich war aber weit genug, um zu wissen, dass die Schmerzen einen Sinn hatten. Ein Teil von mir hasste diese Schmerzen natürlich, und das war meine Beurteilung. Ein Teil von mir wollte, dass sie möglichst schnell vergehen, auch eine Art Beurteilung. Aber ich war mir gleichzeitig immer der Tatsache bewusst, dass es eine Erfindung aus Phase 2 war, um mir dabei zu helfen, meine Phase-2-

Arbeit zu machen. Also habe ich sie gemacht – und das, wie beschrieben, immer und immer wieder.

Wie gehe ich mit all den Dingen in meinem Leben um, die immer noch Phase-1-Kreationen sind, wie etwa Auto waschen, Gassi gehen, Zähne putzen, Essen, zur Arbeit gehen, mit meinen Kindern spielen, und so weiter?

Bei der Antwort auf diese Frage gilt es mehrere Aspekte zu berücksichtigen. Erstens: Nichts im Hologramm ist echt, auch wenn es noch so echt aussieht. Die Täuschung wirkt absolut echt. Aus dieser Sicht betrachtet, ist alles, was Sie tun – egal, wie groß oder klein es sich ausnimmt – ein Wunder, und Sie sollten sich selbst und das Wunder, das Sie geschaffen haben, gebührend wertschätzen. Nehmen wir das Beispiel Zähneputzen: Es gibt keine Zähne, keine Zahnbürste, keine Zahnpasta, kein Wasser, kein Waschbecken. Oder Autowaschen: Es gibt kein Auto, kein Wasser, kein Reinigungsmittel, kein Autowachs, keinen Schwamm oder Putzlappen und keine Lackdose. Oder Gassi gehen: Es gibt keinen Hund, keine Leine, keine Straße, keine Wiese, keine Plastiktüte, und so weiter. Oder das Essen: Es gibt kein Essen, keinen Mund, keine Zähne, keinen Kauvorgang. Alles ist eine einzige Täuschung. Aber es scheint alles echt zu sein, und wenn man diese wunderbare Leistung als solche versteht und würdigt, erscheint sie als das, was sie wirklich und wahrhaftig ist – ein zutiefst freudiges Erlebnis. Da ist, richtig betrachtet, nichts, mit dem man, wie Sie fragten, *umgehen* muss. Sie tun einfach, was Sie für richtig halten.

Was das Zur-Arbeit-gehen und Mit-den-Kindern-spielen angeht, machen Sie es einfach so, wie Sie mit allen anderen Phase-2-Erlebnissen *umgehen*, nämlich im reaktiven Modus und Augenblick für Augenblick, unter Verwendung der Schatzsuch-Werkzeuge, wenn es Ihnen angemessen erscheint. Das ist alles Rohmaterial, das geformt werden muss, um Ihnen in Phase 2 dienlich zu sein.

Es gibt einen zweiten Aspekt. Es ist nicht notwendig, aus allem, was Ihnen in Ihrem Hologramm begegnet, Energie zu holen; das ist auch nicht möglich. Warum sollten Sie zum Beispiel einem schönen Sonnenuntergang, einer Meereslandschaft oder einem Wald die Energie entziehen? Stimmt, sie sind alle nur Illusionen, aber sie sind Quellen der Freude und der Inspiration für Sie. Sie brauchen nur die Energie derjenigen Kreationen, die Sie einschränken, nicht die von allen Ihren Kreationen. Und Sie brauchen nur die Energie derjenigen Eier zu holen, zu denen Ihr Erweitertes Selbst Sie führt. Ich, zum Beispiel, putze mir heute immer noch die Zähne. Ich weiß, dass meine Zähne nicht echt sind und dass sie daher auch nicht kaputt gehen können, aber mein Erweitertes Selbst hat mich bis heute noch nicht dazu gebracht, die dieser Kreation innewohnende Energie zurückzuholen. Daher putze und reinige ich weiterhin meine Zähne und gehe weiterhin regelmäßig zum Zahnarzt. Vielleicht ändert sich das eines Tages, vielleicht auch nicht. Schließlich bin ich selbst der, der das alles erfindet.

Während ich diese Zeilen schreibe, habe ich eine Lesebrille auf. Ich weiß, dass meine Augen nicht echt sind und meine Lesebrille auch nicht, aber mein Erweitertes Selbst hat mir noch nicht nahe gelegt, die Energie aus diesen Kreationen zu entnehmen, also verwende ich meine Lesebrille vorerst weiter, da sie die von mir erfundenen Augen so vortrefflich unterstützt.

Mein Erweitertes Selbst hat mich stattdessen dazu gebracht, große Mengen Energie aus dem Geld-Spiel, dem Spiel der Emotionen und dem Spiel der Beziehungen zu ziehen und fleißig die vier Schatzsuch-Werkzeuge zu gebrauchen, und ich bin seinem Vorschlag gefolgt. Wer weiß, wie oft und wo ich die Schatzsuch-Werkzeuge noch anwenden werde und wohin mich das bringt, je mehr Zeit vergeht und je tiefer ich in Phase 2 vordringe ... Ich selbst weiß es nicht, es ist mir auch egal. Es ist auf jeden Fall gut so, wie es ist.

Manchmal denke ich: „Ich weiß nicht, ob das alles wirklich funktioniert. Ich weiß nicht, ob dieses ganze Phase-1- und Phase-2-Zeug wahr ist oder ob ich bloß für dumm verkauft werde oder auf eine verführerisch klingende Theorie hereinfalle. Ich weiß nicht, ob das bei mir überhaupt klappt." Wie soll ich darauf reagieren?

Ihre Frage besteht aus zwei Teilen – Ihren Zweifeln am gesamten System und der Frage, ob es *funktioniert*. Ich möchte die beiden Teile nacheinander beantworten. Erstens – was sind das für Gedanken, die Sie da haben? Sie fühlen sich unwohl, nicht wahr? Was machen Sie in dieser Situation? Den Prozess anwenden. Erinnern Sie sich bitte daran: Ziel in Phase 1 war, Sie um jeden Preis von Ihrer Energie fernzuhalten. Wie geht das besser, als dass Sie sich einreden, das Wahre sei *falsch*, es könne nicht *funktionieren*, Sie würden sich nur *selbst für dumm verkaufen*? Das ist eine ausgezeichnete Strategie, und sie funktioniert in Phase 1 sehr gut. Wenn Sie solche Gefühle haben, zeigen Sie sich selbst damit, wie sehr Sie sich in Phase 1 selbst getäuscht haben. Damit geben Sie sich im Grunde selbst die große Chance, viel Energie aus diesen Täuschungen zu ziehen.

Schließlich gibt es in Phase 1 die Illusion, es bestehe eine direkte Ursache-Wirkung-Beziehung zwischen einem Versuch und seinem Ergebnis. Das ist gemeint, wenn Sie in Phase 1 sagen, etwas *funktioniert*. In Phase 2 gibt es keine derartige Beziehung. In Phase 2 verwenden Sie, wie Sie wissen, die Schatzsuch-Werkzeuge ohne Ziel- oder Erfolgsvorgabe und lassen die Dinge sich entwickeln, wie sie wollen. Sie arbeiten ohne festen Plan, ohne definiertes Ergebnis und ohne den Wunsch, Ihr Hologramm zu verändern, zu reparieren oder zu verbessern.

Hören Sie auf, darüber nachzudenken, ob es *funktioniert* oder nicht. Solange Sie etwas beurteilen, nähren Sie Ihre Illusion mit neuer Energie, anstatt ihr welche zu entziehen. Solange Sie noch nach Beweisen suchen, sagen Sie damit nichts anderes als: „Ich glaube nicht, dass es stimmt", und solange Sie das sagen, kann die Wahrheit nicht offen zum Vorschein kommen, weil die einschränkenden Eier immer noch voll Energie sind. Es ist nicht leicht, das zu verstehen, aber es ist äußerst wichtig. Ich weiß selbst, dass es leichter gesagt als getan ist, aber es wird mit der Zeit immer leichter, je mehr Erfahrung Sie im Umgang mit den Werkzeugen gewinnen und je mehr Sie sich weiterentwickeln. Ihr Hologramm *wird* sich verändern. Das tut es zwangsläufig, je mehr Energie Sie zurückgewinnen und je mehr Vorlagen Sie zum Einstürzen (Kollabieren) bringen. Aber es verändert sich als natürliche Folge Ihrer Phase-2-Arbeit. Es verändert sich nicht einfach nur, weil Sie das wollen oder weil Sie etwas Bestimmtes nicht mögen oder lieber etwas anderes hätten – aus den Ihnen inzwischen bekannten Gründen.

Manchmal fällt es mir schwer, zu unterscheiden, ob eine Botschaft, ein Rat oder meine Motivation aus meinen Erweiterten Selbst kommt oder aus meiner Persona oder aus der Stimme eines Verwandten oder Mentors in mir. Wie kann ich hier klar unterscheiden?
Wie würden Sie Ihr Gefühl beschreiben, das Sie haben, wenn Sie nicht wissen, woher die „Stimme" kommt? Ist es unangenehm?

Es ist unangenehm für mich, weil ich davor Angst habe, dass ich auf die falschen Ratgeber höre und Fehler mache.
Wenn es für Sie unangenehm ist, bearbeiten Sie es mit dem Prozess. Punkt. Ohne Ausnahme. Es kommt nicht darauf an, welcher Art Ihr Unwohlsein ist und woher es kommt.

Sie raten mir, den Prozess anzuwenden, wenn ich mich unwohl fühle. Ist es ratsam, mir alles aufzuschreiben, was ich nicht mag und nicht will, und dann bei all diesen Dingen und Sachverhalten den Prozess anzuwenden, nicht mit dem Ziel, sie loszuwerden, sondern weil ich weiß, dass ich daraus Energie zurückgewinnen kann?

Überlassen Sie es Ihrem Erweiterten Selbst, Sie zu den Eiern zu führen. Sie brauchen nicht selbst danach zu suchen. Es ist eine alte Gewohnheit aus Phase 1, Listen anzulegen und danach systematisch vorzugehen und alles umzusetzen. Das, was hochkommt, bearbeiten Sie, sonst nichts. Warum? Weil Ihr Erweitertes Selbst Ihnen zeigen möchte, wohin Sie die Dynamitstangen legen müssen, um das Gebäude Ihrer Phase-1-Täuschung zum Einstürzen zu bringen. Meine eigene Erfahrung und die von Teilnehmern meines Coachings sagen mir, dass Ihr Erweitertes Selbst Sie ohnehin ziemlich gut beschäftigt und Sie nicht nach zusätzlichen Gelegenheiten zu suchen brauchen, um Energie zurückzuholen. Sie können auch ein anderes Szenario für sich erfinden, kein Problem. In Phase 2 geht es darum, auf das zu reagieren, was in Ihr Hologramm kommt und zu tun, was Ihnen Spaß macht oder Ihnen gerade einfällt – nicht weil es logisch ist oder das Richtige ist oder weil Sie sich dazu verpflichtet fühlen, es zu tun. Um bei Ihrem Beispiel zu bleiben: Wenn Sie sich wirklich motiviert oder inspiriert fühlen, eine solche Liste zu erstellen (und es nicht nur machen, weil es eine alte Phase-1-Gewohnheit ist!), folgen Sie Ihrer Eingebung, vertrauen Sie ihr und tun Sie es.

Ich habe viele Stimmen in meinem Kopf – Selbsteinschätzungen, Selbstkritik und Selbstzweifel. Werden diese Stimmen irgendwann Ruhe geben, sobald ich genug Energie aus ihren Vorlagen gezogen habe?

Sie werden nicht verstummen, wenn Sie versuchen, das zu erreichen – aus den besprochenen Gründen. Sie können nicht Einschätzungen vornehmen und dann aus denselben Vorlagen Energie herausziehen – beides zugleich geht nicht. Aber wenn Sie tagein, tagaus Ihre Phase-2-Arbeit machen, ohne sich festzulegen und ohne Terminplan, werden sie als natürliches Nebenprodukt Ihrer Entwicklung aus Ihrem Hologramm herausfallen. Sie sind ein großartiges Grenzenloses Wesen. Sie können sich gar nicht selbst beurteilen, kritisieren oder in Zweifel ziehen. Alles, was Sie tun können, ist, die Illusion zu kreieren und sich einzureden, das sei möglich. Wenn Sie diesen Erfindungen und Täuschungen die Energie entziehen, ähnlich wie Sie einer begrenzten Täuschung Energie entziehen, kollabieren die Vorlagen und die Kreation verschwindet aus Ihrem Hologramm. Die Veränderung, die dann stattfindet, ist unvermeidbar.

Was ist mit Moral, Ethik und Rechtschaffenheit?

Es kann sein, dass Ihnen meine Antwort nicht gefällt, aber ich bin dazu da, Ihnen die Wahrheit zu sagen. Aus Sicht der Phase 2 sind Begriffe wie Moral, Ethik und Rechtschaffenheit Phase-1-Kreationen. Es sind alles Erfindungen. Es sind Täuschungen, die echt aussehen, wie alles Übrige in Ihrem Hologramm. Das sind sie aber auch, wenn Sie sie ehrlich und objektiv aus Phase-1-Sicht ansehen. Immer wieder haben Menschen versucht, einen ewig gültigen Sitten- und Verhaltenskodex aufzustellen, der über alle Jahrhunderte hinweg und für alle Kulturen gelten sollte. Das ist aber nicht möglich. Was wir Rechtschaffenheit, Ethik und Moral nennen, ist von Mensch zu Mensch, von Epoche zu Epoche und von Kulturkreis zu Kulturkreis unterschiedlich.

Sie haben den Kosmischen Überziehungsschutz erläutert. Sie haben gesagt, wir brauchen nur unsere Wertschätzung für alle Kreationen auszudrücken und darauf zu vertrauen, dass sich unsere Geldangelegenheiten von selbst regeln. Bedeutet das tatsächlich, dass Sie – die Persona – alles, was Sie wollen oder brauchen, kaufen, ohne auf Ihren Kontostand zu achten? Oder warten Sie solange, bis die notwendige Summe dort auftaucht?

Sie stellen mir diese Frage, weil Sie immer noch so viel Energie im Geld-Spiel angelegt haben – was aber ganz normal ist. Wenn Sie jedoch erst einmal den Ausbruchspunkt überwunden haben, werden Sie die Frage nicht mehr stellen. denn bis dahin haben Sie absolutes und vollkommenes Vertrauen in Ihr Wirkliches Ich, die Energie, die Sie zur Verfügung haben, und die Echtheit und Verfügbarkeit der Grenzenlosen Fülle. Wenn Sie diese Sicherheit haben, drücken Sie nur noch Ihre Wertschätzung aus für das, was Sie wollen, und das Geld, das Sie brauchen, ist da, auch ohne dass Sie Ihren Kontostand prüfen.

Es dauert einige Zeit, bis Sie den Ausbruchspunkt erreichen und überwinden. Und wenn Sie ihn erst überwunden haben, werden Sie, wenn Sie so sind wie ich (Sie können auch ganz andere Dinge erfinden), weiterhin Energie zurückfordern und Ihre Möglichkeiten ausdehnen. Als ich zum ersten Mal den Ausbruchspunkt überschritten habe, konnte ich auf diese Art und Weise meine Wertschätzung für viele Kreationen ausdrücken, bis zu einem gewissen Punkt. Aber weil ich meine Eier in Phase 1 so gebaut hatte, merkte ich bald, dass, wenn ich meine Wertschätzung für viele Kreationen in größeren *Zahlen* ausdrückte, dann die einengenden Überzeugungen wiederkamen und ich mich wieder unwohl fühlte. Daher wandte ich, wenn das Unwohlsein wiederkam, erneut den Prozess an und entwickelte mich in dieser Hinsicht weiter, so gut es mir gelang. Das Ergebnis war, dass die Grenzen des finanziell Möglichen sich für mich weit nach oben verschoben.

Viele sprechen derzeit über das Unterbewusste und schreiben ihm einen großen Einfluss zu. Welchen Stellenwert hat das Unterbewusste in Ihrem Modell?

Es gibt kein Unterbewusstes. Das ist alles eine Erfindung aus Phase 1, die dazu dient, die Täuschung für echt zu erklären. Erinnern Sie sich daran, dass ich Ihnen gesagt habe, dass jedes Körnchen Wahrheit irgendwie verdreht oder verzerrt werden muss, damit das Menschen-Spiel in Phase 1 funktioniert? Das, was die Leute das Unterbewusste nennen, ist eine solche Verzerrung. Es ist eine Verzerrung der Wahrheit des Nullpunkt-Feldes, des Erweiterten Selbst und des Bewusstseins.

Sie sagen, Sie leben in Phase 2 im reaktiven Modus, folgen der Führung Ihres Erweiterten Selbst und wenden die Schatzsuch-Werkzeuge ohne Termin- und Zielvorgabe, ohne eigene Bedürfnisse und Ergebnisse an. Was ist mit Ihren eigenen Bedürfnissen und Wünschen? Was ist, wenn wir die Dinge in Phase 2 selbst in die Hand nehmen wollen? Gelangen wir je an den Punkt, wo wir das tun können?

Ihre Frage rührt aus der Phase-1-Überzeugung, man müsse zupackend und gestaltend seine Wirklichkeit formen. Es gibt aber in Phase 2 keine Regeln und Formeln. Sie kreieren, was immer Sie wollen, mit dem Ziel, das Menschen-Spiel so zu spielen, wie Sie möchten. Wie gesagt – ich bin noch lange nicht am Ziel meiner Reise. Ich habe keine Ahnung, wohin mich die Phase 2 schließlich führen wird, und noch weniger weiß ich, wohin sie andere Menschen führen wird. Ich habe nur eine Theorie, was das angeht, und die geht so: Spekulieren hat in Phase 2 nicht viel Sinn (denn es ist ein typischer Phase-1-Trick), aber ich teile Ihnen mal meine Ansicht mit, vielleicht hilft sie Ihnen ja. Am Anfang geht es in Phase 2 ausschließlich darum, die Schatzsuch-Werkzeuge anzuwenden. Es gilt so viel Energie zurückzufordern, so viele Vorlagen zum Einstürzen zu bringen, so viel Entwicklung und Wertschätzung zu betreiben, dass Eigeninitiative nicht erwünscht ist. Es ist wie am Anfang des Medizinstudiums – man ist so beschäftigt damit, den menschlichen Körper und seine Funktionsweisen kennen zu lernen, dass man sich übers Operieren und Behandeln noch nicht viele Gedanken macht.

Meine Theorie sieht so aus: Je tiefer Sie in Phase 2 vordringen, desto mehr Eigeninitiative können Sie entwickeln. Wenn dieser Punkt einmal erreicht ist, werden unterschiedliche Menschen unterschiedliche Entscheidungen treffen. Manche werden es vorziehen, selbst Illusionen zu erschaffen, mit denen sie spielen können, anderen wird es weiterhin lieber sein, sich überraschen zu lassen.

Um auf meine persönliche Geschichte aus Kapitel 12 zurückzukommen: Es *kann sein*, dass ich eines Morgens aufwache und *mich dazu entschließe*, selbst einen Film zu drehen. Dann wird mein Erweitertes Selbst vielleicht diese Erfahrung kreieren und mir erlauben, diese Kreation langsam und genüsslich auszukosten. Als Persona dürfte ich natürlich nicht über jede Einzelheit schon vorher Bescheid wissen, denn wenn ich alles wüsste, wo bliebe dann der Spaß daran? Mein Erweitertes Selbst würde die Vorlagen kreieren, mit Energie aufladen und in mein Hologramm stellen, damit ich damit spielen kann.

Eine andere Möglichkeit wäre die, dass ich gar nicht selbst entscheide, Regie zu führen, sondern einfach Tag für Tag aufwache und sehe, was in mein Hologramm kommt – dass es eines Tages einfach passiert und ich dann total überrascht bin. Dieser Überraschungsmodus ist momentan, während ich diese Zeilen schreibe, mein Lebensstil, und ich finde es sehr schön, mich überraschen zu lassen. Vielleicht bleibt es noch lange so, vielleicht ändert es sich auch, sobald ich mich wieder weiterentwickle. Wenn Sie sich die beiden Reaktionsweisen, die ich Ihnen eben geschildert habe, genau ansehen, gibt es im Grunde keinen großen Unterschied zwischen ‚Entscheiden' und ‚Sich-überraschen-lassen'. In beiden Fällen kann dabei etwas völlig Überraschendes herauskommen.

Ich verstehe immer noch nicht, warum ich mich mit etwas beschäftigen oder etwas wertschätzen soll, das gar nicht wirklich existiert. Da fehlt mir irgendetwas.
Was leuchtet Ihnen daran nicht ein?

Eben die Tatsache, dass es nicht existiert. Ich verstehe nicht, warum ich dann Interesse oder Energie darauf verwenden soll.
Mögen Sie Filme?

Ja.
Ist ein Film wirklich? Ist das, was Sie auf der Leinwand sehen, echt?

Gewissermaßen schon.

So? Wenn jemand im Film erstochen wird, wird er dann wirklich erstochen?

Nein.

Sehen Sie. Können Sie sich vorstellen, wie viel Mühe und Sorgfalt der Produzent, der Regisseur, die Schauspieler, die Techniker, die Programmierer, die Spezialisten für Spezialeffekte und all die anderen Leute darauf verwendet haben?

Ja, kann ich.

Dann übertragen Sie diesen Gedanken einfach auf Ihr Leben. Sie sind der Regisseur, Produzent, Animateur, Mann für Spezialeffekte und der Star Ihres Films in einer Person. Sie erfinden die männlichen und weiblichen Schauspieler, die Filmcrew, das Set, die Spezialeffekte und alles andere. Sie inszenieren die ganze Produktion in Ihrem Bewusstsein und sind ein Teil von ihr, nicht nur ein Zuschauer im Raum. Sie überzeugen sich selbst davon, alles sei echt, obwohl alles nur Schall und Rauch ist. Das sollten Sie durchschauen. Wenn Sie verstehen, was sich hinter den Kulissen abspielt, damit ein Film möglich wird, verstehen und schätzen Sie auch leichter, was hinter den Kulissen passieren muss, damit Ihr Hologramm echt wirkt, was ungleich schwieriger ist.

Haben Sie Momente aus Ihrer Vergangenheit genommen und sie mit dem Prozess bearbeitet? Kann man mit dem Prozess Szenen aus seiner eigenen Kindheit bearbeiten?

Ja, das ist machbar, aber vielleicht nicht auf die Art, wie Sie es meinen. Noch einmal: Es ist nicht notwendig, nach Eiern zu suchen, aus denen Sie Ihre Energie zurückholen können. Sie brauchen dazu nicht in Ihre Vergangenheit zurückzugehen, einzelne Ereignisse aufzuspüren, die Ihnen Schmerzen bereitet haben und den Prozess anzuwenden. Sie wenden den Prozess an, wenn

Sie sich unwohl fühlen, das heißt, wenn Ihr Erweitertes Selbst Sie zu den Eiern führt und diese für Sie öffnet. Wenn Sie das tun, tauchen Sie natürlich tief in Ihr Unbehagen ein, das aus der Vergangenheit herrührt. Denn alle Ihre Eier wurden irgendwann während Ihres Lebens geschaffen und mit Energie aufgeladen.

Ich kann Ihnen *aus meiner eigenen Erfahrung* nur sagen, dass ich, wenn ich den Prozess anwende, nur selten bewusst ein Ereignis oder eine Erfahrung aus meiner eigenen Vergangenheit wieder erlebe. Ich tauche einfach nur in die schlechten Erfahrungen ein, ohne darüber nachzudenken, welche es sind, woher sie kommen, et cetera. Dieses analytische Vorgehen, in die Vergangenheit zurückzugehen und dort nach Ursachen für Schmerzen und Unwohlsein zu suchen und diese bewusst zu bearbeiten, ist eine Erfindung und ein Trick aus Phase 1. Es ist nicht nötig, sich bewusst zu machen, was die Ursache für die Bildung eines Eies ist, solange Sie das nicht wirklich beim Spielen des Menschen-Spiels weiterbringt. In diesem Falle können Sie, wenn Sie wollen, eine Einsicht und ein Bewusstsein dafür entwickeln. Außerdem werden Sie sowieso andere Erfahrungen machen als ich.

Dieses Buch heißt „Raus aus dem Geld-Spiel". Dabei geht es doch gar nicht nur um Geld, oder? Es geht vielmehr um Ihr ganzes Leben, nicht?

Genau! Trotzdem kommt ein beträchtlicher Teil des Sich-Öffnens und Sich–Entwickelns auch aus dem finanziellen Bereich, wie Sie inzwischen wissen. Allerdings haben Sie mit Ihrer Vermutung recht: Es geht beileibe nicht nur ums Geld. Das Geld ist nur der Eintrittsbereich in Ihre innere Entwicklung, die auf Ihr ganzes Leben ausstrahlt.

Liebe Leserin, lieber Leser, damit ist unsere Reise schon fast beendet. Sie halten jetzt fast alle Puzzle-Teile in Händen. Das große

Bild hat sich vor Ihnen entfaltet, Sie können es deutlich sehen. Sie haben jetzt das notwendige Rüstzeug, um Ihre Entscheidung zu treffen.

Wenn Sie wirklich bereit sind, meine Einladung anzunehmen, lesen Sie Kapitel 15.

Die Einladungen

„Die Wahrheit existiert wirklich;
nur das Falsche ist erfunden."[1]

– Georges Braque, Maler (1882-1963) –

„Ich halte das Leben inzwischen für
ein wunderschönes Spiel, das ich
für mich selbst geschrieben habe …
Meine Absicht ist es, meine Rolle
mit möglichst viel Spaß zu spielen."[2]

– Shirley McLaine –

Wenn ich in einen Freizeitpark gehe und Achterbahn fahre, geht die Fahrt zunächst langsam los. Ich setze mich hin, schnalle mich an und warte auf den ersten sanften Ruck. Der Waggon setzt sich langsam in Bewegung und wird dann immer

schneller, fährt hierhin und dorthin, bergauf, dann wieder bergab und in Kurven. Gegen Ende wird er wieder langsamer und
rollt schließlich aus. Ich schnalle meinen Gurt ab, stehe auf und
gehe – fröhlich, aber auch ein bisschen verwirrt von der wilden
Fahrt, die hinter mir liegt.

Vielleicht geht es Ihnen jetzt ähnlich. Mit Jack Canfields Vor-
wort und meiner Einführung sind Sie sozusagen in den Sitz ge-
glitten und haben sich angeschnallt. Die Fahrt ging langsam los,
während Sie die Spielregeln kennen gelernt haben. Dann haben
wir Fahrt aufgenommen und sind mit der Philosophie, den Naturwissenschaften, Phase 1 und Phase 2, den Schatzsuch-Werkzeugen und dem Ausbruchspunkt bergauf und bergab, nach links
und rechts und im Kreis gefahren. Mit dem Ende des letzten Kapitels hat sich die Fahrt dann wieder verlangsamt, und jetzt, kurz
vor dem Ausstieg aus der Achterbahn, spüren Sie vielleicht auch
diese Mischung aus Verwirrung und Erleichterung, wie nach einer turbulenten Fahrt.

Sie steigen aus, drehen sich um und fragen sich: Was nun?

Die wilde Fahrt, die Sie hinter sich haben, ist nicht jedermanns
Sache. Sie hätten dieses Buch nicht geschaffen und in Ihr Holo-
gramm katapultiert, wenn nicht einer der folgenden Punkte auf
Sie zuträfe:

- Sie sind – jetzt sofort – bereit, in Phase 2 einzutreten, und
  dieses Buch ist Ihr Sprungbrett.
- Sie haben die Absicht, bald in Phase 2 einzutreten und wollen schon mal wissen, wie es sein wird, bevor Sie den Absprung wagen.
- Sie wollen noch eine Weile in Phase 1 spielen, aber mehr über
  die Wahrheit wissen und darüber, was wirklich vor sich geht.

Wenn ich noch in Phase 1 des Menschen-Spiels wäre, würde
ich so tun, als hätten Sie, Ihre Persona, die Macht über Ihr Holo-

gramm. Ich würde sagen, Sie müssen entscheiden, was Sie jetzt tun wollen. Aber ich befinde mich in Phase 2 und weiß, dass Ihr Erweitertes Selbst schon für Sie entschieden hat.

Wie sieht Ihre Entscheidung aus? Wie werden Sie sie erfahren? Mit der Zeit werden Sie es merken. Wenn das jetzt Ihr Absprung in Phase 2 ist, werden Sie es merken. Sie bekommen ein Zeichen, so deutlich wie ein Schlag auf den Kopf, bloß nicht so schmerzhaft, das Sie nicht missverstehen können. Sie werden ein Gefühl haben, als hätte jemand in Ihrem Leben einen Schalter umgelegt, als hätte sich plötzlich alles irgendwie geändert. In diesem Fall werden Sie bald eigenartige Dinge, ähnlich wie die, über die ich berichtet habe, in Ihrem Hologramm auftauchen sehen. Sie werden ein ungewöhnliches und starkes Unwohlsein verspüren und die natürliche Motivation, dieses unter Anwendung der Schatzsuch-Werkzeuge zu bekämpfen.

Wenn Sie die Absicht haben, bald in Phase 2 einzutreten und aus diesem Buch schon mal wissen wollen, wie es sein wird, bevor Sie den Absprung wagen, werden die Dinge zuerst so bleiben, wie sie vor der Lektüre dieses Buches waren. Aber Sie werden eine feine Veränderung in sich selbst bemerken, ein erhöhtes Maß an Vorfreude und Bewusstsein für das, was um Sie herum passiert, während Sie auf das Zeichen zum Start warten – wie ein Astronaut, der nur noch darauf wartet, ein Raumschiff zu betreten und ins All zu fliegen.

Wenn Sie noch eine Zeitlang in Phase 1 spielen wollen, aber mit einem tieferen Bewusstsein dessen, was um Sie herum vor sich geht, wird Ihr Leben nach außen hin so weitergehen wie bisher, aber Sie werden im Unterschied zu vorher alles mit Ihrem Röntgenblick aus Kapitel 7 betrachten. Ob Sie wollen oder nicht: Sie können nach dieser wilden Achterbahnfahrt nicht so tun, als wäre nichts gewesen und nichts in Ihnen passiert.

Egal, ob Sie sofort in Phase 2 wechseln oder demnächst oder vorerst noch in Phase 1 bleiben – die Antwort auf die Frage:

„Was nun?" bleibt dieselbe. Sie tun, wozu Sie Lust oder Inspiration verspüren, und vorher und danach wenden Sie den Prozess an, wenn Sie sich unwohl dabei fühlen.

Sollten Sie es vorziehen, noch eine Weile in Phase 1 zu bleiben, lade ich Sie trotzdem dazu ein, den Prozess anzuwenden, wenn Sie sich unwohl fühlen, und zwar entweder so, wie ich es Ihnen beschrieben habe, oder in leicht modifizierter Form mit weniger Schritten und einer anderen Formel. Wie ich in meinem Seminar und in meinen Fernlehrgängen immer sage, sind Gefühle nichts, was Sie überfällt, sondern etwas, was von Ihnen ausgeht. Sie selbst entscheiden darüber, wie Sie sich in einem beliebigen Augenblick fühlen, und das hängt entscheidend davon ab, wie Sie das, was um Sie herum vorgeht, interpretieren und wie Sie darauf im Alltag reagieren.

In Phase 1 geben wir uns der Täuschung hin, wir säßen mit unseren Gefühlen im Beifahrersitz, ohne Kontrolle dem, was da kommt, ausgeliefert. Dabei sitzen wir in Wirklichkeit am Steuer und haben die volle Kontrolle und volle Bewegungsfreiheit. Wenn Sie beim geringsten Gefühl von Unwohlsein den Prozess anwenden – und das gilt auch dann, wenn Sie noch in Phase 1 sind –, können Sie mit Ihren Gefühlen sozusagen auf den Fahrersitz wechseln. Kurz gesagt, Sie können sich vormachen, dass Sie sich besser fühlen, solange Sie in Phase 1 bleiben.

Wenn Sie meiner Einladung folgen, den Prozess anzuwenden, obwohl Sie noch in Phase 1 bleiben, brauchen Sie nicht alles zu akzeptieren oder zu glauben, was ich Ihnen in diesem Buch mitgegeben habe. Sie können einfach in jedes Gefühl des Unbehagens eintauchen, wie Sie es unter Anwendung des Prozesses in Phase 2 tun würden und so viel davon in sich aufnehmen, wie Sie können. Sie können anerkennen, dass Sie selbst dieses Unbehagen kreiert haben, indem Sie auf das auslösende Ereignis reagiert haben, und Sie können Energie daraus ziehen, indem Sie das einfach zugeben. Sie müssen dabei nicht unbedingt davon überzeugt sein, dass Sie ein Grenzenloses Wesen sind, dass es eine Phase 1 und 2 des Menschen-Spiels gibt, dass es ein Hologramm, Energie, ein Nullpunkt-Feld, Vorlagen oder Eier gibt. Probieren Sie es aus, und Sie werden feststellen, dass sich Ihre Gefühlslandschaft in Phase 1 deutlich verändert, und Sie können sich auf diese Weise besser auf den irgendwann einmal erfolgenden Übergang in Phase 2, wenn Sie sich dafür entscheiden, einstellen.

Sollten Sie den Startpunkt sofort oder sehr bald erreichen, haben Sie Ihren Werkzeuggürtel zur Verfügung. Sie werden wissen, wann und wie Sie die Werkzeuge richtig nutzen können. Meine Einladung an Sie sieht in diesem Falle anders aus. Sie besteht aus fünf Teilen:

1. Geduld
2. Erinnerung
3. Vertrauen
4. Wertschätzung
5. Entwicklung

Ich werde nun jeden einzelnen dieser fünf Punkte der Einladung durchgehen. Dabei komme ich auf einige wichtige Aussagen zurück, die ich weiter oben bereits gemacht habe.

Geduld

Lassen Sie mich die Reise in Phase 2 in zwei Teile untergliedern. Eigentlich geschieht beides simultan, aber wir betrachten es getrennt, um es besser zu verstehen. Der erste Teil ist das Anwenden der Schatzsuch-Werkzeuge mit dem Ziel,

- sich daran zu erinnern, wer Sie wirklich sind,
- Energie zurückzufordern,

- sich die Wahrheit erneut zu bestätigen,
- Ihre Wertschätzung für Sie selbst als den Schöpfer all Ihrer Erlebnisse, Ihre Kreationen und die Großartigkeit des Menschen-Spiels zu verstärken und
- zu erkennen, wie Sie sich in Phase 1 so brillant täuschen konnten.

Wie schon gesagt soll die Anwendung der Schatzsuch-Werkzeuge mit dem Ziel, das Menschen-Spiel ohne Grenzen und Einschränkungen zu spielen, nicht über Nacht geschehen. Die Werkzeuge wurden dafür gemacht, über längere Zeit hinweg immer wieder angewendet zu werden. Es dauert so lange, wie es eben dauert. Sie werden die ganze Zeit über in optimaler Weise darin unterstützt, das Menschen-Spiel so zu spielen, wie Sie es spielen wollen – und Sie sollten jeden Schritt, jede Stufe Ihrer Entwicklung genießen und auskosten wie einen edlen Wein, ein gutes Essen, ein gutes Buch oder ein Konzert.

Denken Sie einen Moment darüber nach und bedenken Sie dabei auch diese Worte von Machelle Small Wright:

„Sie stehen gerade an der Schwelle einer Veränderung. Es ist ziemlich schwer, in dieser Phase innerlich ruhig zu bleiben, denn ‚an der Schwelle einer Veränderung stehen' bedeutet, dass man immer noch in den alten Verhaltensmustern verharrt, aber schon Einsicht in neue Verhaltensmuster bekommt und sich auf diese einstellen muss. Man hat Angst, etwas Altes loszulassen und sich in etwas Neues zu begeben, das man noch nicht gut kennt. Diese Angst bewirkt, dass man in der Gegenwart aus dem Gleichgewicht gerät und dass die Schritte, die man auf das Neue zugehen muss, zaghafter werden. Aber keine Angst – entspannen Sie sich."[3]

Vielleicht machen Sie dabei ganz andere Erfahrungen als ich. Wenn Sie so sind wie ich, dann gibt es auch bei Ihnen trotz all Ihren Wissens und Ihrer Bewusstheit Zeiten, in denen Sie ungeduldig werden, etwas ‚Negatives' wegdrücken wollen oder am liebsten aus der Achterbahn aussteigen wollen, weil Ihnen die Reise zu heftig wird. Wenn das passieren sollte – wie gesagt, es *kann* Ihnen passieren, *muss* aber nicht! –, haben Sie Geduld mit sich selbst und überfordern Sie sich nicht. Gönnen Sie sich einfach eine Pause. Erinnern Sie sich daran, dass solche Einschätzungen und Gefühle angesichts des Übergangs von Phase 1 in Phase 2 nichts Ungewöhnliches sind. Wenden Sie unbeirrt den Prozess an, wenn Sie etwas stört, und lassen Sie die Dinge sich entwickeln, wie sie wollen.

Erinnerung

Bitte rufen Sie sich, wann immer es schwierig wird, die folgenden drei Punkte immer wieder in Ihr Gedächtnis zurück:

1. *Was geschieht tatsächlich?* Sie bekommen Energie zurück, Sie entwickeln sich weiter und verändern sich fortlaufend, auch wenn es gerade nicht so aussieht oder Sie es gerade nicht spüren.
2. *Die Wahrheit über das Hologramm in Phase 2:* Wenn Sie erst in Phase 2 sind, hat nichts in Ihrem Hologramm Bedeutung, Wichtigkeit und Bestand, außer in dem Maße, in dem es dazu beiträgt, Sie in Ihrer Phase-2-Arbeit zu unterstützen und voranzubringen.
3. *Ihr letztes Ziel:* Ihr letztes und wichtigstes Ziel ist es, das Menschen-Spiel ohne Grenzen und Beschränkungen spielen zu dürfen. Das ist ein ‚Schatz', der ungleich wertvoller ist als alles, was Sie je gehört, in Filmen gesehen und in Büchern gelesen haben, wertvoller als alles, was Sie sich zum jetzigen Zeitpunkt vorstellen können. Das, was ich Ihnen diesbezüglich geschildert habe, ist kein Vergleich zu dem, was in Phase 2 wirklich für Sie möglich wird!

Wenn Sie so ähnlich ‚drauf' sind wie ich (Sie könnten ja ganz andere Kreationen und Vorstellungen entwickeln), dann helfen Ihnen diese drei Schlüsselpunkte sicher dabei, Ihre Phase-2-Arbeit fortzusetzen, auch wenn Sie gerade am liebsten das Handtuch werfen möchten.

Bitte denken Sie auch immer daran, dass Sie eine Erfindung nicht beurteilen, hassen, ablehnen, ändern, reparieren und verbessern, dass Sie sie nicht gleichzeitig löschen und Energie daraus ziehen können. Das sind Vorgänge, die einander ausschließen und nur einzeln möglich sind. Zu Beginn Ihrer Phase-2-Reise haben Sie wahrscheinlich noch viele Einschätzungen, da Sie ja zu den Eiern gebracht werden sollen, um die in ihnen enthaltene Energie herauszuziehen. Aber je länger Sie Ihre Phase-2-Arbeit machen, umso mehr fallen Beurteilungen und Einschätzungen von Ihnen ab und Sie öffnen sich immer mehr.

Bedenken Sie bitte auch, dass es in Phase 2 nicht um Logik, Verstand, Denken und Vorstellungsvermögen geht. Es geht allein um *Gefühle und unmittelbar Erlebtes*.

Berücksichtigen Sie bei Ihrem Phase-2-Weg bitte auch, dass alles, was ich Ihnen in diesem Buch erklärt und gezeigt habe, auch das, was Ihnen sofort eingeleuchtet hat, zunehmend klarer und wahrer erscheinen wird, je tiefer Sie vordringen – so klar, wie Sie es sich heute noch gar nicht vorstellen können. Freuen Sie sich auf diese Aha-Erlebnisse Ihrer inneren Entwicklung und genießen Sie jedes einzelne davon ausgiebig.

Vertrauen

Vergessen Sie die trügerische Idee, Sie könnten Ihr Hologramm kontrollieren oder manipulieren, so rasch wie möglich. Das zu vergessen gelingt nur, wenn Sie die Schatzsuch-Werkzeuge regelmäßig verwenden. Lassen Sie ab von dem alten Phase-1-Trick, vorwegnehmend aktiv sein und die Geschehnisse selbst bestimmen zu wollen. Vergessen Sie Ziele, Terminpläne, Planungen und Ergebnisse. Vertrauen Sie Ihrem Erweiterten Selbst und folgen Sie seiner Führung. Finden Sie sich in das Phase-2-Spiel und erlauben Sie Ihrem Erweiterten Selbst, Sie zum Schatz zu führen.

Wertschätzung

Die Phase 2 beginnt und entfaltet sich. Sie werden zu den Eiern im Nullpunkt-Feld geführt, ziehen Energie heraus, die Vorlagen für die Eier kollabieren und Ihr Hologramm verändert sich. Denken Sie ganz bewusst daran, wie großartig das alles gemacht ist. Staunen Sie über sich selbst als den Schöpfer und Erfinder Ihrer Erlebnisse, über Ihre Kreationen und das ganze Menschen-Spiel – und über die majestätische Schönheit der Phase-2-Entwicklung.

Sehen Sie, wie Ihre Weisheit, Energie und Fülle zunehmen und freuen Sie sich über jeden Augenblick der Öffnung und der Expansion. Beobachten Sie, wie die Bilder in Ihrem Hologramm immer reicher werden und freuen Sie sich über die hinzugewonnenen Möglichkeiten.

Wenn Ihnen unbehaglich zumute ist, denken Sie an das Gute daran, an die einmalig tolle Gelegenheit, Ihre Energie zurückzuholen. Wenn Sie den Eindruck haben, es geht nichts mehr, das Leben wird Ihnen zu beschwerlich und Sie fühlen sich überfordert und ausgebrannt, dann denken Sie bitte daran, dass das nur eine großartige, raffinierte Selbsttäuschung ist und dass Sie sich nicht wirklich so schlecht fühlen, sondern nur diesen Eindruck haben.

Je mehr Sie sich selbst entdecken, desto mehr werden Sie Ihre Persona und Ihr Erweitertes Selbst (Ihr Wirkliches Ich) verstehen und erkennen, wie gut Sie sich selbst durch Phase 1 und Phase 2 gebracht haben.

Je mehr Sie vom aktiven in den reaktiven Modus kommen, je mehr Sie lernen, das Leben Schritt für Schritt zu leben und nur noch das zu tun, was Sie begeistert oder inspiriert – wobei Sie davor und danach den Prozess anwenden, um Ihr Unbehagen in Energie umzuwandeln –, umso mehr werden Sie die Unkompliziertheit des Phase-2-Spiels zu schätzen lernen und sich darüber freuen, wie viel fröhlicher und unbeschwerter Ihr Leben wird.

Überschreiten Sie den Ausbruchspunkt und öffnen Sie sich der Grenzenlosen Fülle, die Ihren natürlichen Zustand darstellt. Beginnen Sie damit, das Menschen-Spiel ohne Grenzen und Beschränkungen zu spielen. Erfreuen Sie sich an dieser herrlichen Leistung und genießen Sie die damit verbundene Fröhlichkeit und Kreativität in vollen Zügen.

Während Sie all das und noch vieles mehr erfahren, fühlen Sie vielleicht das Bedürfnis, mir dafür zu danken, dass ich dieses Buch geschrieben habe und Sie beim Übergang in Phase 2 unterstütze. Aber danken Sie nicht mir, sondern sich selbst. Denn Sie haben die Illusion meiner Person und meines Buches in Ihr Hologramm gestellt, um Sie an die Wahrheit zu erinnern, die Sie eigentlich schon immer kennen. Diese Reise, diese ganze wilde Fahrt haben wir ja nicht meinetwegen unternommen, sondern *zu Ihrem Nutzen*. Nicht ich habe etwas für Sie „getan", sondern Sie selbst.

Entwicklung

Inzwischen ist Ihnen klar geworden: In diesem Buch geht es nicht nur um Geld. Wenn Sie meine Einladung annehmen, den Sprung in Phase 2 wagen und die Schatzsuch-Werkzeuge wie besprochen anwenden, werden Sie mit absoluter Sicherheit aus dem

Geld-Spiel ausbrechen und damit anfangen, Ihre Grenzenlose Fülle zu „atmen".

Aber damit sind die Veränderungen, die Ihr Menschen-Spiel für Sie bereithält, noch lange nicht abgeschlossen, auch wenn das allein schon sagenhaft ist. Erweiterung (Entwicklung) beschränkt sich in Phase 2 nicht nur auf Finanzielles und auf Ihre Grenzenlose Fülle. Sie bezieht sich auf jeden Winkel, jede Ritze in Ihrem Hologramm. Wie schon erwähnt: Wenn Sie Ihre Phase-2-Arbeit machen, werden Sie in allen möglichen Bereichen Ihres Lebens eine Erweiterung Ihrer Möglichkeiten erfahren und damit immer eindrucksvollere, schönere Erlebnisse erfinden können. Sie können die Schatzsuch-Werkzeuge also auch auf Eier anwenden, die nichts mit Geld zu tun haben.

In Phase 2 heißt das Spiel „Erweiterung aller Ebenen Ihres Hologramms".

Nun sind Sie für das größte und schönste Abenteuer gerüstet, das das Menschen-Spiel für uns bereithält. Sie begeben sich auf die Suche nach einem Schatz, der wertvoller ist als Gold und Juwelen, wertvoller als alles Öl unter der Erde und die Trilliarden von Dollar, die Sie in Ihrem Hologramm zur Verfügung haben. Sie sind kurz davor, eine nie gekannte Energie zu entfalten, eine nie gekannte Freude und innere Ruhe zu finden, eine nie gekannte Erfüllung und einen Zustand des Überflusses und der kreativen Energie, die alles Vorstellbare weit in den Schatten stellen.

Egal, wie Ihr Hologramm aussieht und wie stark das Unwohlsein auf dem Weg dahin wohl werden wird – für Ihr Wirkliches Ich wird es auf jeden Fall ein Riesen-Vergnügen. Sie werden die schönste Zeit Ihres Lebens haben. Sie spielen das Menschen-Spiel genauso, wie Sie es schon immer spielen wollten, in einem Universum, das Sie allein entworfen haben, und schwelgen im selbst ersonnenen Glück.

Denken Sie noch einmal an die Filmemacher in Hollywood. Wenn Sie in einem Kino sitzen und einen so genannten Horror-Film, eine Tragödie oder ein Drama sehen, wo den Akteuren lauter schreckliche Dinge zustoßen, denken Sie sicher: „Oh, wie furchtbar!" Aber was mögen sich die Filmemacher gedacht haben, als sie den Film fertig produziert hatten und sich den Endschnitt angesehen haben? Sie haben richtig Spaß daran gehabt und sind mit dem Ergebnis vollauf zufrieden. Sie waren überglücklich, diesen Film so machen zu dürfen!

Wenn Sie beispielsweise eine Figur sehen, die abgestochen wird und auf der Leinwand blutet wie ein Schwein, denken Sie als Zuschauer: „Oh, wie schrecklich!", aber der Mann für Spezialeffekte, der sie gemacht hat, denkt zufrieden: „So muss es sein. Jetzt sehen die Wunde und das Blut endlich echt aus. Gute Arbeit!" Wenn Sie eine Figur sehen, die leidet wie ein Hund, denkt der Schauspieler, wenn er sich die Szene ansieht: „Gute Performance! Genauso muss man das spielen, damit es überzeugend wirkt!" Dasselbe gilt auch für Sie und Ihren Film für alle Sinne. Was auch immer Sie in Ihrem Hologramm sehen oder erleben, Ihr Wirkliches Ich genießt es und sagt sich: „Klasse! Diese Täuschung ist mir richtig gut gelungen! So macht es Spaß!" Je öfter Sie die Schatzsuch-Werkzeuge anwenden und je weiter Sie in Phase 2 kommen, umso stärker werden Sie dieses Gefühl selbst empfinden.

Meine Frau macht und unterrichtet für ihr Leben gerne Yoga. Am Ende jeder Unterrichtsstunde faltet sie die Hände wie zum Gebet und sagt „Namaste".

Was bedeutet dieses Wort, diese Geste? Sie erklärt es so:

„Ich grüße das Göttliche in Dir, das Göttliche in mir, das Göttliche in allen Dingen. Im Göttlichen sind wir alle eins."

Das klingt nach einem wunderschönen Schlusssatz für diesen Teil unserer gemeinsamen Reise. Warum ich „für diesen Teil" sage? Weil ich mir sicher bin, dass wir einander begegnen werden, wenn Sie auch in Phase 2 kommen – ob jetzt, demnächst oder später.

Wir sehen uns ...

Anhang

Öl ins Feuer gießen

Wenn man Öl, Brandbeschleuniger oder Ähnliches in ein loderndes Feuer gießt, werden die Flammen größer und kräftiger. Wenn ich mein „Raus aus dem Geld-Spiel"-Unterrichtsmaterial mit Live-Seminarteilnehmern oder Fernkursteilnehmern teile, schlage ich ihnen ein paar Anregungen vor, um sie auf ihrer Reise in Phase 2 zu unterstützen. Diese Anregungen möchte ich Ihnen in diesem Kapitel ebenfalls mitgeben, sozusagen als Öl für Ihr Feuer, das wahrscheinlich jetzt schon in Ihnen brennt oder in Kürze in Ihnen brennen wird.

Ich habe meine Anregungen in sieben Gruppen aufgeteilt:

1. Wichtige Punkte
2. Filme und Fernsehshows
3. Bücher
4. Live-Seminare
5. Fernlehrgänge
6. Coaching
7. Mailing-Liste

Wichtige Punkte

Über das ganze Buch verteilt habe ich die wichtigsten Passagen mit „WICHTIG" markiert und durch Fettdruck hervorgehoben. Zusammen genommen, ergeben sie die zentralen Aussagen des Buches und des Ausbruchsprozesses. Wenn Sie eine Liste benötigen, die nur aus diesen Merksätzen besteht, damit Sie sie in konzentrierter Form lesen und zusammen oder einzeln (etwa auf Karteikarten oder Postern) ausdrucken können, finden Sie diese Liste auf meiner Homepage unter http://www.bustingloose.com/keypoints.html.

Filme und Fernsehshows

Wenn ich mir neue Ideen aneignen möchte, finde ich es hilfreich, anschauliche visuelle Beispiele dafür zu erhalten, wie das neue Denken und Erleben praktisch aussehen kann. Daher empfehle ich Ihnen die folgenden Filme und Fernsehshows, die es auch auf Deutsch geben dürfte, als Anschauungsmaterial. Sie sollten eigentlich überall erhältlich sein, aber damit Sie es leichter haben, sie auf dem Postweg zugestellt zu bekommen, habe ich auf www.amazon.com Links für Sie eingefügt. Da solche Links manchmal wieder gelöscht werden können, gehen Sie, falls Sie keinen Link mehr finden, einfach auf www.amazon.com und suchen Sie dort nach den Titeln, die Sie interessieren.

Die Truman Show
In diesem Buch habe ich das Menschen-Spiel des Öfteren mit einer Filmproduktion verglichen. Eines der anschaulichsten Beispiele dafür, wie gut und präzise dieser Vergleich ist und wie tief er gehen kann, ist dieser Film. Wenn Sie ihn schon einmal gesehen haben – egal, ob vor langer Zeit oder kürzlich –, schauen Sie ihn sich bitte mit dem Wissen, das Sie jetzt haben, noch einmal

an. Da ist der Star, Truman, von Jim Carrey gespielt, da sind zahlreiche männliche und weibliche Schauspieler, der Regisseur und das Produktionsteam einer Fernsehshow. Die Beziehungen zwischen Truman, dem Regisseur und dem Team stimmen nicht ganz überein mit denen zwischen Ihnen und Ihrem Erweiterten Selbst, denn es werden auch Manipulation, Ego und Kontrollfunktionen klar dargestellt. Aber abgesehen von solchen kleinen Ungenauigkeiten, die Sie leicht aus Ihrem Bewusstsein ausblenden können – sehen Sie sich den Film unbedingt an.

Es gibt darin so vieles, was die Aussagen dieses Buches illustriert – das Konzept der Phase 1, das Ende von Phase 2, die Tatsache, dass man nicht weiß, dass man sich in einem Film befindet, den Mechanismus, wie Ihr Erweitertes Selbst ‚Szenen' in Ihr Hologramm stellt und sie weiterentwickelt, um Sie auf Ihrer Reise zu unterstützen, dass jeder, den man auf der Leinwand sieht, wiederum nur eine Rolle spielt und sagt und tut, was er zu sagen oder zu tun hat, usw. Sehen Sie selbst unter http://www.bustingloose.com/truman.

Feld der Träume (Field of Dreams)

Dieser Film mit Kevin Costner ist die perfekte Illustration vieler Konzepte, die ich Ihnen hier vorgestellt habe, zum Beispiel:

- wie wichtig es ist, Ihrer inneren Führung zu vertrauen, Egal, wie unlogisch oder verrückt es Ihnen erscheint und egal, wie viel Widerstand Sie dagegen in Ihrem Hologramm sehen oder erfahren,
- wie Sie auf sich selbst und Ihre eindrucksvolle Energie vertrauen können,
- wie Sie Ihre Grenzenlose Fülle anzapfen können, wenn Sie die beiden eben genannten Schritte umsetzen wollen,
- wie Sie sich offen halten für eine Fülle, die irgendwann von irgendwoher kommen kann – auch wenn es Ihnen unlogisch vorkommt.

Das Vermächtnis der Tempelritter (National Treasure)

Wie gesagt, sind die Energierückgewinnung und das Ausbrechen aus dem Geld-Spiel die Schatzsuche des Jahrhunderts. Ihr Erweitertes Selbst gibt Ihnen die Hinweise für diese Schatzsuche und hilft Ihnen dabei, den ‚Schatz' zu finden. Im Laufe dieser Schatzsuche werden Sie manchmal verwirrt, verärgert oder deprimiert sein und am liebsten aufgeben wollen. Sie werden Ihren Schatz finden, aber nur mit dem Feuereifer, der Ausdauer und Beharrlichkeit, die Nicholas Cage im Film bei seiner eigenen Schatzsuche unter Beweis stellt. Dieser Film zeigt all das, Schritt für Schritt, und ihn aus dieser Sicht zu sehen macht ihn noch eindrucksvoller.

Sehen Sie selbst unter http://www.bustingloose.com/treasure.

The Game

Um Ihr Denksystem zu ‚erschüttern', um alte Überzeugungen über Bord zu werfen und Sie für die Wahrheit über Sie selbst, die Welt und Ihre Energie zu öffnen, muss Ihr Erweitertes Selbst Sie in der Weise unterstützen, dass es Ihnen sehr intensive Erlebnisse anbietet. Damit solche Erlebnisse nachvollziehbar sind, müssen gute Schauspieler ihre Rollen gekonnt verkörpern. Sie müssen davon überzeugt sein, dass die Schauspieler und die von ihnen gespielten Erlebnisse ‚echt' sind. Dieser Film, mit Michael Douglas in der Hauptrolle, zeigt das beispielhaft. Ich muss Sie warnen, dass der Film sehr gefühlsintensiv und streckenweise sehr düster ist, aber ihn anzusehen und die in ihm zum Ausdruck kommende Energie zu spüren wird Ihnen bei Ihrer Phase-2-Reise sehr helfen.

Sehen Sie selbst unter http://bustingloose.com/thegame.

Matrix

Sie werden auch bei diesem Film einige Phase-1-Aspekte ausblenden müssen. Aber es ist sehr wichtig, ihn zu sehen, beziehungsweise wieder zu sehen, um zu verstehen, dass alles eine Täuschung ist. Das zeigt vor allem der frühe Dialog zwischen Morpheus und Neo.

Vergleichen Sie auch Neos Reise von der Entdeckung der Wahrheit über das Erwachen als „Der Auserwählte" bis hin zur erweiterten Bewusstseinsbildung und größeren Energie mit Ihrer eigenen Expansion in Phase 2.

Sehen Sie selbst unter http://www.bustingloose.com/matrix.

The Thirteenth Floor

Sie müssen einige Phase-1-Aspekte aus dem Film ausblenden, um an den Kern heranzukommen. Aber es ist sehr hilfreich, sich diesen Film anzuschauen, denn Sie verstehen dann besser, wie ‚echt' Hologramme werden können. Sie werden Augen machen!

Sehen Sie selbst unter http://www.bustingloose.com/floor.

What the Bleep Do We Know?

Auch bei diesem Film müssen Sie einige Phase-1-Aspekte ausblenden. Aber es ist trotzdem sehr hilfreich, ihn (wieder) zu sehen, besonders die Interviews mit den Forschern, denn dann versteht man besser, dass alles, was wir erleben, eine Täuschung unseres Bewusstseins ist.

Sehen Sie selbst unter http://www.bustingloose.com/bleep.

Chihuly: DVD Set

Haben Sie schon mal von Dale Chihuly gehört? Er ist ein Pionier und einer der innovativsten Glaskünstler unserer Zeit. Auf diesen DVDs finden Sie jede Menge Beispiele dafür, wie es ist, in ‚kreativer Ekstase' zu leben, ohne über Geld nachzudenken – sich einfach dem Leben mit allen Sinnen hinzugeben und dem nachzugehen, was Ihnen am meisten Freude macht. Aus dieser Sicht sind die DVDs sehr beeindruckend. Sie sehen auch, wie großartig das Auf und Ab seines Lebens in jeder einzelnen Sekunde dazu beiträgt, ihm zu helfen, seinen kreativen Bewusstseinszustand zu finden und ganz darin aufzugehen, egal, was geschieht.

Sehen Sie selbst unter http://www.bustingloose.com/chihuly.

Raumschiff Enterprise: Das nächste Jahrhundert
(Star Trek: The Next Generation)

Diese Fernsehserie, die sieben Jahre lang lief, ist reich an guten Illustrationen des Lebens in Phase 2, teilweise ganz aus der Phase-2-Perspektive, teilweise mit ein paar Phase-1-Aspekten. Wenn Sie Science Fiction mögen, werden Sie sich vielleicht sogar das ganze Set kaufen und sich die einzelnen Folgen immer wieder mal ansehen. Zumindest sollten Sie mal auf die folgende Website gehen und sich die Episoden mit dem so genannten Holodeck ansehen, damit Sie sich vorstellen können, was so ein Hologramm alles kann.

Sehen Sie selbst unter http://www.bustingloose.com/holodeck oder besuchen Sie www.startrek.com und suchen Sie nach dem Schlagwort „Holodeck".

In der Serie gibt es auch eine Figur namens „Q". Sie gehört einer fortgeschrittenen Rasse namens „Continuum" an, die aus allmächtigen Wesen besteht. Vielleicht wollen Sie auch die folgende Website besuchen und nach allen Episoden suchen, in denen Q mitspielt? Dann können Sie nämlich sehen, wie es ist, im Freizeitpark des Menschen-Spiels ohne Grenzen und Einschränkungen mitzuspielen. Q ist ziemlich boshaft und kein gutes Beispiel dafür, wie man in Phase 2 sein sollte, aber wenn Sie seine enorme innere Kraft sehen, kann das auch durchaus hilfreich für Sie sein.

Sehen Sie selbst unter http://www.bustingloose.com/q oder besuchen Sie www.startrek.com und suchen Sie nach dem Schlagwort „Q".

Bücher

„Das Nullpunkt-Feld" von Lynne McTaggart

Das Buch enthält die neuesten Forschungsergebnisse über das Nullpunkt-Feld: Was es ist, wie es funktioniert und was die Forschung bislang darüber weiß. Es ist ein sehr technisches Buch, nicht gerade leicht zu verstehen, aber wenn Sie sich für Quantenphysik interessieren und mehr darüber wissen wollen, als ich Ihnen in diesem Buch sagen konnte, ist es von unschätzbarem Wert für Sie.

Sehen Sie selbst unter http://www.bustingloose.com/field.

„Holographic Universe" von Michael Talbot

Diese leichte und unterhaltsame Lektüre beschreibt die Metapher des Hologramms im Detail. Einer der wertvollsten Aspekte des Buches sind die vielen Geschichten und Illustrationen der holografischen und ‚unechten' Aspekte dessen, was wir Wirklichkeit nennen. Ich empfehle Ihnen dringend, sich das Buch zu besorgen und tief in es einzutauchen.

Näheres unter http://www.bustingloose.com/talbot.

„Q"

Passend zu der Raumschiff-Enterprise-Fernsehserie, in der die Figur Q auftaucht, gibt es auch eine Reihe von Büchern über Q, die sehr brauchbar sind.

Näheres unter http://www.bustingloose.com/qb.

„Cradle to Cradle" von William McDonough

In Kapitel 13 habe ich darüber gesprochen, wie man das Menschen-Spiel ohne Grenzen und Einschränkungen spielt und wie man Spiele erfindet, die noch niemand zuvor erfunden hat. Bill McDonough ist ein Freund von mir, ein beeindruckender Mensch. Er spielt nicht bewusst in Phase 2 (zumindest derzeit nicht), aber er ist großartig in der Kunst, Spiele zu erfinden, auf die noch niemand vor ihm gekommen ist. Das Buch fasst viele seiner Projekte zusammen und ist für Sie eine hilfreiche Quelle der Inspiration. Der Anfang des Buches ist eine glänzende Darstellung der Einschränkungen des Phase-1-Spiels, und der Rest beschreibt die von Bill neu entwickelten Spielideen. Selbst das Papier, auf dem das Buch gedruckt ist, gleicht einem völlig neuen, noch nie da gewesenen Spiel!

Näheres unter http://www.bustingloose.com/cradle.

Live-Seminare

Möchten Sie an einem meiner Live-Seminare teilnehmen oder jemand anderen darauf hinweisen? Hier können Sie das in diesem Buch gelernte Wissen auffrischen, veranschaulichen und vertiefen.

Folgende Seminare biete ich immer wieder an:

- „Raus aus dem Geld-Spiel"
- „Raus aus dem Spiel mit den Emotionen"
- „Raus aus dem Beziehungsspiel"
- „Die Schule des Bewusstseins für Geschäftsleute"
- „Raus aus dem Körper-Spiel"

Einzelheiten und Termine zu diesen und anderen Lehrveranstaltungen, die ich von Zeit zu Zeit überall in der Welt durchführe, erfahren Sie unter http://www.bustingloose.com/schedule.

Fernlehrgänge für Zuhause

Wollen Sie eines oder mehrere der nachfolgend genannten Angebote nutzen, die aus meinen Live-Seminaren für die direkte Anwendung bei Ihnen daheim entwickelt wurden? Oder wollen Sie jemandem, den Sie sehr mögen, einen solchen Fernkurs empfehlen oder schenken?

Diese Fernkurse gibt es bereits:
- „Raus aus dem Geld-Spiel"
- „Raus aus dem Spiel mit den Emotionen"

Von Zeit zu Zeit entwickle ich neue Fernkurse. Wenn Sie Näheres darüber wissen wollen, besuchen Sie meine Website http://www.bustingloose.com.

Coaching

Leuten, die meine persönliche Unterstützung bei ihrer Phase-2-Reise benötigen, biete ich auf Anfrage mein Coaching-Programm an. Es gibt Gruppen- und Einzelprogramme.

Aus Sicht der Phase 2 gesehen bin ich Ihre Kreation und Sie bekommen durch mich einen direkten Draht zu Ihrem Erweiterten Ich. Ihr Erweitertes Ich wird Ihnen sagen, was Sie hören wollen, aber vielleicht wollen Sie es lieber aus dem Mund eines Menschen erfahren, der außerhalb von Ihnen zu stehen scheint. Ich selbst hatte zu Beginn meiner Phase 2 einen Coach und fand, es war eine der außergewöhnlichsten Erfahrungen, die ich je hatte. Es war für meine persönliche Reise von unschätzbarem Wert.

Näheres über mein Coaching-Programm erfahren Sie unter http://www.bustingloose.com/coaching.html.

Mailing-Liste

Wenn Sie sich in meine Mailing-Liste eintragen wollen, können Sie mit mir in Verbindung bleiben und meine aktuellen Angebote und Termine als Newsletter abonnieren. Gehen Sie auf meine Homepage http://www.bobscheinfeld.com und klicken Sie auf das kleine Pop-up-Fenster, das sich öffnet.

Anmerkungen

Einleitung

1. Roberto Cotroneo, „When a Child on a Summer Morning", in *Inkheart* (dt. *Tintenherz*) (zitiert nach Cornelia Funke; Somerset, UK: Chicken House, 2003), S. 235.
2. Joseph Whitfield, *The Eternal Quest* (Roankoke, Virginia: Treasure Publications, 1983), S. 120. *

Kapitel 1: Die Spielregeln

1. Grady Claire Porter, *Conversations with J.C.* (New York: High View Publishing, 1985), S. 22. *

Kapitel 2: Die drei quälenden Fragen

1. *Bits & Pieces* (Chicago: Ragan Communications, 2005). *
2. *Bits & Pieces* (Chicago: Ragan Communications, 2003). *
3. Barbara Dewey, *The Creating Cosmos* (Inverness, California: Bartholomew Books, 1985), S. 86. *

4. Siehe Anmerkung 3, S. 39.
5. Sol Stein, *How to Grow a Novel* (New York: St. Martin's Press, 1999), S. 8. *
6. Siehe Anmerkung 5, S. 46.

Kapitel 3: Tausendmal intensiver als Hollywood

1. William Shakespeare, *Wie es euch gefällt,* Akt II, Szene 7.

Kapitel 4: Der weiße Ritter reitet herbei

1. John A. Wheeler, Vortrag am 16.04.1990 vor dem Santa Fe-Institut, zitiert nach Tor Norretranders, *The User Illusion* (New York: Penguin Group, 1998), S. 10. *
2. Michael Talbot, *The Holographic Universe* (New York: Harper & Collins, 1991), S. 1. *
3. Barbara Dewey, *Consciousness and Quantum Behaviour* (Inverness, California: Bartholomew Books, 1993), S. 9. *
4. Amit Goswami, Dr., Vortrag im Film *What the Bleep Do We Know* (Twentieth Century Fox, 2005).
5. Siehe Anmerkung 3, S. 63.

Kapitel 5: Wie man wirklich zu Geld kommt

1. Judy Garland als Dorothy im Film *Der Zauberer von Oz* (Warner Home Video, 1939).
2. Michael Talbot, *The Holographic Universe* (New York: Harper & Collins, 1991), S. 158. *

Kapitel 6: Spieglein, Spieglein an der Wand

1. Barbara Dewey, *As You Believe* (Inverness, California: Bartholomew Books, 1990), S. 82. *
2. Albert Einstein, zitiert nach Howard W. Eves, *Mathematical Circles Adieu* (Boston: Prindle, Weber & Schmidt, 1977).
3. Siehe Anmerkung 1, S. 83. *

Kapitel 7: Wie Sie Ihren Röntgenblick einschalten

1. *Bits & Pieces* (Chicago: Ragan Communications, Dezember 2004). *
2. *Bits & Pieces* (Chicago: Ragan Communications, Februar 2005). *

Kapitel 8: Die Schatzsuche des Jahrhunderts

1. *Bits & Pieces* (Chicago: Ragan Communications, November 2004). *

Kapitel 9: Auf dem Fahrersitz Platz nehmen

1. *Bits & Pieces* (Chicago: Ragan Communications, November 2004). *
2. *Bits & Pieces* (Chicago: Ragan Communications, Juli 2005). *

Kapitel 10: Den Fuß aufs Gaspedal setzen

1. *Bits & Pieces* (Chicago: Ragan Communications, August 2005). *
2. *Bits & Pieces* (Chicago: Ragan Communications, März 2005). *

Kapitel 11: Losfahren

1. *Bits & Pieces* (Chicago: Ragan Communications, März 2005). *

Kapitel 12: Ansichtskarten von unterwegs

1. *Bits & Pieces* (Chicago: Ragan Communications, September 2004). *
2. *Bits & Pieces* (Chicago: Ragan Communications, Juli 2004). *
3. William Shakespeare, *Hamlet, Prinz von Dänemark,* Akt I, Szene 5.

Kapitel 13: Spielen ohne Grenzen und Hindernisse

1. *Good Stuff* (Chicago: Ragan Communications, 2004). *
2. *Bits & Pieces* (Chicago: Ragan Communications, Januar 2004). *
3. *Bits & Pieces* (Chicago: Ragan Communications, Januar 2004). *
4. Barbara Dewey, *Consciousness and Quantum Behaviour* (Inverness, California: Bartholomew Books, 1993), S. 27. *

Kapitel 14: Die Dialoge

1. *Bits & Pieces* (Chicago: Ragan Communications, Januar 2006). *
2. *Bits & Pieces* (Chicago: Ragan Communications, Januar 2006). *

Kapitel 15: Die Einladungen

1. *Bits & Pieces* (Chicago: Ragan Communications,Mai 2005). *
2. *Bits & Pieces* (Chicago: Ragan Communications, Oktober 2005). *
3. Machelle Small Wright, *Dancing in the Shadows of the Moon* (Warrenton, Virginia: Perelandra Ltd., 1995), S. 155. *

Anmerkung des Übersetzers: Die mit * gekennzeichneten Titel sind in deutscher Sprache nicht erhältlich.

408 Seiten
geb. mit SU
Bestellnr. 36965
29,90 Euro

Keith Ferrazzi – Geh nie alleine essen!

Erfolgreiche Menschen beherrschen die Kunst des richtigen Networkings: Sie nutzen Vitamin B – und zwar so, dass alle gewinnen. Ein guter Networker hütet seine Kontakte nicht eifersüchtig. Er hilft Freunden und Geschäftspartnern, ihrerseits miteinander in Kontakt zu treten. Die Strategien, die Networking-Guru Keith Ferrazzi vorstellt, sind seit Jahren erprobt und zeitlos. Sie wurden und werden seit jeher von den Menschen angewandt, die auch über die größten Netzwerke verfügen – von Bill Clinton bis zum Dalai Lama. Das Buch ist vollgestopft mit praktischen Anweisungen – wie Sie mit Zurückweisung umgehen, wie Sie ein „Konferenzlöwe" werden und vieles mehr.

288 Seiten
geb. mit SU
Bestellnr. 37102
24,90 Euro

Bill Diffenderffer – Samurai Leader

Die Samurai im alten Japan folgten den sieben Tugenden des Bushido: Aufrichtigkeit, Mut, Güte, Höflichkeit, Wahrhaftigkeit, Ehre und Treue. Haben diese Tugenden im Haifischbecken der modernen Geschäftswelt noch Platz? Ja, sagt US-Manager Bill Diffenderffer. Manager wollen und sollen respektiert werden. Und Respekt verdient man sich auch und gerade in der heutigen Geschäftswelt vor allem durch eines: durch ehrenhaftes und geradliniges Handeln. Somit können Manager und alle Entscheidungsträger mithilfe des Bushido nicht nur bessere Entscheidungen treffen – sie werden damit auch erfolgreicher agieren. Das Buch bietet eine gelungene Symbiose aus fernöstlicher Weisheit und moderner Managementliteratur.

Joachim Beck

books4success

Kompendium für erfolgreiches Markteinführungsmanagement

In 90 Tagen auf die Straße

Leitfaden • Fallbeispiele • Perspektiven

336 Seiten
gebunden
Bestellnr. 37101
22,90 Euro

Joachim Beck – In 90 Tagen auf die Straße

Für den Erfolg eines Unternehmens reicht es nicht aus, mit neuen Ideen zu glänzen – diese müssen sich auch in klingende Münze umsetzen lassen. Das Produkt muss zum Kunden. Joachim Beck nimmt sich dieses wichtigen Themas an. Der Marketingprofi reichert die Erfahrungen aus 15 Jahren Unternehmensberatung mit aktuellen Fallbeispielen an und entwickelt daraus „das kleine 5×5 des Markteinführungsmanagements". Die aufgeführten Fallbeispiele stammen aus namhaften großen und kleinen Unternehmen. In fast 20 Interviews werden die unterschiedlichen Perspektiven und Aspekte des Themas Markteinführung beleuchtet. Ein Buch für alle, die sich unterhaltsam und praxisnah mit dem Thema „Markteinführung" befassen wollen.

240 Seiten
gebunden
Bestellnr. 37100
24,90 Euro

Joe Vitale –
Die Gebrauchsanweisung für Ihr Leben

Dieses Buch will Ihnen helfen, in Zukunft ein besseres Leben zu führen. Joe Vitale setzt viel Humor und jede Menge Anekdoten ein, um zu demonstrieren, was er mit einem „besseren Leben" meint. Dabei zielt er nicht nur auf Geld oder Erfolg. Seine Definition geht weiter. Haben Sie Freude an Ihrer Arbeit! Pflegen Sie gute und fruchtbare Beziehungen zu Ihren Mitmenschen! Werden Sie Herr Ihrer Zeit! Das sind nur einige der Ziele, die der Leser erreichen soll. Der Weg dahin führt über viele Schritte: Nehmen Sie Chancen wahr! Seien Sie Sie selbst und mögen Sie sich! Finden Sie Ihre Bestimmung! Das Buch, das Sie in der Wiege hätten vorfinden sollen!

290 Seiten
geb. mit SU
Bestellnr. 36962
22,90 Euro

Stanley Bing – Sun Tzu war ein Weichei!

Dass es im modernen Geschäftsleben nicht immer friedlich zugeht, ist bekannt. Viele Manager schwören deswegen auf die Lehren des chinesischen Generals Sun Tzu, dessen „Kunst des Krieges" gemeinhin als Standardwerk zum Thema Strategie gilt. „Alles Quatsch", sagt Fortune-Kolumnist Stanley Bing: „Sun Tzu war ein Weichei!" Diese zugegeben sehr gewagte Behauptung untermauert er in seinem gleichnamigen Buch. In einer Reihe von scharfsinnigen, lustigen und schmerzhaft wahren Lektionen unterrichtet Bing seine Anhänger in der neuen Kunst des Krieges. Er geht über Sun Tzu, Machiavelli, Cäsar und Patton hinaus und rüstet seine Leser für die Schlachten des alltäglichen Lebens. Strategisch wertvoll und amüsant zugleich – Lesevergnügen pur!

272 Seiten
geb. mit SU
Bestellnr. 37147
24,90 Euro

T. Harv Eker – So denken Millionäre

Wir alle haben ein persönliches finanzielles Verhaltensmuster, das tief in unserem Unterbewusstsein verankert ist und unser finanzielles Leben bestimmt. Teil I dieses Buches erklärt, wie es funktioniert und wie Sie es erkennen und verändern können. In Teil II werden Ihnen 17 „Vermögensdateien" vorgestellt, die beschreiben, wie reiche Leute denken und sich in ihrem Handeln von armen Menschen unterscheiden. In jedem Abschnitt finden sich Handlungsschritte, die Sie im Alltag umsetzen können, um Ihr Einkommen drastisch zu erhöhen und Reichtum zu erlangen. Wenn es Ihnen finanziell nicht so gut geht, wie Sie es gerne hätten, dann müssen Sie Ihr finanzielles Verhaltensmuster verändern. Genau das werden Sie mithilfe dieses Buches tun.

L A R R Y   W I N G E T

Halt den Mund,
hör auf zu heulen
und lebe
endlich!

Der Tritt in den Hintern für alle,
die mehr wollen

328 Seiten
geb. mit SU
Bestellnr. 37122
22,90 Euro

Larry Winget – Halt den Mund ...

„Shut up, stop whining and get a life!", rangierte auf der Bestsellerliste des *„Wall Street Journals"* auf Platz 1. Darin geht US-Erfolgsautor Larry Winget mit dem Leser hart ins Gericht. Sein Werk ist eines der ungewöhnlichsten Motivationsbücher der letzten Jahre. Selten gab es derart provokative Aussagen zum Thema Selbstfindung und Selbstmanagement in Buchform. Winget schafft es, tiefe Wahrheiten höchst unterhaltsam zu verpacken und mit brutaler Direktheit überzeugend an den Leser zu bringen. Werden Sie egoistisch! Vergessen Sie endlich das Wort *„Schuld"*! Sie allein bestimmen, wo es langgeht! Freundschaft, Beziehung, Sex – so wie unter Anleitung von Larry Winget haben Sie das garantiert noch nie betrachtet! Also halten Sie den Mund, hören Sie auf zu heulen und lesen Sie Larry Winget!

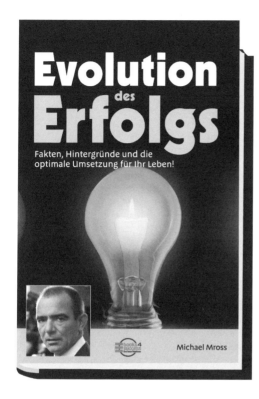

496 Seiten
geb. mit SU
Bestellnr. 37094
24,90 Euro

Michael Mross – Evolution des Erfolgs

Tagtäglich hören wir in den Nachrichten von verschiedensten Ereignissen aus Politik, Kultur und Wirtschaft, aber auch vom alltäglichen Geschehen zwischen Menschen, Nationen, Interessensgemeinschaften – Beschlüsse, Ereignisse, Unfälle, Katastrophen. Oft grübelt der Empfänger dieser Nachrichten, wieso bestimmte Sachen so sind, wie sie sind und was wäre, wenn …

Globetrotter, Analyst und Journalist Michael Mross macht sich in seinem Buch „Evolution des Erfolgs" Gedanken um die Fakten und Hintergründe, die unser Leben bestimmen und zieht sein Resümee aus diesen Betrachtungen. Er stellt Altgewohntes in Frage, seziert es und deckt Widersprüche auf.